111 GRÜNDE, SCHALKE 04 ZU LIEBEN

Thomas Bertram

111 GRÜNDE, SCHALKE 04 ZU LIEBEN

Eine Liebeserklärung an den großartigsten Fußballverein der Welt

Aktualisierte und erweiterte Neuausgabe mit elf Bonusgründen

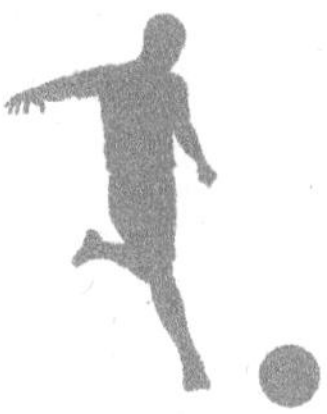

WIR SIND DER ZWÖLFTE MANN,
FUSSBALL IST UNSERE LIEBE!

Braucht man 111 Gründe, um Schalke 04 zu lieben?

Nein, braucht man nicht. Aber es gibt sie und sogar noch viel mehr, wie die nun vorliegende fünfte überarbeitete und ergänzte Auflage dieses Buches beweist.

Und natürlich braucht der wahre Fan nicht mal einen Grund. Ihm genügt es, in Gelsenkirchen geboren zu sein. Schließlich sucht man sich »seinen« Verein nicht nach rationalen Kriterien aus oder danach, welcher Klub am meisten Erfolg hat. Auch die Ligazugehörigkeit spielt keine Rolle – ob 1. oder 2. Liga, ob Regional- oder Bezirksliga, wer seinen Verein liebt, der folgt ihm egal in welche Spielklasse. Dass der FC Schalke 04 seit der Saison 2021/22 zweitklassig kickt? Geschenkt! Der Begeisterung für die »Königsblauen« hat das keinen Abbruch getan, im Gegenteil, die Mitgliederzahl ist seitdem sogar gestiegen, und das trotz Corona und zeitweise leerer Ränge. Szepan und Kuzorra kennt weiter jedes Kind, und beim »Schalker Kreisel« denkt auch außerhalb Gelsenkirchens nach wie vor niemand an ein Spielzeug. Mit ca. 160 000 Mitgliedern rangiert der Verein aktuell auf Platz drei der größten Fußballklubs weltweit, hinter dem FC Bayern München und Benfica Lissabon, vor dem FC Barcelona, Manchester United und Arsenal London. Dazu kommen knapp 1500 Fanklubs in aller Welt, selbst im fernen Singapur, mit noch einmal mehr als 90 000 Mitgliedern. Außerdem: Was will man sagen gegen einen Verein, der mit Johannes Paul II. sogar einmal einen Papst zu seinen Mitgliedern zählte? Und wenn Fußball tatsächlich Religion ist, dann ist der FC Schalke 04, wie die Redaktion des Fanzines *Schalke Unser* einmal treffend formulierte, »eine der großen Religionsgemeinschaften der Welt«.

Der FC Schalke 04 ist in vielerlei Hinsicht einzigartig und weit mehr als »nur« ein Fußballverein: siebenfacher Deutscher Meister, fünffacher DFB-Pokal-Sieger, »FC Meineid« und »Meister der

Herzen«, Skandalklub für die einen, Weltanschauung und Lebenseinstellung, Lebensinhalt und finaler Daseinszweck für die anderen. Und noch heute, fast einhundertzwanzig Jahre nach der Vereinsgründung und mehr als sechzig Jahre nach der letzten Deutschen Meisterschaft, ist die Faszination der Königsblauen ungebrochen. Wohin sonst hätte Spaniens Superstar Raúl von den Königlichen im Jahr 2010 wechseln sollen, wenn nicht zu den Königsblauen?

111 Gründe, Schalke 04 zu lieben, das waren in der ersten Auflage 111 Geschichten über und um diesen Verein, der für seine Anhänger »der geilste Klub der Welt« ist – Geschichten über Sieger und Verlierer, Helden und Schurken, über skurrile Typen und kauzige Originale, über glänzende Siege und schmerzliche Niederlagen, über rauschhafte Triumphe und tragische Abstürze. Und da an solchen Dingen in diesem Klub niemals ein Mangel geherrscht hat, sind jetzt noch einige Gründe dazugekommen.

Auch im Jahr 2022 nimmt *111 Gründe, Schalke 04 zu lieben* seine Leser (und hoffentlich auch immer mehr Leserinnen) wieder mit auf eine abenteuerliche Reise durch die wechselvolle Geschichte des Vereins, in deren Verlauf ihnen viele Persönlichkeiten begegnen werden, die den Klub prägten und prägen – Spieler und Trainer, Funktionäre und Manager, Helden und – natürlich – Schurken.

Die einschließlich des »Bonusgrunds von 2015« aktuell 123 Gründe – das in Zukunft weitere dazukommen werden, dürfte so sicher sein wie das Amen in der Schalker Kirche – sind auch das Protokoll einer ganz persönlichen Beziehung und Zuneigung zu einem Verein mit großer Tradition, stets getragen von überbordender Leidenschaft, mit Aufstiegen in ungeahnte Höhen und Abstürzen in finsterste Abgründe, aus denen Königsblau jedes Mal wie ein Phoenix aus der Asche wieder auftauchte. Auch das ist ein Teil des »Mythos vom Schalker Markt«, der in den momentanen Zweitligazeiten lebendiger ist denn je, richtet sich doch nun der Blick vielleicht noch sehnsüchtiger auf vergangene Großtaten.

Ob es die Meisterschaften in Serie in der Glanzzeit der Königsblauen sind, die unvergessenen Derby-Momente gegen den Rivalen aus der verbotenen Stadt, das »Wunder von San Siro« im UEFA-Cup oder das tragische Scheitern des »Meisters der Herzen«, das ganz Fußball-Deutschland zu Tränen rührte – die in diesem Buch versammelten Gründe, Schalke 04 zu lieben, belegen einmal mehr, was die Fans der Königsblauen ohnehin längst wissen: dass Schalke der großartigste Fußballverein der Welt ist. Was die ausgewählten Gründe betrifft, so sind es meine ganz persönlichen, subjektiven Gründe, warum Schalke für mich so einzigartig ist. Man frage aktuell 123 Schalke-Anhänger nach ihren 123 Gründen, Schalke zu lieben, und sie werden einhundertdreiundzwanzig Mal 123 Gründe nennen, die ganz andere wären als die hier versammelten, bei denen es sich in der Summe um meine ganz subjektive Liebeserklärung an »meinen« Verein handelt. Das ist ja gerade das Faszinierende an der Liebe zu einem Fußballverein: dass sie subjektiv ist und sich jeglicher Rationalisierung und Kategorisierung entzieht – wie das Spiel selbst, zu dessen Wesenskern das Moment der Unberechenbarkeit gehört. Und dass es dem Fußball bei aller Kommerzialisierung und Ökonomisierung, die er in den letzten Jahrzehnten über sich hat ergehen lassen müssen, noch immer gelingt, Emotionen zu wecken, die in anderen gesellschaftlichen Bereichen längst wegrationalisiert wurden oder dort verpönt sind, lässt hoffen, dass es auch in Zukunft noch weit mehr als ursprünglich 111 oder inzwischen 123 Gründe geben wird, nicht nur den FC Schalke 04, sondern auch das Spiel an sich in all seinen Facetten zu lieben.

Die »goldenen« Zeiten der Königsblauen kommen nicht wieder, ein neuer Raúl ist nicht in Sicht, und das Brot der zweiten Liga ist ein hartes, doch an Erzählenswertem wird es auch künftig auf Schalke nicht fehlen.

Und es ist nicht nur Sportliches, was es zu erzählen gilt. Auch das soziale und gesellschaftspolitische Engagement der Königsblauen findet seinen Niederschlag in Geschichten – und in guten

Gründen, diesen Verein zu lieben. Davon zeugen insbesondere die neuen Bonusgründe, geschrieben in einer Zeit anhaltender sportlicher Tristesse, die den Verfasser bewog, den Blick verstärkt auf die außersportliche Welt des FC Schalke 04 zu richten.

***

Die jüngste Weltkrise – der Krieg in der Ukraine, der nicht nur unendliches Leid über die betroffenen Menschen gebracht, sondern auch westliche Gewissheiten von einem dauerhaften Leben in Frieden und Freiheit auf das Heftigste erschüttert hat – ist auch am FC Schalke 04 nicht spurlos vorübergegangen. Der Vertrag mit dem Sponsor Gazprom wurde gekündigt und Gazprom-Germania Repräsentant Matthias Warnig hat sein Aufsichtsratsmandat niedergelegt. Tags darauf verzeichnete der Klub 300 neue Vereinseintritte. Aus Liebe zum Schalker Fußballverein? Sicher. Aber vielleicht auch aus Respekt vor einem Klub, der einmal mehr Haltung gezeigt hat. Die Entscheidung des Vereins habe ihn »stolz gemacht«, bekannte Torjäger Simon Terodde hinterher. Winzige Leuchtfeuer in finsteren Zeiten – wir brauchen sie so sehr, nicht nur im Sport.

Thomas Bertram, im März 2022

1. KAPITEL

TRADITION, MYTHOS, LEGENDE

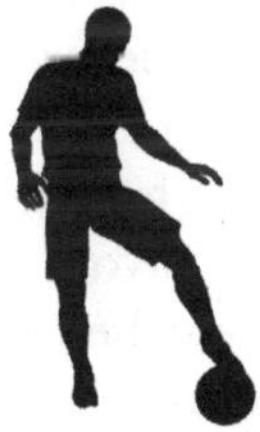

1. GRUND

Weil Schalke mehr ist als »nur« ein Fußballverein

Als zum ersten Spiel der Schalker Mannschaft nach Ablauf der vom Westdeutschen Spielverband 1930 verhängten Sperre am 1. Juni 1931 unübersehbare Menschenmassen zur Glückauf-Kampfbahn strömen, ist klar, dass es hier um mehr geht als um ein Fußballspiel. Eine ganze Region feiert an diesem Tag, einem Montag (!), die Wiederauferstehung einer Mannschaft, die in den Jahren zuvor einen rasanten Aufstieg erlebt hat: Emscherkreis-Meisterschaft, Ruhrbezirksmeisterschaft, Westdeutsche Meisterschaft … Noch nie zuvor hat ein Fußballspiel derartige Massen mobilisiert. Die Menschen identifizieren sich mit einer Mannschaft, die perfekt das Arbeitsethos der Menschen an Rhein und Ruhr verkörpert.

Dass die Knappen schon damals längst nicht mehr vor Kohle schuften, spielt dabei keine Rolle. Aber sie stehen beispielhaft für den Glauben, dass jeder den Aufstieg schaffen kann, wenn er es nur beharrlich versucht und sich von Widerständen nicht entmutigen lässt. Und all den vielen, denen dieser Aufstieg gleichwohl versagt ist, bietet der Verein eine Projektionsfläche für ihre Hoffnungen, Wünsche und Sehnsüchte.

Daran hat sich bis heute nichts geändert. Wie ist sonst zu erklären, dass auch mehr als 50 meisterschaftslose Jahre dem Mythos Schalke im Grunde nichts anhaben konnten – ebenso wenig wie die zahllosen Niederlagen und Skandale in der Vereinsgeschichte. Von Fall zu Fall distanzierte man sich von Spielern, Trainern, Funktionären – aber niemals vom Verein! Nicht umsonst heißt es in der Vereinshymne: »Tausend Freunde, die zusammensteh'n / Dann wird der FC Schalke niemals untergeh'n.« Die Spieler aus aller Herren Länder, die den Kader seit Jahren bevölkern, mögen nichts mehr wissen von der glorreichen Schalker Vergangenheit, die Fans wissen es umso besser – und beschwören nach jedem schalenlosen Jahr einmal mehr die »goldenen Zeiten«.

Natürlich hat dieses ständige Besinnen auf die Tradition etwas Rückwärtsgewandtes, aber wenn es einhergeht mit Initiativen wie der »Schalker Meile« – jener »Meile der Traditionen«, die auf exakt der Länge einer englischen Meile zwischen Berliner Brücke und altem Stadion an die große Schalker Zeit erinnert –, dann weist es zugleich in die Zukunft. Kraft schöpfen aus der Vergangenheit, um die Zukunft zu gestalten, oder wie Ex-Präsident Günter Siebert es einmal ausdrückte: »Wer keine Vergangenheit hat, wird nie eine Zukunft haben.«[1]

Was pathetisch klingt, muss deshalb noch lange nicht falsch sein. Den Menschen im vom Strukturwandel arg gebeutelten Ruhrgebiet und speziell in Gelsenkirchen, dem »Armenhaus Deutschlands«, gibt diese Tradition immer wieder die Kraft zur Bewältigung ihres oftmals tristen Alltags. Wer jemals an einem normalen Werktag über die Bahnhofstraße, Gelsenkirchens »Einkaufsmeile«, geschlendert ist und die Leute mit ihren blau-weißen Trikots, Schals und Kappen gesehen hat, dazu die Schalke-Fahnen und -Wimpel an Geschäften, Gebäuden und Autos, der weiß, wie fest der Verein im Alltagsleben der Menschen hier verwurzelt ist.

Und diese Verwurzelung bedarf keiner Titel oder Trophäen. Spiegelt doch das Scheitern des eigenen Vereins das eigene Lebensgefühl vielleicht perfekter wider als der Erfolg. Auf den dann umso mehr Glanz fällt, je unerwarteter er eintritt. Nicht von ungefähr ist ein Sieg im Revier-Derby oder über die Roten aus München subjektiv wichtiger als jeder Titel. Was für einen Verein wie Bayern München, dessen Attraktivität auf Dauererfolg angewiesen ist, tödlich wäre, ist für Schalke geradezu existenziell.

Und wenn sich in Schalke sämtliche Hoffnungen auf die achte Deutsche Meisterschaft auf so tragische Weise zerschlagen wie im traumatischen Finale der Saison 2000/01, als man sich mit dem Trostpflaster »Meister der Herzen« begnügen musste, kann man mit

Uwe Röwekamp zu Recht fragen: »Passt diese Tragik nicht besser zu Schalke als der glatte Jubel«? »Wollen die Schalker wirklich die Bayern des Reviers werden?«[2]

Die Fans haben diese Frage für sich ohnehin längst beantwortet, und nichts stärkt das blau-weiße Wir-Gefühl besser als das dem ungeliebten Rivalen aus Bayern bei jeder Begegnung aus Tausenden von Kehlen entgegenschallende »Schiebt den Bayern die Schale in den A…, Schale in den A…«. Nicht zuletzt dieser »Schalke-Trotz gegenüber denjenigen, die nur scheinbar die Besten sind«,[3] hält den Mythos auch mehr als ein halbes Jahrhundert nach den großen Erfolgen der Elf um Szepan und Kuzorra am Leben, ohne den der FC Schalke 04 nichts weiter wäre als ein x-beliebiger Fußballverein.

2. GRUND

Weil schon der Vereinsname ein Mythos ist

»Mythos«, laut Brockhaus (2005) »das Resultat einer sich auch noch in der Gegenwart vollziehenden Verklärung von Personen, Gegenständen (z. B. Kunstwerken), Ereignissen oder Ideen. Diese ›neuen M.‹ spiegeln v. a. die Suche nach Sinn in einer von technischen und bürokratischen Zwängen beherrschten Welt und bieten Identität und Integration im kulturell-sozialen Kontext.«

Was passte perfekter auf den FC Schalke 04 als diese Beschreibung des Mythos und seiner Funktionen? Wohl bei keinem anderen Fußballverein ist die Identifikation der Fans mit ihrem Verein größer als bei den Königsblauen, wohl nirgendwo sonst sind die Fans besser integriert als in den knapp 1500 Fanclubs weltweit mit mehr als 90.000 Mitgliedern, zusätzlich zu den mehr als 100.000 Vereinsmitgliedern in Deutschland.

Zum Mythos Schalke wiederum passt, dass auch die Ursprünge des Vereins »im mythischen Dunkel« liegen.[4] »Plötzlich war er da.

Niemand weiß mehr, wann genau, und auch die näheren Umstände wurden seinerzeit nicht schriftlich festgehalten und gerieten allmählich in Vergessenheit.«[5]

Selbst der Vereinsname ist ein Mythos: Weder wurde der FC Schalke 04 1904 gegründet, noch war er ursprünglich ein Fußballverein, noch hieß er anfangs so, ganz abgesehen davon, dass die ursprünglichen Vereinsfarben Rot-Gelb waren; Blau und Weiß waren die Farben des 1896 von Gymnasiasten in Braubauerschaft (heute Bismarck) gegründeten Vereins »Spiel und Sport Schalke 1896«, des ersten Gelsenkirchener Fußballvereins überhaupt.

Doch der Reihe nach: Tatsächlich wurde »irgendwann im Jahr 1904«[6] in Schalke von einigen Halbwüchsigen – »Schüler und Lehrlinge im Durchschnittsalter von gerade einmal 14 Jahren«[7] – ein weiterer Fußballverein gegründet, der SV Westfalia Schalke. Da dem neuen Club wegen des zu jungen Vorstands die Aufnahme in den bürgerlich geprägten Rheinisch-Westfälischen Spielverband (seit Mai 1907 Westdeutscher Spielverband, WSV) verweigert wurde, blieb man zunächst vom regulären Spielbetrieb ausgeschlossen und war auf Freundschaftsspiele gegen andere »wilde« Vereine angewiesen.

Gespielt wurde auf einem holprigen Acker vor dem ehemaligen Herrensitz »Haus Goor« in der Nähe der Zeche Consolidation, den man 1905 gegen ein besser geeignetes Areal in Heßler auf dem Gelände des späteren Jahnstadions eintauschte. Weil dort auch andere Vereine kickten, der Platz zudem weit abseits vom Schalker Markt lag und die umliegenden Grünanlagen durch den Spielbetrieb Schaden nahmen, erfolgte schon ein Jahr später der nächste Umzug. Diesmal zur Rubens'schen Wiese auf dem Gelände des heutigen Berufskollegs Königstraße, die zu einem bespielbaren Fußballplatz umgestaltet wurde. Doch auch dort waren die Bedingungen nicht ideal, und 1909 wechselte man abermals, diesmal auf den Sportplatz des Schalker Turnvereins 1877 auf der gegenüberliegenden Seite der Grenzstraße.

Um endlich gegen »normale« Mannschaften antreten zu können, schloss sich die Westfalia auf Empfehlung des WSV außerdem am 17. März 1912 einem bereits bestehenden Verein an, dem besagten Schalker TV 1877, nachdem der Versuch, mit anderen »wilden« Vereinen eine Konkurrenzorganisation zum WSV aufzubauen, 1908 gescheitert war. Nach erfolgter Aufnahme in den WSV endete das erste Pflichtspiel der Vereinsgeschichte gegen Union Gelsenkirchen am 22. September 1912 sogleich mit einem Kantersieg: 7:0 wurden die Rot-Weißen aus dem benachbarten Ückendorf geschlagen.

Als der Spielbetrieb weltkriegsbedingt ab 1914 zum Erliegen kam, wurde von Nicht-Einberufenen 1915 abermals ein Verein namens »Westfalia Schalke« gegründet (die »zweite Gründung« des FC Schalke 04), der aber aufgrund vermehrter Einberufungen seiner Mitglieder zur Front 1917 ebenfalls den Spielbetrieb einstellen musste.

1919 kam es zwischen dem TV 1877 und der Westfalia zu Streitigkeiten wegen des Platzes an der Grenzstraße, den die Westfalia in den letzten Jahren genutzt hatte, der aber eigentlich den 1877ern gehörte, die das Areal von der Zeche Consol gepachtet hatten. Nur wenn die »neue« Westfalia sich abermals dem Schalker TV 1877 anschlösse, war man zur gemeinsamen Nutzung bereit. Daher schlossen sich beide Clubs am 25. Juli 1919 zum »Turn- und Sportverein Schalke 1877 e. V.« zusammen. Aber diese »Vernunftehe« hielt nur bis 1924, als der Zentralverband »Deutsche Turnerschaft« (DT), dessen Funktionären die »Nur-Fußballer« seit Jahren ein Dorn im Auge waren (man zählte Fußball zu den »sportlichen Abarten der Leibesübungen«), die »reinliche Scheidung« zwischen Turnern und Sportlern verfügte und Doppelmitgliedschaften in DT und Deutschem Fußballbund (DFB) untersagte.

Um weiter am regulären Spielbetrieb des DFB teilnehmen zu können, blieb den Schalkern nichts anderes übrig, als wieder aus dem TuS Schalke 1877 auszutreten und einen eigenständigen Fußballclub zu gründen, was am 5. Januar 1924 in der Gaststätte

Oeldemann an der Ecke Wilhelminen- und Grenzstraße geschah: »Zur Wahl standen zwei Namensvarianten: Blau-Weiß Schalke oder schlicht FC Schalke 04 – wobei das ›04‹ eine Reminiszenz an den 1904 gegründeten SV Westfalia Schalke war, den man als Wurzel des neuen Vereins deutete.«[8] Auch auf diese Vereinsgründung folgte prompt ein Sieg: Am 6. Januar 1924 wurde der BV 12 Gelsenkirchen mit 4:1 bezwungen, und eine Woche später folgte ein 4:0 über den SV Heßler.

Seine erste Saison als »FC Schalke 04« beendete der neue Club als Tabellenführer der Emscher-Kreisliga mit 24:12 Punkten und 56:26 Toren aus 18 Spielen. Das Endspiel um die Emscherkreis-Meisterschaft am 25. Mai 1924 gegen den BV Stoppenberg verlor man dann zwar mit 0:2, doch schon ein Jahr später sicherten sich die Schalker nicht nur die Emscherkreis-Meisterschaft, sondern auch die Ruhrbezirks- und die Westdeutsche Kreisligameisterschaft.

3. GRUND

Weil der Schalker Aufstieg beispiellos im deutschen Fußball ist

Zehn Jahre nach der Gründung des »Fußballclubs Schalke 04 e. V.« sind die Königsblauen am 24. Juni 1934 nach einem 2:1-Finalsieg über den 1. FC Nürnberg im Berliner Poststadion zum ersten Mal Deutscher Meister. Nach mehreren vergeblichen Anläufen, die 1930 im Viertelfinale (2:6 gegen den 1. FC Nürnberg), 1932 im Halbfinale (1:2 gegen Eintracht Frankfurt) und 1933 im Finale (0:3 gegen Fortuna Düsseldorf) endeten, wandert die »Viktoria« nun zum ersten Mal an den Schalker Markt. Damit findet ein im deutschen Fußball beispielloser Aufstieg seinen vorläufigen Höhepunkt.

1921 noch unter dem alten Namen TuS Schalke 1877 in die Kreisliga Ruhr-Emscher aufgestiegen, gelang den Knappen schon 1925, ein Jahr nach der »zweiten Vereinsgründung« als FC Schalke 04, das »Triple« aus Emscherkreis-Meisterschaft (3:0 gegen Spfr. 07 Essen), Ruhrgaumeisterschaft (4:0 gegen Preußen Bochum und 4:2 gegen Borussia Dortmund) und Westdeutscher Kreisligameisterschaft (6:0 Punkte und 11:1 Tore aus drei Spielen gegen Eller 04, Rasensport Hagen und Bielefeld 06). Im Jahr darauf wurde Schalke erneut Meister des Emscherkreises.

Die Ziele der Vereinsführung um Fritz Unkel waren hochgesteckt. Dazu hatte man im April des Vorjahres erstmals einen Trainer verpflichtet, den ehemaligen Duisburger Mittelläufer Heinz Ludewig. Die Ergebnisse unter dem »Feldherrn an der Seitenlinie«[9] beeindruckten auch die Gegner. »Kurz und flach wandert der Ball von Mann zu Mann«, schrieb der *Dortmunder Generalanzeiger* nach dem ersten Derby bewundernd über die Schalker Spielweise.

Das Team um den 20-jährigen Halblinken Ernst Kuzorra und Halbstürmer Fritz Szepan (ab August 1925) avancierte rasch zum Publikumsliebling: Attraktiver Fußball, sportliche Überlegenheit und die vom WSV verhängte Aufstiegssperre, welche die Schalker trotz des Gewinns der Emscherkreis-Meisterschaft 1925 zum Verbleib in der zweiten Liga verdammte und die von Spielern und Anhängern des Clubs als Versuch gewertet wurde, den Arbeiterverein Schalke auf Distanz zu den »bürgerlichen« Clubs zu halten, ließen die Anhängerschaft der Königsblauen in jenen Jahren weit über Gelsenkirchen hinaus anwachsen.

Als nach dem Ende der Aufstiegssperre 1926 und einem 2:1 der Schalker über die Spfr. 07 Essen (Siegtor durch Kuzorra in der 114. Min.) der Aufstieg in die höchste Spielklasse endlich perfekt war, Schalke zudem gleich in der ersten Saison 1926/27 mit 30:2 Punkten aus 16 Spielen souverän Erster der Staffel B der 1. Ruhrbezirksklasse wurde, gab es kein Halten mehr: »Die Zuschauerzahl steigerte sich von Spiel zu Spiel.«[10]

Zum ersten Finale um die Ruhrbezirksmeisterschaft zwischen dem BV Altenessen und Schalke 04 (0:1) überfluteten 10.000 Zuschauer den Kaiserpark-Sportplatz in Essen. Zum Rückspiel waren es 15.000 im Jahnstadion. Ein paar Wochen später waren es bereits 25.000, die in der Endrunde um die Westdeutsche Meisterschaft Schalkes 3:0 gegen Arminia Bielefeld auf dem Gelsenkirchener Union-Sportplatz sehen wollten. Und am 10. April erlebten 40.000 Zuschauer, die zuvor für ein Verkehrschaos gesorgt hatten, in Duisburg das Schlagerspiel zwischen dem Duisburger SV und Schalke 04 (2:2).

1928 wurde der FC Schalke fast schon routinemäßig erneut Ruhrbezirksmeister, 1929 ebenfalls. Im selben Jahr holten die Knappen mit einem 2:1 über den Meidericher SV ihre erste Westdeutsche Meisterschaft, ein Erfolg, den sie ein Jahr später mit 11:5 Toren und 6:0 Punkten aus den drei Spielen der Endrunde auf eindrucksvolle Weise wiederholten.

Auch die vom WSV 1930 gegen Schalke verhängte einjährige Sperre wegen Berufsspielertums konnte den Aufstieg der Knappen nur verlangsamen, nicht bremsen. Zum ersten Spiel nach Aufhebung der Sperre am 1. Juli 1931 stürmten 70.000 Anhänger die Glückauf-Kampfbahn, deren Tribünen gerade mal der Hälfte der Zuschauer Platz boten.

Dass 1932 und 1933 der Westdeutsche Meister abermals Schalke 04 hieß, ebenso wie 1934 der (nach Umorganisation des Spielbetriebs) nun sogenannte Westfalenmeister, verwunderte kaum noch jemanden. Schalke war binnen eines halben Jahrzehnts zum populärsten Fußballclub an Rhein, Ruhr und Emscher geworden. Die Menschen identifizierten sich mit einem Verein, dessen Spieler aus ihrem Milieu stammten und der sich allen Widerständen zum Trotz von ganz unten nach ganz oben hochgearbeitet hatte. Die Königsblauen verkörperten perfekt das Lebensgefühl der Belegschaften auf den Zechen und in den Stahlwerken und das Ethos harter Maloche: »Mit fliegenden Fahnen adaptierten die Arbeiter an Rhein und Ruhr den FC Schalke 04 folglich als ›ihren‹ Vertreter im ›großen Fußball‹ und identifizierten sich voller Stolz mit seinem Aufstieg.«[11] Dass »ihr« Verein es den »Großen« im deutschen Fußball in den kommenden Jahren zeigte (der damalige Rekordmeister Nürnberg war 1934 erst der Anfang), steigerte noch das Wir-Gefühl und trug entscheidend zur Entstehung des Mythos Schalke bei.

Warum der Schalker Aufstieg beispiellos war? Bayern München, 1900 gegründet, brauchte 32 Jahre, bis die »Viktoria« zum ersten Mal in die Säbener Straße wanderte, die Dortmunder Borussia musste nach der Gründung 1909 47 Jahre warten, bis die erste Deutsche Meisterschaft unter Dach und Fach war. Noch schneller als die Schalker, was die Deutsche Meisterschaft betrifft, war nur der 1. FC Kaiserslautern. Der schaffte 1997 den Wiederaufstieg in die erste Bundesliga, wurde als Aufsteiger in der Folgesaison gleich Meister, stieg dafür aber auch am Ende der Saison 2005/06 prompt wieder ab.

4. GRUND

Weil der Schalker Kreisel den deutschen Fußball revolutionierte

»Fußball ist ein einfaches Spiel: 22 Männer jagen 90 Minuten einem Ball nach, und am Ende gewinnen immer die Deutschen.« Zumindest der zweite Teil dieser desillusionierten Bemerkung des englischen Stürmers Gary Lineker aus den Achtzigerjahren könnte ebenso gut auch auf die Schalker Elf der Zwanziger- und Dreißigerjahre passen. Denn dem Ball jagte meist der Gegner hinterher – oft vergeblich, während die Schalker ihn kunstvoll und schnell in ihren Reihen zirkulieren ließen, statt ihn planlos nach vorne zu dreschen. In Deutschland wurde in jenen Jahren allgemein nach dem 2-3-5-System gespielt, das eine Zeitung ihren Lesern damals erst einmal meinte, erklären zu müssen, genauso wie das Spiel selbst: »Jede Partei setzt sich aus elf Spielern zusammen, und zwar aus dem Torwart, den beiden Verteidigern, den Läufern und fünf

Stürmern. Dem Torwart und den beiden Verteidigern liegt es ob, das Tor zu verteidigen. (...) Die Läuferreihe hat die Pflicht, den feindlichen Stürmern den Ball fortzunehmen. (...) Endlich hat die Stürmerreihe die Aufgabe, durch technische Kombination, energisches Vorgehen und kaltblütige Berechnung den Lederball durch des Gegners Tor zu bringen.«[12]

Es war ein starres System, das jedem Spieler seine feste Position und Aufgabe zuwies. Was die Schalker machten, war das genaue Gegenteil. Schalkes rechter Verteidiger Hans Bornemann erinnert sich: »Wir wussten, dass wir den Ball laufen lassen mussten, um den Gegner zu verwirren. In direktem Flachpassspiel lief der Ball von Mann zu Mann. Es stand nicht immer einer frei, sondern wir huldigten dem Grundsatz, dass, wenn ein Spieler in Ballbesitz war, sich mindestens drei Mann freilaufen müssten, damit der Ballführende auch Gelegenheit zum Abspiel hätte. Nicht der, der in Ballbesitz war, bestimmte das Spiel, sondern die, die freigelaufen waren, zwangen den Ballführenden zum Abspiel. (...) Der Begriff ›Kreiseln‹ entstand erst, als wir bereits erfolgreich waren. Unsere Mannschaft hatte sich zu einer so vollkommenen Einheit entwickelt, dass die Gegner (...) nicht viel zu bestellen hatten. Deshalb wollten sie die Niederlage in erträglichen Grenzen halten und stellten vor dem Strafraum einen Riegel von mindestens acht Mann auf. (...) Wir spielten daher im Mittelfeld, ließen den Ball vom linken Verteidiger über den Mittelläufer zum rechten Verteidiger, von dort zum Außenläufer in den Sturm und vom Sturm wieder in die Verteidigung laufen, mit dem Ziel, die massierte gegnerische Deckung aufzulockern. (...) Dieses Hin- und Herspiel, dieses Balllaufenlassen im Kreise wurde von einem Sportberichterstatter als ›kreiseln‹ bezeichnet.«[13]

»Ball und Gegner laufen lassen« – das war die Grundidee des »Schalker Kreisels«.[14] Kombiniert mit dem Ende der Zwanzigerjahre aus England übernommenen sogenannten WM-System, bei dem aus dem Fünfer-Sturm die beiden Innenstürmer zurückgenommen wurden und als Halbstürmer (bei Schalke Szepan und Kuzorra) zu Spielmachern im zentralen Mittelfeld mutierten, wurde damit der Grundstein für die Schalker Dominanz während der nächsten zwei Jahrzehnte gelegt.

Das Fundament dieser neuen Spielweise, die sich heute am ehesten mit dem vom FC Barcelona in Perfektion praktizierten Tiki-Taka vergleichen lässt, hatten die Schalker zwei Fußball spielenden Brüdern zu verdanken, den 1894 bzw. 1896 in Dortmund geborenen Fred und Hans Ballmann. 1897 als Kinder mit ihren Eltern nach Großbritannien ausgewandert, waren sie während des Ersten Weltkriegs als Deutsche interniert und nach Kriegsende ausgewiesen worden. Während der Internierung hatten sie den deutschen Kriegsgefangenen Fred Kühne kennengelernt, einen ehemaligen Westfalia-Spieler, der ihnen von der aufstrebenden Schalker Mannschaft vorschwärmte und die beiden nach dem Krieg an die Emscher holte.

Die wichtigste Neuerung im Schalker Spiel war der »schottische Flachpass« – der schnelle, flache Pass zum sich freilaufenden Mitspieler: »Jahrzehntelang war auf dem Trainingsplatz alles in Bewegung, um angespielt zu werden. Wenn nicht, kam Kuzorras kernige Kritik: ›Bitteschön, wer hat sich freigelaufen? Warum steht ihr alle?‹«[15]

Die Schalker Spielweise ähnelte stark der damaligen »Wiener Schule« um den legendären Mittelstürmer Matthias Sindelar, wegen seiner schmächtigen Figur »der Papierene« genannt. Ironie der (Fußball-)Geschichte: Als die Wiener 1939 im legendären Meisterschaftsfinale gegen Schalke mit 0:9 untergingen, wurden sie mit ihren eigenen Waffen geschlagen, denen sie, wohl auch weil sie die Schalker unterschätzt hatten und selber körperlich nicht fit waren, nichts entgegenzusetzen hatten.

Die Kehrseite des Kreiselspiels war, dass es gelegentlich zum reinen Selbstzweck verkam: »Es wurde wunderschön kombiniert, aber über lauter Abspielen und Quergepasse wurde das Schießen vergessen. (…) Schalke ist in der zweiten Halbzeit wieder in seine beliebte Kreiselmanie verfallen und hat über dem Kreiseln den Meistertitel eingebüßt«, schrieb eine enttäuschte *Fußball-Woche* nach den zwei Endspielen gegen Hannover 96 1938 (3:3 n. V./3:4 n. V.). Die Nazi-Sportpresse warf den Schalkern gar mangelnde »nordische Verstandeskühle« vor, musste aber zugestehen, dass Schalke »mit dem Ball umgeht wie ausgelassene Buben mit einem Spielzeug«.[16] Hans Bornemann verteidigte die Schalker Ballverliebtheit: »Nur wenn einer absolut nicht mehr abspielen konnte, haute er den Ball einfach in den Winkel, musste dann aber noch viel Geschimpfe über sich ergehen lassen, dass er das getan hatte. Denn ins Tor schießen, das hatten Ernst Kuzorra, Poertgen oder Szepan schon einige Minuten vorher tun können, das war wahrhaftig nicht der Zweck des Spieles. Schön spielen, zaubern und kreiseln sollten alle. Tore wollten die Zuschauer gar nicht sehen, die waren lächerlich.«[17]

Am 18. Juni 1939 gegen Admira Wien gelang den Schalkern beides: das Kreiseln und das Toreschießen. Eine Sternstunde des deutschen Fußballs.

5. GRUND

Weil die königsblaue »goldene Generation« eine im Fußball beispiellose Erfolgsserie vorweisen kann

Die Anzahl der »Dreamteams« im Fußball lässt sich an einer Hand abzählen: die »Breslau-Elf« von 1937; die ungarische Wunderelf mit Ferenc Puskás und das Manchester United der »Busby Babes« in den Fünfzigern; die »Beckenbauer-Elf« von 1972; Maradonas Argentinien in den Achtzigern; Frankreich in den Neunzigern mit Zidane & Co.; der FC Barcelona mit dem unvergleichlichen Lionel Messi bis zur Entthronung durch den FC Bayern im Frühjahr 2013. All diese Teams genießen heute Kultstatus, ihre Triumphe sind spektakulär (der deutsche 3:1-Sieg gegen England 1972), ihr Ende gelegentlich tragisch (1958 sterben acht der »Busby Babes« bei einem Flugzeugunglück). Allen gemeinsam ist, dass sie ihren Erfolg einer »goldenen Generation« talentierter und ehrgeiziger junger Spieler verdankten.

Eine solche »goldene Generation« wuchs zu Anfang des vorigen Jahrhunderts auch in Schalke heran: Als die Ballmann-Brüder mit dem schottischen Flachpassspiel im Gepäck nach dem Ersten Weltkrieg zu Schalke stießen, fanden sie dort eine Mannschaft von Ausnahmetalenten vor, voller Ehrgeiz und aufgeschlossen für spielerische Neuerungen, die es durchaus auch in Deutschland zu bestaunen gab.

Immerhin hatten schon 1899 der Berliner FC Preußen und später der Dortmunder SC das Kombinations- und Flachpassspiel eingeführt, mit dem in der Folge auch deren Gegner Spiel und Sport Schalke 96 Bekanntschaft machte: »Vorbilder waren also vorhanden, und die jungen Schalker scheinen genauer hingeschaut und fleißiger trainiert zu haben als andere.«[18] Der Boden für die Perfektionierung dieser »ausgereifte[n] und mannschaftorientierte[n] Spielweise«[19] durch die technischen Finessen der »Ballmänner« war also bereitet: »Die machten Fallrückzieher, Doppelpaß – so was kannten wir alles gar nicht«, erinnerte sich Ernst Kuzorra in späteren Jahren.[20]

Und diese »goldene Generation« der Kuzorras und Szepans, der Tibulskis und Kalwitzkis hatte das Glück, mit dem FC Schalke 04 einen Verein zu haben, der ihnen optimale äußere Voraussetzungen zur Entfaltung ihrer Talente bot: Die Vereinsführung verfügte in dem Zechenangestellten Fritz Unkel über einen guten Draht zur benachbarten Zeche Consol und war zudem entschlossen, »es weiter zu bringen als bis zum nächsten Straßenderby«.[21] Und gerade weil »ein gewisser hartnäckiger Wille zum sportlichen Aufstieg (...) die Schalker von Anfang an ausgezeichnet«[22] zu haben scheint, war die Zechenleitung auch bereit, den Club zu unterstützen, mit dem

Hintergedanken, sich dadurch die Sympathien ihrer fußballbegeisterten Belegschaft und der ortsansässigen Bevölkerung gleichermaßen zu sichern.

Auch die Stadt Gelsenkirchen erkannte schnell, dass sich ein erfolgreicher Fußballclub bestens zur kommunalen Imagepolitur eignete, und unterstützte deshalb gemeinsam mit der Zeche 1928 den Bau einer vereinseigenen Spielstätte, deren Fassungsvermögen der rasant wachsenden Popularität der ab Mitte der Zwanzigerjahre auf einer Welle des Erfolgs schwimmenden Knappen entsprach.

Der Mythos Schalke hat also durchaus einen realen Hintergrund. Eine Mannschaft von Ausnahmetalenten, die zu großen Hoffnungen Anlass zu geben schien, stieß in einem fußballfreundlichen gesellschaftlichen Klima auf breite Unterstützung durch Industrie und Kommune, und die daraus resultierende »strategische Partnerschaft«[23] begründete eine über zwei Jahrzehnte währende Erfolgsserie, wie sie keine andere »goldene Generation« im Fußball bis heute aufzuweisen hat.

6. GRUND

Weil Szepan und Kuzorra schon zu Lebzeiten Legende waren

Als Ernst Kuzorra und Fritz Szepan am 12. November 1950 zum Freundschaftsspiel gegen den brasilianischen Meister Atlético Mineiro Belo Horizonte in der Glückauf-Kampfbahn auflaufen, sind sie 45 bzw. 43 Jahre alt. Es ist ihr Abschiedsspiel nach 27 bzw. 25 Jahren im Schalker Dress. Als die Partie nach 25 Minuten vereinbarungsgemäß unterbrochen wird, verlassen beide das Spielfeld und nehmen auf der Aschenbahn Aufstellung. Auf einem Schwarz-Weiß-Foto sieht man sie nebeneinander stehen, während sie den Worten des Schalke-Vorsitzenden Albert Wildfang lauschen.

Die Helden sind in die Jahre gekommen. Unter Szepans Trikot wölbt sich ein leichter Bauchansatz, während Kuzorra irgendwie in sich hineinzublicken scheint, als liefe in diesem Moment vor seinem inneren Auge noch einmal das vergangene Vierteljahrhundert ab, in dem er zusammen mit Schwager Fritz (Szepan war seit 1931 mit Kuzorras Schwester verheiratet) den Schalker Mythos mitbegründete.

Sechs Deutsche Meisterschaften und einen deutschen Pokalsieg fuhren die Königsblauen unter der Ägide der beiden von 1934 bis 1942 ein, von 1929 bis 1944 war Schalke mit einer einzigen Unterbrechung – in der Skandalsaison 1930/31, als die erste Mannschaft wegen Verstößen gegen die Amateurstatuten gesperrt war – ununterbrochen Westdeutscher bzw. ab 1933 Westfalenmeister, und von 1933 bis 1944 stand die Mannschaft Jahr für Jahr in der Endrunde um die Deutsche Meisterschaft.

Während dieser gesamten »goldenen Ära« bildete das Halbsturm-Duo Szepan/Kuzorra den Dreh- und Angelpunkt des Schalker Spiels – Kuzorra als »eine Mischung aus Uwe Seeler und Günter Netzer (…). Torgefährlich und mit Übersicht zugleich (…), ballsicher und dribbelstark (…), ein aggressiver und hart attackierender Angreifer«[24], Szepan als überragender Stratege auf dem Platz, »ein begnadeter Aufbauspieler mit herausragenden technischen Fähigkeiten«, der sich durch »Spielintelligenz, Übersicht, Technik und ein überragendes Stellungsspiel«[25] auszeichnete. Und mindestens so torgefährlich war wie sein Schwager: In 87 Endrundenspielen zur Deutschen Meisterschaft erzielte Szepan 55 Tore, Kuzorra brachte es in 79 Endrundeneinsätzen auf 50 Treffer. Nicht minder beeindruckend die Pflichtspielbilanz: Auf Szepans Konto gingen 234 Tore in 342 Einsätzen, Kuzorra kam auf 274 Treffer in 351 Partien.

Natürlich wären all diese Erfolge nicht möglich gewesen ohne eine eingespielte Mannschaft, aber erst umgekehrt wird ein Schuh daraus: Ohne die Genialität und Kreativität eines Szepan auf dem Platz und ohne die sportliche und menschliche Autorität des fußballerischen Ausnahmetalents Kuzorra hätte auch eine noch so gut eingespielte Mannschaft niemals über Jahrzehnte eine solche Dominanz erlangen können. Szepan und Kuzorra wurden nicht erst in der verklärenden Rückschau zu Schalker Legenden – sie waren es bereits in ihrer aktiven Zeit: »Das bekannteste Schwägerpaar im deutschen Fußball (...) war der Nukleus, um den herum sich die königsblaue Ruhmes-Korona legen konnte.«[26]

Das Spiel gegen die »Bergarbeiter« aus Brasilien ging übrigens 1:3 verloren, aber das war an jenem denkwürdigen Tag, an dem die beiden größten Schalker Legenden ihren Abschied nahmen, eher nebensächlich.

7. GRUND

Weil die Schalker Elf der Dreißigerjahre wie keine zweite das Ideal der »elf Freunde« verkörperte

»Elf Freunde müsst ihr sein, wenn ihr Siege wollt erringen« – so das Motto auf dem Sockel der »Viktoria«, der Statue, die von 1903 bis 1944 für den Gewinn der Deutschen Fußballmeisterschaft verliehen wurde. Immerhin sechs Mal wanderte die Siegesgöttin in dieser Zeit an den Schalker Markt, wo dieses Motto so intensiv gelebt wurde wie vielleicht nirgendwo sonst im deutschen Fußball. Allerdings waren es nicht elf, sondern 22 »Freunde«, die zwischen 1934 und 1942 sechs Deutsche Meisterschaften und einen Vereinspokal errangen. Diese 22 Spieler bildeten den festen Stamm der Schalker Meisterelf jener Jahre, und 14 von ihnen waren in Gelsenkirchen geboren: Hans Klodt (Torwart), Ferdinand Zajons, Otto Schweisfurth, Heinz Hinz (Abwehr), Otto »Ötte« Tibulski, Rudi Gellesch, Bernhard »Natz« Füller, Herbert Burdenski (Läuferreihe), Ernst Kuzorra, Fritz Szepan (Halbsturm) sowie Ernst »Kalli« Kalwitzki, Adolf »Ala« Urban, Emil Rothardt (eigtl. Czerwinski) und Willi

Schuh (Sturm). Der Rest kam aus den Nachbarorten Essen, Gladbeck, Wattenscheid und Wanne, sieben stammten zudem aus dem Schalker Nachwuchs: Gellesch, Schweisfurth, Tibulski, Bornemann, Hinz, Füller und Burdenski. Außerhalb des Ruhrgebietes geboren waren lediglich zwei: der aus Münster stammende Hermann Mellage, von 1930 bis 1937 die Nummer eins im Schalker Tor, und Heinz Flotho, wegen seiner Sprungkraft »Schwarzer Panther« genannt, der 1942 aus Osnabrück kam und den aufgrund einer Kriegsverletzung ausgefallenen Stammtorwart Hans Klodt ersetzte.

Die gemeinsame Herkunft und räumliche Nähe des Kaders begründete einen mannschaftlichen Zusammenhalt, der wesentlich zum Schalker Dauererfolg ab Mitte der Zwanzigerjahre beitrug. Symbolhaft für diesen Zusammenhalt standen Fritz Szepan und Ernst Kuzorra. Beider Eltern waren aus Ostpreußen ins Ruhrgebiet eingewandert, beider Väter arbeiteten im Bergbau. Beide wuchsen im Stadtteil Schalke auf und waren von Jugend an befreundet. Beide hatten ursprünglich zum SC Gelsenkirchen 07 gehen wollen, der wegen ihrer Trikots sogenannten »gelben Gefahr« aus dem benachbarten Bismarck. Und beide landeten eher zufällig bei den Königsblauen. Kuzorra, weil er als Zuschauer bei einem B-Jugend-Spiel für einen verletzten Schalker einsprang, gleich vier Tore erzielte und man ihn nicht mehr gehen ließ, und Szepan, weil die Schalker dem 14-Jährigen im Gegensatz zur Bismarcker Konkurrenz Fußballschuhe zur Verfügung stellten.

Auch außerhalb des Platzes waren die beiden spätestens seit 1931 »verschwägert«, als Szepan Kuzorras Schwester Elise heiratete. Wie stark die Freundschaft der beiden war, zeigte sich bei einem Zwischenfall mit Reichstrainer Otto Nerz im Oktober 1933. Nerz hatte Szepan nicht für das kommende Länderspiel gegen Belgien aufgestellt, und Kuzorra erinnerte sich: »Ich war sauer, weil der Fritz nicht aufgestellt worden war, und sachte ihm, dat ich dann auch nicht spielen würde. Da hat er mich zu sich zitiert, zu einer ›netten‹ Unterhaltung. Ich bin verletzt, ich kann nicht spielen, sach' ich. Aber der Nerz glaubte dat nicht, und brüllte: Sie werden von mir hören! Und da brüll' ich zurück: Und Sie könn'n mich am Arsch lecken!«[27]

Ob wahr oder nicht, illustriert diese Episode jedenfalls perfekt das Schalker Zusammengehörigkeitsgefühl (und trug ganz nebenbei zur Legendenbildung um Kuzorra bei). Wer die Empfindlichkeiten von Trainern damals wie heute kennt, den wundert allerdings auch nicht, dass das Schalker Ausnahmetalent es gerade mal auf zwölf Länderspieleinsätze brachte.

»Die Königsblauen waren eben ein eingeschworener Haufen von Einheimischen, die gemeinsam den Weg von ganz unten nach ganz oben angetreten hatten. Und auch das machte den FC Schalke 04 zweifelsohne zu einem besonderen Verein in der deutschen Fußballgeschichte«, so Hardy Grüne.[28]

8. GRUND

Weil Schalke immer schon ganz großes Kino war

Die Königsblauen sind in ihrer wechselvollen Geschichte schon alles gewesen – glänzende Sieger und traurige Verlierer, strahlende Helden und abgefeimte Schurken, Täter und Opfer. Aber eines haben sie dabei immer geboten: ganz großes Kino – Drama, Liebe, Wahnsinn im Fußballformat.

Unvergessen die Bilder weinender Fans mitten auf der Kurt-Schumacher-Straße vor der alten Glückauf-Kampfbahn nach der »Viereinhalb-Minuten-Meisterschaft« 2001, nachdem die »Dusel«-Bayern den Schalkern mit einem Freistoßtor in allerletzter Sekunde die Schale vor der Nase wegschnappt hatten. Ebenso unvergessen aber auch die wütenden Schmähgesänge enttäuschter Fans in der Zweitligasaison 1989/90, als die Spieler noch lachen, obwohl sie soeben mit einem blamablen 0:2 gegen Hessen Kassel endgültig den Wiederaufstieg verspielt haben: »Wir sind Schalker und ihr nicht!«

Manchmal waren sie Helden und Schurken zugleich – so nach dem DFB-Pokal-Sieg 1972, als der Pokalsieger und Vizemeister im Zuge der Enthüllungen im Zusammenhang mit dem Bundesliga-Skandal zum »FC Meineid« mutierte. Und manchmal kam es auf den Standpunkt an: Für den Westdeutschen Spielverband, der 1930 die komplette erste Mannschaft wegen vermeintlichen Berufsspielertums sperren ließ, waren die Schalker Spieler Täter, in den Augen des damals schon weit über Gelsenkirchen hinausreichenden Anhangs waren sie Opfer, die ein Jahr später beim ersten Spiel nach Aufhebung der Sperre wie auferstandene Helden empfangen wurden. Dass Schalke-Finanzobmann Willi Nier sich da schon aus Scham über die lächerlich geringen Zahlungen an die Spieler im Rhein-Herne-Kanal ertränkt hatte, setzte den passenden dramatischen Akzent.

In den trüben Achtzigerjahren wurden dann die Jahreshauptversammlungen zur Bühne von Schmierenkomödianten, die sich dem unter der wiederholten Zweitklassigkeit leidenden Schalker Anhang als Hoffnungsträger präsentierten. Wo vollmundig Wiederaufstieg und Titel versprochen wurden, hatten Vernunft und Augenmaß selten eine Chance. Wie sonst ist der Aufstieg eines windigen Populisten wie Günter Eichberg zu erklären? Dem millionenschweren »Sonnenkönig« glaubte man alles – um am Ende auf einem Berg von Schulden zu sitzen, die den Verein beinahe ruiniert hätten.

Dass man hinter der Drei-Tage-Präsidentschaft von Michael Zylka BND-Machenschaften vermutete, passt ins Bild: Kleiner ging's auf Schalke nie, und Verschwörungstheorien haben eine lange Tradition auf Schalke. Als in den Zwanzigerjahren der sogenannte »Neue Weg« des WSV den Schalkern über Jahre den Aufstieg verbaute, sahen Verschwörungstheoretiker darin den Versuch, den Emporkömmling Schalke von der höchsten westdeutschen Spielklasse fernzuhalten. Und als Schalke 1938 im Wiederholungsspiel um die Deutsche Meisterschaft Außenseiter Hannover 96 nach zwei nicht anerkannten Treffern und einem umstrittenen Handelfmeter

3:4 unterliegt, argwöhnen die erfolgsverwöhnten Blau-Weißen Schiebung. »Es muss mal eine andere Mannschaft Deutscher Meister werden, sonst wäre die Fußball-Meisterschaft langweilig geworden. Immer Schalke!«, soll Reichssportführer Hans von Tschammer und Osten laut Kuzorra gesagt haben.[29]

Natürlich ging es auch umgekehrt: Zweimal in seiner Geschichte entging Schalke per Ordre de Mufti dem Abstieg in die Zweitklassigkeit: Als am Ende der Saison 1948/49 nach einem zwölften Tabellenplatz der Abstieg aus der Oberliga West droht, wird die Liga kurzerhand auf 16 Vereine aufgestockt, und als Schalke am Ende der zweiten Bundesliga-Saison 1964/65 das gleiche Schicksal bevorsteht, stockt man die neue deutsche Vorzeigeliga flugs auf 18 Vereine auf, weil man sich auch eine Bundesliga ohne die Königsblauen nicht vorstellen kann.

Und die revanchieren sich in den folgenden Jahrzehnten, selbst als in den Achtzigerjahren der wiederholte Abstieg tatsächlich nicht verhindert werden kann, mit unvergesslichen Fußball-Momenten – großes Kino in Reinkultur. 1972 braucht Schalke im Rückspiel des DFB-Pokal-Halbfinales 21 Elfmeter, um als Sieger gegen den 1. FC Köln ins Finale einzuziehen – bis heute ein absoluter Rekord. Und während des legendären 6:6 der Schalker gegen die Münchner Bayern im DFB-Pokal-Halbfinale 1984 stirbt ein Zuschauer, zwei weitere erleiden Herzinfarkte vor Aufregung.

Großes Drama dann wieder 2011, als Schalke im Champions League-Viertelfinale auswärts gegen Inter Mailand schon in der ersten Minute das 1:0 kassiert. Am Ende steht es nach einem atemberaubenden Hin und Her 5:2 für Schalke, und als auch das Rückspiel 2:1 gewonnen wird, erreicht der Wahnsinn seinen Höhepunkt, als Superstar Raúl, der entscheidenden Anteil am Siegeszug der Schalker im europäischen Vorzeigewettbewerb hat, gemeinsam mit den Fans in der Nordkurve das Erreichen des Halbfinales feiert.

Auch der Liga schenken die Schalker – bei allem Mittelmaß im grauen Alltag – seit Jahrzehnten regelmäßig jene magischen

Momente, die dem ein wenig angestaubten Mythos Schalke neuen Glanz verleihen. Ob beim deftigen 0:11 gegen Borussia Mönchengladbach (auch grandiose Niederlagen können den Mythos befeuern) 1967 oder beim 7:0 gegen Bayern München 1976 oder beim 7:4-Spektakel gegen Bayer Leverkusen 2006 und natürlich selbstredend bei zahlreichen Revier-Derbys gegen den BVB (von den 142 Begegnungen bis März 2013 gingen nur zehn torlos aus) – immer wurde großes Kino geboten, nach dem Motto: Wenn schon Untergang, dann mit fliegenden Fahnen, aber wenn Sieg, dann mit Glanz und Gloria!

9. GRUND

Weil die Tradition auf Schalke auch heute noch hochgehalten wird

»Eine Trainingseinheit der besonderen Art absolvierten heute die Fußballprofis des FC Schalke 04. Ein 50-köpfiges Team des Traditionsvereins rund um Trainer Huub Stevens, Mannschaftskapitän Benedikt Höwedes sowie die internationalen Stars Raúl und Klaas-Jan Huntelaar unternahmen eine Grubenfahrt auf dem Bergwerk Auguste Victoria in Marl. In Begleitung des RAG-Vorstandsvorsitzenden Bernd Tönjes begaben sich Spieler, Trainer und Betreuer des Fußball-Bundesligisten an Schacht 3/7 des Bergwerks auf eine Tiefe von rund 1000 Metern. Von dort aus galt es, rund zwei Kilometer bis zur Bauhöhe 702 des Flözes Zollverein 6 zurückzulegen. Dort hatten die prominenten Besucher die Möglichkeit, bis tief in den Streb vorzudringen und einen Walzenschrämlader beim Kohleabbau zu begutachten. Dabei erlebten die Fußballprofis, dass auch tief unter den Fußballplätzen des Reviers Teamgeist, Technik und voller Einsatz den Erfolg sichern.« So der Wortlaut einer Pressemitteilung der Ruhrkohle AG vom 16. Januar 2012.[30]

Eine Grubenfahrt gehört seit Jahrzehnten zum Pflichtprogramm auf Schalke, dem sich die Profis nicht entziehen können, wollen sie nicht ihre Glaubwürdigkeit in den Augen der Fans aufs Spiel setzen. Christoph Metzelder, nur wenige Kilometer vom Bergwerk entfernt in Haltern geboren: »Für mich persönlich ein ganz tolles Erlebnis. Wir haben sicherlich einen privilegierten Beruf. Da kann ein bisschen Demut sicher nicht schaden.« Und sicher auch helfen, ein bisschen Spott zu ertragen, denn ohne den ging es beim Aufeinandertreffen von echten und Freizeit-Kumpeln natürlich nicht ab. Fragte ein Mann von der Grubenwehr beim Anblick der geschwärzten Schalker Gesichter seinen Kollegen: »Pass auf. Was ist der Unterschied zwischen einem Gesellen und einem Schalker?« Antwort: »Der Geselle kann noch Meister werden.«[31]

Die Schalker Grubenfahrten versuchen eine Tradition lebendig zu halten, die zu ihren Entstehungszeiten bereits Legende war: »Auf die Kohle, die der Ernst Kuzorra hoch geholt hat, konnze kein Pfund Erbsen heiß kriegen«, wusste damals schon jedes Kind am Schalker Markt.[32] Dass die Kumpel der Zeche Consol Kuzorra angeblich vorschlugen, für ihn die Kohle rauszuholen, wenn er für sie die Deutsche Meisterschaft holte, ist Teil des Mythos vom »Malocherclub« Schalke 04. Denn, so Kuzorra, ab 1927 arbeitete keiner der Schalker Spieler mehr körperlich. Wenn sie überhaupt noch auf Consol beschäftigt waren, dann mit »sauberen« Arbeiten über Tage.

Für die Identifizierung mit dem Verein aber war die »Arbeit am Mythos« immer schon unverzichtbar. In den Sechzigern ließ Trainer Rudi Gutendorf die Schalker Spieler »morgens gegen 6 Uhr auch schon mal an der Schachtanlage Consol vorbeitraben, um den Kumpels, die zur Frühschicht wollten, zu zeigen: Auch Fußballer verdienen ihr Geld nicht im Schlaf«.[33] Und deshalb kommen auch heute noch Stars wie Raúl oder Farfán um königsblaue Traditionspflege nicht herum. Die obligatorische Grubenfahrt ist der Ritterschlag, der den modernen Knappen in den Augen der Fans erst die nötige Glaubwürdigkeit verleiht. Von denen selbst kaum noch einer »auf Zeche« arbeitet, die aber aller Realität zum Trotz an der Legende vom Tore schießenden Kumpel festhalten, weil sie auch in Zeiten des modernen Profifußballs die Identifikation mit »ihrem« Verein ermöglicht.

Dass der FC Schalke 04 heute ein millionenschweres Unternehmen und die Mannschaft eine bunt zusammengewürfelte Legionärstruppe mit Millionengehältern ist, wird nur allzu gern ausgeblendet. Wie heißt es in einem der schönsten Filme von John Ford, *Der Mann, der Liberty Valance erschoss*, am Schluss, nachdem der Reporter die »wahre« Geschichte des Senators Ransom Stoddard erfahren hat: »Wenn die Wahrheit über die Legende herauskommt, drucken wir trotzdem die Legende.« Auf Schalke wird sie nicht gedruckt, aber weiter gelebt – von den Fans umso mehr, je weiter die Spieler sich – Grubenfahrten hin oder her – von ihr entfernen.

10. GRUND

Weil Schalke der berühmteste Vorort der Welt ist

Na schön, Manhattan ist vielleicht noch berühmter. Aber haben die einen Fußballverein? Eben. Klar, St. Pauli, dort gibt's einen. Aber haben die schon mal was gewonnen? Genau. Ansonsten? München, Hamburg, Bremen, Hannover usw. Aber Vorortfußballvereine in den höchsten Ligen? Klar, früher war das anders. Da mussten, bevor die Entscheidungsspiele um die Westdeutsche und die Deutsche Meisterschaft anstanden, erst mal die »Kleinen« aus den benachbarten Vororten oder den Nachbarstädten aus dem Weg geräumt werden. Und in den Agglomerationen zwischen Rhein und Ruhr wimmelte es in den Zwanzigerjahren von Fußballvereinen. In der »langen« Saison 1924/26 kickten in der Gelsenkirchener Gruppe der Emscher-Kreisliga sechs Vereine aus Gelsenkirchen: VfR 08 Bulmke, SV Hüllen, STV Horst-Emscher, SuS Schalke 96, SV Heßler 06, BV 12 Gelsenkirchen und – der FC Schalke 04. Nach dem Aufstieg in die Ruhrbezirksklasse 1926 bekamen es die Schalker zunächst mit weiteren Lokalrivalen zu tun: SC Gelsenkirchen 07, Union Gelsenkirchen, Erle 08, SpVgg 07 Buer-Erle. Erst als sie ab 1927 als Ruhrbezirksmeister regelmäßig um die Westdeutsche Meisterschaft spielten und diese 1929 und 1930 auch gewannen, was sie für die Endrunden um die Deutsche Meisterschaft qualifizierte, verließen die Königsblauen das »Land der tausend Derbys«, um gegen überregionale Gegner anzutreten – denen sie sich nach Jahren der Dominanz in den unteren Spielklassen zunächst geschlagen geben mussten: 1927 dem SV München 1860 (1:3), 1928 dem Hamburger SV (2:4), 1929 Hertha BSC (1:4) und 1930 dem damaligen Rekordmeister 1. FC Nürnberg (2:6).

Die »Kleinen« vor der eigenen Haustür hatte man da schon längst abgehängt, und der Name Schalke war in ganz Fußballdeutschland zum Inbegriff für technisch perfekten, schnellen Kombinationsfußball geworden. Kurz: Schalke kannte damals in Deutschland jedes Kind. Wo aber lag dieser sagenumwobene Ort? Als die Schalker Mannschaft 1929 für einige Freundschaftsspiele nach Schweden reiste, interessierte das natürlich auch den schwedischen König Gustav V. Adolf, nachdem Kapitän Kuzorra auf die Frage des Monarchen, wo Gelsenkirchen liege, geantwortet hatte: »Bei Schalke.« Wo denn dieses Schalke liege, wollte der Herrscher nun wissen, worauf der »Clemens« kurz und knapp zurückgab: »Anne Grenzstraße, Majestät!«

Mag sein, dass diese Anekdote erfunden ist, wie so viele andere über Schalke. Aber als Teil des königsblauen Sagenschatzes passt sie zu einem Verein, der gerade in mageren Jahren immer wieder Kraft aus seinen Legenden geschöpft hat, um dem eigenen Mythos neues Leben einzuhauchen. Dass der Verein offiziell »FC Gelsenkirchen Schalke 04 e. V.« heißt und seit Jahrzehnten *der* städtische Repräsentationsverein ist, interessiert im Grunde niemanden. Wer nicht in Gelsenkirchen geboren ist, hält die Stadt ohnehin für einen

Vorort von Schalke und nicht umgekehrt. Und wem ist es in anderen Ländern nicht schon passiert, dass er mit der Antwort »Gelsenkirchen« auf die Frage, woher er komme, nur ratlose Blicke erntete, die sich erst aufhellten, wenn auf die Nachfrage, wo das denn liege, die Ergänzung folgte: »Bei Schalke.« Ob der schwedische König das nun damals so genau wissen wollte oder nicht, ist völlig unerheblich, aber wenn ja, dann war Kuzorras Antwort die einzig richtige.

11. GRUND

Weil der Mythos Schalke unzerstörbar ist

Schaden nahm er in der Vergangenheit oft genug. Am schwersten sicher nach 1933, als die Nationalsozialisten den Mythos Schalke für ihre politischen Zwecke instrumentalisierten: »Schalke 04 war der Vorzeigeverein der Nationalsozialisten; er verkörperte mit seiner ganzen Geschichte, seiner Mannschaft und den zahlreichen treuen Fans angeblich die von den Nationalsozialisten verkörperte ›Volksgemeinschaft‹. Zu gut ließ sich der Aufstieg des Schalker Vereins in kürzester Zeit und gegen alle Widerstände mit dem sogenannten ›Aufstieg der Bewegung‹ in den zwanziger und dreißiger Jahren vergleichen«.[34]

Vor allem Ernst Kuzorra und Fritz Szepan wurden zu Helden aus der Arbeiterschaft umgedeutet und mit dem nationalsozialistischen »Mythos vom Triumph der Arbeit« verknüpft: »Aus den jungen Dorfspielern Kuzorra und Szepan sind – das darf man heute sagen – deutsche Fußballspieler geworden«, heißt es in dem 1936 erschienenen *Buch vom Deutschen Fußballmeister*. Wehren konnten die Spieler sich nicht gegen derlei Vereinnahmung. Dass sie zumindest ahnten, wie mit ihnen Politik gemacht wurde, belegt Kuzorras Reaktion auf die unerwartete 3:4-Niederlage im Meisterschaftsfinale 1941 gegen Rapid Wien. »Mit Politik haben wir nichts zu tun«, schnauzte Kuzorra Reichssportführer Hans von Tschammer und Osten nach dem Spiel bei Überreichung der Ehrennadeln für die Vizemeisterschaft an. Nach zwei Freistößen und einem Elfmeter innerhalb von zehn Minuten, die aus einem Schalker 3:0 ein Wiener 3:4 machten, waren die Schalker überzeugt davon, verschaukelt worden zu sein, damit der Großdeutsche Meister diesmal aus der »Ostmark« käme. »Solch seltsame Blüten kann das verfestigte Bild von der Benachteiligung durch die Mächtigen treiben«, so Georg Röwekamp.[35] Dem Schalker Mythos vom kleinen David, der sich gegen den übermächtigen Goliath behauptet, gaben solche Verschwörungstheorien jedenfalls neue Nahrung.

Als beinahe schon bewussten Versuch, den Mythos Schalke zu zerstören, kann man den Bundesliga-Skandal 1971 werten. Binnen Kurzem wurde damals aus einem Verein, der auf dem besten Wege war, an die »goldene Ära« der Königsblauen anzuknüpfen, der »FC Meineid«, dessen Spieler für eine Handvoll Mark die eigene und die Ehre des Vereins verhökert hatten. Der Mythos Schalke war nun ernstlich angekratzt, der wiederholte Absturz in die sportliche Zweitklassigkeit im darauffolgenden Jahrzehnt, begleitet vom Getöse schlammschlachtartiger Hauptversammlungen, auf denen sich dubiose Egomanen als blau-weiße Hoffnungsträger präsentierten, schien ihm den Todesstoß zu versetzen.

Die in den Neunzigerjahren einsetzende umfassende Kommerzialisierung des Fußballsports, die aus dem Fußballverein Schalke 04 das Millionenunternehmen Schalke 04 gemacht hat, trug ihren Teil dazu bei, die Strahlkraft des Mythos Schalke weiter zu schwächen. Dass er dennoch heute lebendiger ist denn je, verdankt er nicht zuletzt dem blau-weißen Anhang: »Die Fans spielen für den Schalke-Mythos heute die entscheidende Rolle: Sie sind es, die mitfühlen, mitleiden, (…) das verkörpern, was Schalke ausmachte zu der Zeit, als der Mythos in seiner alten Form entstand: die unausrottbare Hoffnung der Benachteiligten, der Glaube an die eigene, unsichtbare Größe. (…) Sie sind es, die dem Verein die Treue halten.«[36]

Aktuellstes und sichtbarstes Bekenntnis zum Mythos Schalke ist die vom Supporters Club 2011 mit Unterstützung des Vereins, der Stadt Gelsenkirchen und der BOGESTRA initiierte »Schalker Meile« entlang der Kurt-Schumacher-Straße zwischen Berliner Brücke und Glückauf-Kampfbahn. Als »Meile der Traditionen« ist sie gleichermaßen vergangenheitsbezogen wie zukunftsorientiert, Erinnerung an die glorreiche Zeit der Königsblauen und Stadtentwicklungsprojekt. »Viel zu wenige kennen den Mythos vom Schalker Markt wirklich«, so Olivier Kruschinski von den Supporters. »Wir wollen die Schalker Meile wieder mit Leben füllen und sie zum Treffpunkt für möglichst viele Schalker vor den Spielen unserer Mannschaft machen.«[37]

Inzwischen tragen zahlreiche Geschäfte blau-weiße Namenszüge, wurden die ersten Schaufenster leerstehender Geschäfte mit historischen Vereinsfotos geschmückt, winden sich blau-weiße Banderolen um die Abspannmasten der Oberleitung und heißt die Haltestelle Uechtingstraße »Schalker Meile«. Der Mythos lebt. Den Fans sei Dank.

2. KAPITEL

BLAU UND WEISS EIN LEBEN LANG

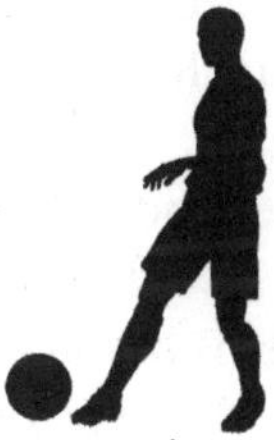

12. GRUND

Weil das Glück zwei Farben hat

Als ich meinen Kumpel Theo fragte, warum er Schalke-Fan sei, blickte er mich nur verständnislos an: »Weil ich Gelsenkirchener bin.« Genau so ist es. Schalker wird man nicht, wie man Maurer, Professor oder Kanzlerkandidat wird. Nein, als Schalker wird man geboren – man weiß es nur noch nicht. Dazu bedarf es eines besonderen Erweckungserlebnisses.

Meines kam an einem Samstag Mitte der Sechzigerjahre. Wenn ich daran zurückdenke, steigt mir der Geruch von Graupensuppe mit Hackfleischklößchen in die Nase. »Samstach is Eintopftach!«, pflegte meine Mutter zu sagen, wenn ich mal wieder lustlos in dem Durcheinander aus Gemüse, Kartoffeln und Suppengrün herumstocherte. »Hasse gar kein Hunger? Wat andret gibtet nich!« Bis zwei, drei Uhr nachmittags hockte ich manchmal vor meinem Teller und dachte sehnsüchtig an Spaghetti mit Tomatensoße.

Doch an besagtem Samstag nicht. Denn dieser Samstag war ein ganz besonderer Tag.

Wenige Tage zuvor hatte meine Mutter mich mit einem Stück Stoff, das mit Reißzwecken an einem abgesägten Besenstil befestigt war, überrascht: ein Meter mal 50 Zentimeter, blau und weiß. Und an besagtem Samstag hatte ich keine Zeit, mich lange mit meiner Suppe aufzuhalten. Die Zeit drängte. Mein Vater hatte es mir versprochen. Heute würde er mich zum ersten Mal mit »auf Schalke« nehmen.

Um halb drei marschieren wir runter zur Straßenbahnhaltestelle. Wir wohnen in Bulmke, in der Oskarstraße, gegenüber dem »Werk«, wie die Anlagen des Schalker Vereins von jedem im Stadtteil genannt werden. In Schalke angekommen, gehen wir die letzten paar Hundert Meter zu Fuß, mein Vater und ich mit meiner blau-weißen Fahne, zusammen mit Tausenden anderer. Vorbei am

Schalker Markt und am Mannesmann-Gelände, über die Gleise der Werksbahn, die Kurt-Schumacher-Straße hoch.

Aus den Seitenstraßen stoßen jetzt neue Gruppen von Schalke-Fans zu uns, inmitten des Stroms, der nur ein Ziel hat: die Kampfbahn Glückauf, jenes magische Oval, das ich bislang nur vom Hörensagen kenne und das ich nun zum ersten Mal betreten werde.

Eine lange Reihe gelber Straßenbahnen teilt irgendwann die Fahrbahn in zwei Hälften und markiert das Ende des Fußmarsches. Linker Hand erstreckt sich am Ende eines Aschenvorplatzes der Eingangsbereich mit den niedrigen Kassenhäuschen, deren schmale Gittertore das letzte Hindernis vor dem Eintritt ins Allerheiligste darstellen.

Dann ist auch die Kartenkontrolle überstanden. Ich halte mich ganz dicht bei meinem Vater, in einer Welt, deren Rituale mir noch fremd sind. Auf dem Gelände um das Tribünenrund drängen sich die Leute um die wenigen Bier- und Würstchenbuden. Von modernem Catering ist in der Frühzeit der Bundesliga noch keine Spur zu sehen.

Bis zum Anpfiff bleibt noch Zeit für eine Bratwurst für mich und einen Becher Bier für meinen Vater – Zeit zu schauen, zu staunen und zu träumen, hier am Fuße des Olymp, wo das Glück ausschließlich zwei Farben hat: Blau und Weiß. Wo es auf die Frage nach dem Größten auf Erden nur eine Antwort gibt: Schalke.

Mit Bratwurst und Pappbecher geht es die Treppen hinauf zur Stehplatzgeraden. Oben angekommen, endlich der Blick auf das grüne Rechteck, das in Wirklichkeit viel kleiner ist, als ich es mir vorgestellt habe. Etwa 20 Meter sind es bis zum Spielfeldrand schräg unter mir, wo nun auf der umlaufenden Aschenbahn Kolonnen blitzender Rollstühle von ihren Fahrern in Stellung gebracht werden, flankiert von Johanniter-Unfallhelfern, deren Rot-Weiß-Grau nicht so recht zum vorherrschenden Blau-Weiß passen will. Natürlich habe ich heute keinen Schimmer mehr, wer an jenem fernen Samstag meiner Kindheit gegen die Schalker antrat. Schließlich spielten die Knappen jeden Samstag. Und war nicht jedes Spiel bedeutend? Ging es nicht immer um alles? Für Schalke und für die anderen? Konnte es je für eine Mannschaft, die auf Schalke antrat – in einer Kampfbahn, nicht in einem Stadion! –, um etwas anderes gehen als um alles, um Ehre, Ruhm und um Unsterblichkeit, niemals jedoch um Freundschaft, um Ausgleich, um ein gerechtes Unentschieden gar? Nein, Siegen oder Untergehen, etwas anderes gab es nicht und gibt es bis heute nicht, nicht für Schalke und nicht für den Gegner.

An das Einlaufen der Spieler habe ich keinerlei Erinnerung mehr, ebenso wenig an die Trikotfarben, geschweige denn an das Ergebnis, an einzelne Gesichter oder Spielszenen. Ein Brausen habe ich aber noch heute in den Ohren, die Quintessenz eines einziges Schreis, der sich Tausenden von Kehlen inmitten eines blau-weißen Ozeans entrang.

Und ich meine mich zu erinnern, dass alles ganz schnell vorbei ist; schon blicke ich auf den Boden, die Fahne in der Rechten; unter meinen Füßen knacken Fetzen von Plastikbechern, matschen Pommes-Schalen und Bratwurst-Pappen. Es riecht nach Bier, Schweiß und Urin. Und ich halte sie ganz fest, die Hand meines Vaters auf dem Weg nach Hause an diesem Samstag vor mehr als 40 Jahren. Und das Glück hat zwei Farben.

13. GRUND

Weil Schalker ihrem Verein auch nach dem Tod die Treue halten

»Als Schalker wird man geboren, und als Schalker stirbt man, das ist einfach so.« Mit diesen Worten kommentierte ein sichtlich ergriffener Fan die Einweihung des Schalker Fan-Friedhofs am Freitag, dem 7. Dezember 2012, im Gelsenkirchener Stadtteil Sutum.

»Einmal Schalke, immer Schalke. Schalke ist verrückt, das kann man hier ja auch nicht mehr toppen. Also das ist Wahnsinn, also zu wissen, wo man liegt, dass man sich das aussuchen kann, dass man sagen kann, da will ich wirklich hin, ich bin unter Gleichgesinnten, auch nach dem Tod, das ist irre, das ist unbeschreiblich, Wahnsinn«, so Markus Kotowski weiter.[38]

Mit der Einweihung des »Fan-Feldes« in Sichtweite der Veltins-Arena – ein nachempfundenes Stadionrund, komplett mit Rasen und Toren, Fahnenmasten und dem Vereinsemblem im Mittelkreis – sind echter Fan-Treue künftig auch nach dem Tod keine Grenzen mehr gesetzt. Insgesamt 1904 Grabstellen – eine Reminiszenz an das Gründungsjahr des Vereins – soll es auf dem Schalker Fan-Feld geben, zwei sind bereits belegt, die Urnen wurden am Einweihungstag beigesetzt. Und laut Ender Ulupinar, Initiator und Geschäftsführer der blau-weißen Ruhestätte, sind 60 Gräber bereits gebucht, und Hunderte Fans aus ganz Deutschland seien an der Möglichkeit interessiert, ihrem Verein auch nach dem Tod die Treue zu halten.

Können echte Schalker schon seit einigen Jahren in der Kapelle der Veltins-Arena ihren Nachwuchs taufen lassen, nachdem sie sich vielleicht schon an gleicher Stelle das Jawort gaben, so muss nun auch niemand mehr, wenn er das Zeitliche segnet, auf die Nähe zum geliebten Verein verzichten. Und diese Nähe wäre sicher noch größer geworden, gäbe es in der Arena nicht den Rollrasen ohne Erdreich, der die Anlage eines Gräberfeldes direkt unter dem Allerheiligsten nun mal nicht zulässt. Andererseits: was für ein Glück. Denn welchen Fan schauderte es nicht bei dem Gedanken, im Jenseits statt von den Klängen der Vereinshymne möglicherweise vom Geschrei Tausender hysterischer Rockfans aus der ewigen Ruhe gerissen zu werden, oder – noch schlimmer – vom Gebrüll völlig enthemmter schwarz-gelber Schlachtenbummler aus der verbotenen Stadt.

Natürlich reicht auch im Fan-Himmel Fan-Treue alleine nicht aus für einen Platz an der Sonne. Wer den Knappen auch nach seinem Ableben 25 weitere Jahre die Treue halten will, der muss dafür mindestens 5406 Euro berappen, egal ob Urne oder Reihengrab und unabhängig von der Konfession. Denn auf dem Schalker Fan-Friedhof zählt natürlich nur *ein* Glaube – der blau-weiße.

Und wie im richtigen Leben bestimmt der Geldbeutel auch, wie komfortabel man zur letzten Ruhe gebettet wird. Denn wer in seine Dauerkarte für das Spiel nach dem letzten Spiel nur wenig investiert, der muss sich mit der Position als Außenverteidiger zufrieden geben; wer hingegen tiefer in die Tasche greift, dem ist auch im Jenseits die Spielmacherposition sicher. Nur die Nummer 09 wird nicht vergeben werden – wer will schon an seiner letzten Ruhestätte ständig an das Gründungsjahr des ewigen Rivalen aus Lüdenscheid-Nord erinnert werden?!

Kann es einen besseren Grund geben, Schalker zu sein, als die Verheißung auf ein Fan-Dasein auch im Jenseits? Mit dem Schalker Fan-Feld erhält der Spruch vom Fußball als Religion jedenfalls eine völlig neue Bedeutung. Um mit den Worten von Schalkes Ehrenpräsident Gerd Rehberg zu schließen: »Es gibt kaum einen Verein in Deutschland, der so eng mit den Fans verbunden ist wie Schalke. Oma, Opa, der Urgroßvater waren schon Fans. Das ist Tradition. Kinder werden hier getauft, einige Hundert Eheschließungen haben wir auch. Hier schließt sich der Kreis. Jetzt kann man auch hier beerdigt werden.«[39]

14. GRUND

Weil Schalker mit *Schalke Unser* über den Stadionrand blicken

Schalke Unser ist das »Sprachrohr der Schalker Fan-Initiative, dort setzen wir uns nicht nur gegen Diskriminierung ein, sondern auch für Fußball- und Fankultur«, so Roman Kolbe, Redaktionsmitglied des mit einer aktuellen Auflage von 6000 Exemplaren größten deutschen Fanzines. Im April 1994 zum ersten Mal erschienen (»im Kartoffeldruckverfahren«, so Kolbe), wird *Schalke Unser* heute viermal jährlich sowohl direkt im Stadion verkauft, als auch an etwa 500 Abonnenten bundesweit verschickt.

In Zeiten von Internet-Blogs, Twitter und Facebook eigentlich ein Anachronismus, trotzt *Schalke Unser* auch im 19. Jahr seines Bestehens mit unveränderter Gestaltung und Optik dem Dauergebrabbel im Internet: »Fanzines auf Papier? Ein Relikt der Vergangenheit? Dass wir vom SCHALKE UNSER das anders sehen – und dennoch natürlich bloggen und facebooken und so – ist klar. Paper Rulez!«[40]

Schalke Unser mag altmodisch sein, altersmilde sind seine Redakteure deshalb noch lange nicht. Bestes Beispiel: Michael Jermann, der es vom Fanzine-Verkäufer im Stadion zu einem der Köpfe des Redaktionsteams gebracht hat. »Ich bevorzuge die schrägen Themen«, so der 53-Jährige, quasi der »personifizierte Widerhaken im Soziotop Schalke«.[41] Schräg, das heißt, dass neben Dauerbrennern nach dem Muster »Länder, Menschen, Abenteuer« (»Und geh'n die Schalker auf die Reise …«) oder ironischen Ausflügen in die abwechslungsreiche blau-weiße Vereinsgeschichte (»Die schönsten Skandale des FC Schalke 04«) immer auch Platz ist für vermeintlich fußballfremde Themen, bei denen *Schalke Unser* über den sprichwörtlichen Stadionrand blickt, wie in »Do you do Voodoo?«, einer erfrischend anderen Sicht auf »Sieg und Niederlage im Derby« (Nr. 58, 5/2008), oder in »Niemals allein« (Nr. 32, 11/2001), einer Hommage an den Skiffle-Musiker Gerry Marsden, der mit Gerry & the Pacemakers am 2. November 1963 an die Spitze der britischen Charts stürmte. Mit welchem Titel? *You'll never walk alone*!

Dezidiert antirassistisch und antidiskriminatorisch, beleuchtet *Schalke Unser* regelmäßig auch die Schattenseiten und Auswüchse des modernen Profi-Fußballs. So findet sich in Heft 78 vom April 2013 unter der Headline »Eine Art ›sozialer Reinigung‹« ein kritischer Artikel über die gesellschaftlichen und ökonomischen Probleme im Land des Rekordweltmeisters und Gastgebers der Fußball-WM 2014 Brasilien.

Dass mit Kritik am eigenen Verein – und gelegentlich mit Spott über einzelne Verantwortliche – nicht gespart wird, gehört zum Selbstverständnis von *Schalke Unser* als ironisch-kritischem Sprachrohr einer königsblauen Gegenöffentlichkeit. Dafür hat man sich in der Vergangenheit auch schon mal einen Rüffel eingefangen, so nach der Titelstory »Brot statt Möller« im September 2000 über den Wechsel von Andreas Möller vom BVB zu Schalke. »Nicht mehr so viel Scheiße schreiben!«, mahnte Manager Rudi Assauer damals.[42] Sie taten's weiter. Zum Glück! Weil's sonst keiner tut. So schrieb *Schalke Unser* beharrlich zwei Jahre lang gegen die »magathösen Verhältnisse« im Club an und riskierte ein Stadion-Verkaufsverbot. Verlierer war am Ende – Magath. Und *Schalke Unser* ignorierte bewusst die finanziellen Zuwendungen des Schalke-Sponsors Gazprom, der »andere Fan-Initiativen großzügig bedachte«.[43] Roman Kolbe: »Die größte Stärke ist zugleich auch die größte Schwäche des ›SCHALKE UNSER‹: die Unabhängigkeit. Dadurch kann man dem Verein zwar auch einmal etwas unbequeme Fragen stellen und muss nicht immer mit Kritik hinter dem Berg halten – andererseits ist es auch jedes Mal ein finanzieller Kraftakt, in Eigenregie das ›SCHALKE UNSER‹ zu schreiben, zu drucken und unter die Fans zu bringen.«[44]

Möge das auch weiterhin gelingen, damit *Schalke Unser* bleibt, was es nach eigenem Selbstverständnis immer gewesen ist: die »bundesweit gehörte Stimme der Schalke-Fans«, die »mit Satire und Recherche gegen Rassismus und Dummheit« kämpft – als Stachel im Fleisch des »geilsten Clubs der Welt«.

15. GRUND

Weil Schalker sich vorbildlich gegen Rassismus engagieren

»Die Fanszene im Allgemeinen war damals – Anfang der Neunzigerjahre – sehr kuttengeprägt. Wenn man in die Nordkurve kam, sah man unheimlich viele Kuttenträger, darunter viele – ich nenne es mal – ›Prolls‹. Man musste immer Angst haben, jeden Augenblick einen auf's Maul zu bekommen …«

Roman Kolbe von der Schalker Fan-Initiative e. V.[45]

Zudem waren rassistische Schmähungen – selbst gegen Spieler der eigenen Mannschaft – im Parkstadion an der Tagesordnung. Wobei ein Stadion, wie jeder andere soziale Ort, immer auch Spiegel der gesamtgesellschaftlichen Stimmungslage ist. Und die war vor allem seit der deutschen Wiedervereinigung zunehmend ausländerfeindlich und rassistisch. Als 1992 in Rostock-Lichtenhagen und Mölln die ersten Häuser brannten, wollte eine kleine Gruppe von Schalker Fans all das nicht mehr tatenlos hinnehmen und gründete noch im selben Jahr die Initiative »Schalker gegen Rassismus«, die Keimzelle der »Schalker Fan-Initiative (gegen Rassismus) e. V.« Heute lautet der offizielle Name »Schalker Fan-Initiative e. V.« mit dem Untertitel »Gegen Rassismus und Diskriminierung egal wo!«

Bei ersten Flugblatt-Aktionen in der Gelsenkirchener Innenstadt, an denen sich Spieler und Trainer beteiligten, wurden Rassismus und Ausländerfeindlichkeit angeprangert.

Dann passierte der Brandanschlag von Solingen, bei dem in der Nacht vom 28. auf den 29. Mai 1993 in einem Zweifamilienhaus fünf Menschen türkischer Abstammung ums Leben kamen. Roman Kolbe in einem Interview mit *Transparent*: »Es hat sich relativ schnell herausgestellt, dass ein Schalke-Fan diesen Anschlag verübt hat. Ein Fan, der in der Fanszene ziemlich bekannt war. (…) Die

Person wurde damals auch in Schalke-Kutte abgeführt. Das war dann nicht nur ein Zeichen für uns, sondern auch für den Verein, zu handeln.«

Im Jahr nach Solingen setzte die »Fan-Ini« eine Satzungsänderung durch, und der FC Schalke 04 nahm 1994 als erster Club der 1. Bundesliga einen »Anti-Rassismus-Paragraphen« in die Vereinssatzung auf. Seitdem hat der Verein die Möglichkeit, Mitglieder, die sich ausländerfeindlich verhalten, auszuschließen und Stadionverbote für Mitglieder rechtsextremistischer Parteien auszusprechen.

Im Jahr 2006 erhielt das aus der Schalker Fan-Initiative e.V. hervorgegangene Bildungsprojekt »Dem Ball is' egal, wer ihn tritt« gemeinsam mit dem Lüdenscheider Projekt »Kick Racism Out« den Julius-Hirsch-Preis des Deutschen Fußball-Bundes. »Der Preis erinnert an das schreckliche Schicksal eines großen Fußballers, soll aber auch mahnend daran erinnern, dass sich Geschichte wiederholten kann«, so DFB-Präsident Theo Zwanziger in seiner Laudatio.

Aktuell (2013) ist die »Fan-Ini« mit rund 300 Mitgliedern eine der größten Organisationen im Schalker Fanclub-Dachverband und »der größte antirassistische Fan-Club eines deutschen Sportvereins« (Flyer: »Wer wir sind & was wir tun«). International vernetzt ist die Initiative in FARE (Football Against Racism in Europe), und ihre Jugend-Projekte wie »RepuBlick auf Schalke«, »Pottsound«, »Was ist Heimat?« werden vom Verein und von der Stadt Gelsenkirchen unterstützt. Wer sich in der »Fan-Ini« engagiert, tut dies ehrenamtlich, und wer den Austausch mit Gleichgesinnten sucht, geht zum Fanladen auf der »Schalker Meile« – »Geschäftsstelle, Treffpunkt und Begegnungsstätte, Ort für Jugendarbeit, Anlaufpunkt für internationale Gäste und legendäre Feierstätte Schalker Siege!« – »deutschlandweit einzigartig«, wie es im offiziellen Flyer heißt.

Verschwunden sind Rassismus und Ausländerfeindlichkeit aus Fußballstadien deshalb noch lange nicht. Roman Kolbe: »Was wir aber glauben behaupten zu können, ist, dass wir mit unserer Arbeit wesentlich dazu beigetragen haben, dass die 1992 erkennbaren massiven rechtsradikalen Tendenzen lange nicht mehr so deutlich vorhanden sind. (…) Es ist spannend zu beobachten, wie die ›Kurve‹ reagiert, wenn doch mal jemand ausländerfeindliche Gesänge anstimmt. ›Halt die Klappe!‹, ist da noch ein vornehmer Ausdruck. Solche Reaktionen können mehr wert sein als ein Tor gegen Lüdenscheid.«[46]

Und sollten Politikern zu denken geben, die den Problemen von Fremdenfeindlichkeit und Rassismus in Europa seit Jahrzehnten in beschämender und sträflicher Weise mit immer weitgehenderen Einschränkungen des Menschenrechts auf Asyl begegnen und damit ihre eigenen wohlfeilen Sonntagsreden Lügen strafen.

16. GRUND

Weil die »Tausend-Freunde-Mauer« einzigartig ist

»Tausend-Freunde-Mauer« ist natürlich eine grandiose Untertreibung. Etwa 8200 »Freunde« haben sich bislang auf einer der 274 Tafeln unterhalb des Haupteingangsbereichs der Veltins-Arena, zwischen den Eingängen West 1 und West 2, mit einem Schild verewigt (Stand: April 2013). Was sind da schon die 663.885 »Gefällt mir«-Angaben auf der Schalker Facebook-Seite!

Insgesamt bieten die Tafeln Platz für 11.508 Schilder. 250 Euro kostet ein solcher symbolischer »Arena-Baustein« – ein zinsloses Darlehen an den Verein, der es im Laufe von zehn Jahren in Form von 25-Euro-Gutscheinen, die im S04-Shop eingelöst werden können, zurückzahlt. Eine Urkunde weist jeden »Bauherrn« zudem als Förderer des Stadionneubaus aus. Zu Recht verweist der Verein daher auf seiner Homepage darauf, dass »die Fans des FC Schalke 04 (…) gemeinsam mit ihrem Verein das neue Stadion gebaut« haben.

»So kann jeder Fan stolz auf sein Schild zeigen und allen Freunden, Bekannten und Verwandten sagen: ›Seht her, ich war dabei, als die Arena gebaut worden ist‹«, erklärte Schalkes Ehrenvorsitzender Gerhard Rehberg anlässlich der Einweihung dieses in Deutschland einmaligen Monuments echter Fan-Treue während der Saisoneröffnung 2002.[47]

Auch diese Art der Fanbeteiligung hat Tradition auf Schalke: Schon in den Zwanzigerjahren hatten Anhänger und Mitglieder des FC Schalke 04 die Möglichkeit, die Errichtung der Kampfbahn Glückauf durch den Erwerb von symbolischen Bausteinen im Wert von einer bis zu zehn Reichsmark mitzufinanzieren.

Was die Inschriften auf den Schildern an der »Tausend-Freunde-Mauer« betrifft, so sind der Fantasie ihrer Besitzer – Privatpersonen, Firmen, Fanclubs – keine Grenzen gesetzt. »Bring fünf Bier mit, Conny« heißt es auf einem, bei einem anderen ist Kreativität gefragt: »hcid hci beil eiw ßiew dnu ualb« – die Rückwärts-Version von »Blau und Weiß, wie lieb ich dich«. Andere lieben es noch kryptischer: »B – GE 550 KM A2 Nur für S04 DWS«, was natürlich nichts anderes heißt, als dass dem Berliner DWS die 550 km zum Heimspiel seines Vereins nicht zu viel sind. Es geht aber auch prosaischer: »PP Gelsenkirchen Polizeiinspektion Nord« lautet kurz und trocken die Inschrift unserer inzwischen ja ebenfalls (dunkel) blauen Freunde und Helfer.

Auch über den Namen der Mauer entschieden die Anhänger des Clubs. Aus mehr als 2000 Einsendungen fiel die Wahl des Vorstands auf eine Zeile aus dem Vereinslied: »Tausend Freunde, die zusammensteh'n, / dann wird der FC Schalke niemals untergeh'n«.

Da sage noch einer: Die Mauer muss weg!

17. GRUND

Weil *Blau und Weiß* die schönste Vereinshymne ist

… was übrigens auch zahlreiche andere Sportvereine finden, die sich das Lied zu eigen gemacht haben. Bei der Teutonia Aldenhoven wurde aus dem »Blau und Weiß« das »Schwarz und Weiße«, beim TuS Dotzlar singt man »Weiß und Blau wie lieb ich dich, welche Hoffnung, welch ein Trost für mich«. Die TSG Niederfüllbach besann sich bei der Adaption gleich auf das ursprüngliche Vorbild der Schalker Hymne und übernahm unter dem Titel *Grün, ach Grün* unverändert drei Strophen des alten Volksliedes *Grün ist Wald und Flur.*

Das wiederum auf dem Gedicht *Lob der grünen Farbe* des hessischen Oberlandesforstmeisters Ludwig von Wildungen aus dem Jahr 1797 beruht. Bereits in dieser Urversion hieß es: »Mohammed war ein Prophet / Der von Farben allerlei versteht. / Und aus aller Farbenpracht / Hat er sich doch das schöne Grün auserdacht.« Wildungen selber hatte gedichtet: »Mahomed ist mein Patron! / Aechte Schönheit kannt' er schon; / Er, dem aus der Farbenschaar / Nur die grüne heilig war. / Leben soll er, Herr Prophet, / Der auf Farben sich versteht!«

Mit Zeitenfolge, Syntax und Grammatik nahmen es alle Dichter nicht so genau, daran hat sich bis heute nichts geändert. In der aktuell auf Schalke gesungenen Fassung von Hans J. König aus dem Jahr 1959 heißt es weiterhin: »Mohammed *war* ein Prophet, der vom Fußballspielen nichts *versteht*«. Den Muslimen, die im Jahr 2009, angestachelt von türkischen Zeitungen, Anstoß an dieser Zeile nahmen, war die Zeitenfolge allerdings egal. »Ihrem« Propheten aber Unkenntnis in Sachen Fußball zu unterstellen ging ihnen entschieden zu weit. Die ganze Aufregung verpuffte zum Glück rasch wieder, nachdem der Leiter des Zentralinstituts Islam-Archiv-Deutschland, Muhammad Salim Abdullah, seinen Glaubensgenossen »Humorlosigkeit, die zum Himmel stinkt«, attestiert und die Vereinsführung die strittige Zeile in ein Lob auf den Islam umgedeutet hatte: »König dachte sich offensichtlich, dass jemand der ›von Farben allerlei versteht‹, sich dann auch selbstverständlich das Blau und Weiße seines Vereins auserdenken könnte.«[48]

Das Schalker Vereinslied in seiner Ursprungsversion ist erstmals in der *kicker*-Ausgabe Nr. 35 vom 18. Juni 1935. Da gab es die König-Version mit der Mohammed-Zeile noch nicht. Dafür wurden damals fünf statt vier Strophen gesungen, und der Text war brandaktuell[49]:

Nur durch Einigkeit hab'n wir's vollbracht,
Daß wir hab'n die Deutsche Meisterschaft.
Und in dieser Serie, wenn wir leben woll'n,
:,: Müssen war ja wieder die Deutsche Meisterschaft hol'n. :,:

Gesungen möchte man sich diese Zeilen lieber nicht vorstellen, aber sei's drum: Schalke hatte gerade im Vorjahr seine erste Deutsche Meisterschaft geholt und stand im Juni 1935 kurz vor dem Gewinn der zweiten, was denn auch eine Woche später mit einem 6:4 über den VfB Stuttgart klappte.

Nach mehr als 50 »schalenlosen« Jahren wäre es vielleicht an der Zeit, zumindest die letzten beiden Zeilen dieser längst vergessenen Strophe wiederzubeleben. Die beste Hymne aller Zeiten würde dadurch noch besser …

18. GRUND

Weil die Atmosphäre in der Veltins-Arena jedes Mal für Gänsehaut sorgt

Das Parkstadion habe ich gehasst. Eine riesige, zugige Betonschüssel ohne ausreichenden Schutz vor Wind und Wetter, wenn man nicht gerade im hinteren Bereich der überdachten Haupttribüne saß. Mit einem Spielfeld, das wegen der Laufbahn gefühlte Kilometer von den Rängen entfernt war. Bei weniger als prall gefüllten Rängen kam da kaum Stimmung auf. Zwar hatte auch in der Glückauf-Kampfbahn eine Laufbahn die Zuschauer vom Spielfeld getrennt, aber weil die ganze Anlage im Vergleich zu den ausladenden Dimensionen des Parkstadions geradezu heimelig wirkte, empfand man die Distanz nicht als so störend.

Was uns in der neuen »Arena AufSchalke«, einem reinen Fußballstadion ohne Laufbahn, erwarten würde, konnten wir nur ahnen. Von außen hatte der 191 Millionen Mark teure Neubau jedenfalls nicht allzu viel Ähnlichkeit mit einem Stadion. Immerhin war er von der Berliner Brücke aus schon gut zu erkennen. Ein gigantischer weißer Wal, gestrandet an den Ufern von Schalke-Nord …

Wir, das heißt ein Bekannter und ich, hatten Karten für die Bundesliga-Premiere in der Arena am 18. August 2001 gegen Bayer Leverkusen ergattert – bei 40.000 im Vorfeld bereits verkauften Dauerkarten kein leichtes Unterfangen. Eingeweiht worden war die neue Spielstätte bereits fünf Tage früher mit einem Blitzturnier zwischen Schalke, dem BVB und dem 1. FC Nürnberg. Dass ausgerechnet ein Lüdenscheider das erste Tor im neuen Schalker Allerheiligsten schoss (Fredi Bobic: »Komme ich nun ins S04-Museum?«), war nicht optimal, aber auch nicht zu ändern. Dafür würden die Schalker sich an den Leverkusenern schadlos halten. Dachten wir. Nach 80 Minuten stand es zwar 3:2 für Königsblau, aber in der Schlussminute traf Bernd Schneider zum 3:3-Endstand, und die Leverkusener konnten mit einem Punkt im Gepäck zufrieden nach Hause fahren.

Aber Spiel und Ergebnis waren gar nicht das Entscheidende. Entscheidend war die Atmosphäre. Der erste Eindruck, als wir den Innenraum betraten, war – überwältigend! Und das empfanden an diesem Tag, glaube ich, alle so. Na ja, fast alle. Die Leverkusener Fans hielten sich mit Staunen nicht lange auf, sondern machten sich, kaum im Gästeblock angekommen, daran, die Stabilität der Plexiglas-Trennwände zu testen und mit Bengalos für die nötige Stimmung zu sorgen.

Die allerdings auch so aufkam. Wo Gesänge im weiten Rund des Parkstadions oft verpufft waren, hatte man nun das Gefühl, einen Riesentrichter am Ohr zu haben, über den man direkt beschallt wurde. *Blau und Weiß* aus 62.000 Kehlen war eindrucksvoll. *Glück auf, der Steiger kommt* mit wedelnden Schals phänomenal. Sogar die Leverkusener ließen für einen Moment von den Trennwänden ab und machten mit, nicht ganz textsicher und mit schwarz-roten Schals, aber immerhin. Dann der Hammer: der Einlauf der Gladiatoren, pardon: Mannschaften, zum Jahrhundert-Riff von Status Quos *Whatever You Want*. Da standen die Härchen stramm auf den Unterarmen, und ich spürte, wie mir ein wohliger Schauer über den Rücken lief. Gänsehaut pur!

Den Namen »Donnerhalle« hatte die Arena schnell weg. Leider wirkte die ohrenbetäubende Geräuschkulisse auch auf viele Gästemannschaften äußerst inspirierend, vor allem in der Saison 2002/03 schienen die Königsblauen unter einem regelrechten »Arena-Komplex«[50] zu leiden: Zwischen November 2002 und März 2003 setzte es sechs Unentschieden in Folge, und dann zwei Niederlagen im April gegen den VfL Bochum und im Mai gegen Hannover 96, bevor zum Saisonabschluss ein versöhnliches 1:0 gegen den FC Bayern eine durchwachsene Saison beendete, in der Schalke mit einem siebten Tabellenplatz weit hinter den – wie immer viel zu hochgesteckten – Erwartungen zurückgeblieben war.

Was hingegen immer wieder aufs Neue übertroffen wird, ist die Stimmung im neuen königsblauen Fußballtempel, auch wenn der seit 2005 nicht mehr »AufSchalke« heißt, sondern »Veltins-Arena«. Offenbar ist auch Tradition verkäuflich, solange die Kasse stimmt.

19. GRUND

Weil Schalke eine stabile Währung hat

Ganz Deutschland zahlt mit einer einheitlichen Währung. Ganz Deutschland? Nein, tief im Westen gibt es eine kleine verschworene Gemeinschaft, die sich allen Versuchen, sie dem Euro-Währungsjoch zu unterwerfen, widersetzt. Zäh verteidigen ihre Mitglieder bei den regelmäßig stattfindenden rituellen Zusammenkünften in ihrem Heiligtum die traditionellen Bräuche, hüllen sich in die blau-weißen Gewänder ihrer Altvorderen, stimmen die überlieferten Gesänge an und erledigen sämtliche Geschäfte untereinander in ihrer eigenen Währung, dem »Knappen«. Im ganzen Heiligtum gibt es Verkaufsstellen für alles Lebensnotwendige, und gezahlt wird »knappenlos«, das heißt mit »Knappenkarte«, die ebenfalls vor Ort problemlos aufgeladen werden kann. Von einer »Knappenkrise« ist trotz der jüngsten Währungsturbulenzen bislang nichts zu spüren. Die »Eurokrise« findet irgendwo weit draußen in den unter dem gemeinsamen Währungsjoch ächzenden Gebieten statt und juckt hier niemanden. Der »Knappe« ist stabil – so stabil wie die Hoffnung derer, die ihn benutzen, auf den Gewinn der achten Deutschen Meisterschaft.

Meine Knappenkarte ziert eine Luftaufnahme der »Arena AufSchalke«, die noch bis 2015 »Veltins-Arena« und danach wer weiß wie heißen wird, je nachdem, wer sich als neuer Sponsor findet. Die Auswahl an Motiven ist riesig. Wer mit Klaas-Jan Huntelaar oder Teemu Pukki bezahlen will – kein Problem. Wer beim Bierholen die große Schalker Vergangenheit vor Augen haben will – nichts leichter als das: Es gibt Knappenkarten mit den Konterfeis der Spielerlegenden aus den Dreißigerjahren und mit ganzen Meisterteams, wie den Helden von 1958.

Ursprünglich die berufsständische Bezeichnung für den Bergmann mit erfolgreich abgeschlossener Lehre, soll der »Knappe« an die bergmännische Tradition des einstigen Arbeiterclubs Schalke 04 erinnern. Dass mit der Knappenkarte heute in den VIP-Bereichen der Arena auch Champagner und Shrimps bezahlt werden, hätten sich die »echten« Knappen wohl nicht träumen lassen. Die zentrale Bierversorgung über eine fünf Kilometer lange Pipeline quer durch die Arena hätte ihnen aber sicherlich gefallen.

20. GRUND

Weil die »Kenke« jeden Schalker selig macht

Ritual (lat.), laut Duden »religiöser Brauch, Zeremoniell«. Und wenn Fußball irgendwo Religion ist, dann im Ruhrgebiet, samt der dazugehörigen Rituale. Und die werden von gläubigen Fans regelmäßig nicht nur in den modernen Multifunktions-Kathedralen vollzogen, sondern auch in zahllosen kleinen Kapellen am Wegesrand, die, ausgestattet mit Großbildleinwand, Tresen und Zapfanlage, alles haben, wessen der nicht Dauerkarten besitzende Schalke-Fan zu seinem irdischen Glück bedarf.

Eine solche Kultstätte findet sich etwas versteckt in der Gelsenkirchener Altstadt: »Die Kenke«, auch »Lokalität Kenkenberg« oder einfach nur »Kenkenberg« oder »Kenke«. Seit Jahrzehnten eine Institution in Gelsenkirchen, war die »Kenke« in ihrer bewegten Geschichte schon alles – Weinstube, Szenelokal, Künstlertreff, Bierschwemme, Wohnzimmer, Beichtstuhl, letzte Rettung. Unvergessen der Ausspruch eines Gastes nach einem längeren alkoholinduzierten Nickerchen am Tresen beim neuerlichen Anblick der versammelten Zechkumpane: »Bin ich schon in der Hölle oder noch in der Kenke?«

Schnitt. Samstag, 20. Oktober 2012. Bundesliga-Hinrunde, achter Spieltag. Borussia Dortmund gegen Schalke 04. Die Mutter aller Derbys. Ab 14.30 Uhr füllt sich die »Kenke«. Auch ich stürze mich, nachdem ich mein Fahrrad am Zaun gegenüber festgemacht habe, ins Gewühl des einzigen Raucherclubs weit und breit – und das als überzeugter Nichtraucher. Aber was sind schon ein paar verräucherte Klamotten gegen Fußballgucken inmitten Gleichgesinnter!

Hinterm Tresen steht Conny, bürgerlicher Name: Cornelia – Wirtin und gute Seele der »Kenke«. Conny hält den Laden am Laufen, mit Ruhrpott-Charme und Loriot-Humor, und der Laden läuft so, wie Schalke spielt, also gut, schlecht, gut, schlecht. Wenn Schalke in der Tabelle Achterbahn fährt, dann fährt die »Kenke« mit. Ausnahmen: das Derby gegen Lüdenscheid-Nord und Partien gegen den FC Hollywood. Da platzt die »Kenke« jedes Mal aus allen Nähten. Denn an solchen Tagen kommen auch all jene, deren königsblaue Liebe vom aktuellen Schalker Tabellenplatz abhängt.

Die folgende Begrüßung ist Teil des Rituals: »Tach. Na, wie isset?« – »Muss. Und selber, du kleiner Scheißer?« – »Muss. – Wat denn, schon wieder Fußball? Könn' wa nich ma Frau-TV gucken statt immer nur dat ewige Gepöle?« – »Jau, ich schalt gleich um.« Erschrockene Gesichter am Tresen. »Kleiner Scherz.« – »Und, wat tipp'se?« – »3:1 für Schalke.« – »Optimist.« Ja sicher, aber gegen die eigene Mannschaft wetten geht gar nicht.

Im Hinterzimmer hat sich inzwischen der kleinste Schalke-Fanclub der Welt versammelt: Helga (wie immer mit Schal), Hennes (gelbe Hose, rotes Hemd, grüner Pullover, kein Blau, kein Weiß, aber zum Glück auch kein Schwarz und kein Gelb) und Bernd (weiße Haare, weißer Schnäuzer, dunkle Zigarillos). »Na, Alten, alles klar?«, begrüßt mich Bernd, trocken wie immer. Ich hocke mich zu der Runde. Wir haben die Auswahl zwischen Glotze und Großbildleinwand, beide mit Pils-Glas im linken unteren Bildrand, damit die Sky-Kontrolleure sofort wissen, ob ihr Sender hier um Einnahmen geprellt wird oder nicht.

Auftritt Anke, Kellnerin: »Na, wat wollter?« – »Pils.« – »Pils.« – »Pils.« – »'n Pott Kaffee.« – »Bisse etwa krank?« – »Nee, aber is noch zu früh für Alk.« Von der Leinwand strahlt uns jetzt die blonde Jessica Kastrop im kleinen Schwarzen an, derweil ein aus dem Iduna Park zugeschalteter Kollege, dem wie stets grummeligen Huub Stevens auch heute kein Lächeln entlocken kann. Dann ist der Trainer der Schwarzgelben an der Reihe. Gegen den schönen »Kloppo« mit BVB-Schal, Pöhler-Käppi und eingemeißeltem Dauergrinsen wirkt unser »Jahrhunderttrainer« wie der Alp-Öhi. Aber wat soll's: Entscheidend is' auf'm Platz. Man versteht ohnehin kein Wort mehr, weil die Mädels am Nachbartisch sich über alles Mögliche unterhalten, nur nicht über Fußball.

Immerhin bleibt uns so erspart, was die Sky-»Experten« zum Spiel zu sagen haben. Deren langatmige Spielanalysen und taktische Erklärungen mittels Computeranimationen rauschen ungehört an uns vorüber. In solchen Momenten sehnt man sich zurück nach den alten Zeiten, als die Übertragung eines Spiels eine Minute vor dem Anpfiff begann und eine Minute nach dem Schlusspfiff endete – ohne Interviews, ohne Erklärungen und Hintergründe, ohne Kommentare.

Die »Kenke« ist jetzt proppenvoll, im Hinterzimmer ist kein Stuhl mehr frei, und vorne an der Theke steht alles dicht an dicht, Pils in der einen, Fluppe in der anderen Hand, die Blicke starr nach oben auf die beiden Fernseher über dem Eingangsbereich gerichtet. Jede Menge Jungvolk, männlich und weiblich, ordert gleich halbe Liter, um ja nicht zu verdursten. Wer weiß, ob der Nachschub während der Partie reibungslos funktioniert. Der Lärmpegel steigt weiter, weshalb wir jetzt, nachdem die Sky-»Experten« ihre Sprüche aufgesagt haben und der Anpfiff näher rückt, unbedingt mehr Ton brauchen.

»COOOOONNNNNNNNNY!« Conny kommt und regelt Bild und Ton, bis alle zufrieden sind. Auch die schnatternden Girlies halten nun endlich die Klappe, nur die Jungs fachsimpeln noch unverdrossen weiter. Bernd bestellt Currywurst Pommes rot-weiß, ich zwei Frikadellen.

15.30 Uhr. Anstoß. Abermaliges allgemeines Aufstöhnen. Es kommentiert Marcel Reif, graue Reporter-Eminenz, Grimme-Preisträger und ob seiner gelegentlichen Nörgelei über Schalke hier nicht unbedingt Everybody's Darling. Vielleicht sollte Conny den Ton doch wieder abdrehen? Egal. Soll er sagen, was er zu sagen hat. It's Derby Time. Es steigt die 141. Auflage. Bisherige Bilanz: 55 Siege, 37 Unentschieden, 48 Niederlagen. 270 Schalker Buden gegen 213 schwarz-gelbe. Die 1:2-Pleite auf eigenem Platz vom April ist noch nicht vergessen. Aber Rache ist süß. Und wir brauchen nicht lange zu warten. 14. Minute. O-Ton Marcel Reif: »Neustädter, gut gesehen und klasse gespielt. Uchida – Hummels – Farfán – das geht sehr einfach – SEHR EINFACH – Afellay – Pfosten – Tor Schalke 04.« In der »Kenke« ist jetzt Karneval. Die Lüdenscheider spielen wie auf Droge, die Königsblauen haben die Partie im Griff.

Aber abgesehen davon, dass Klopp an der Seitenlinie tobt und Marco Reus in der 37. Minute der erste Torschuss gelingt, passiert bis zur Pause nicht mehr allzu viel. Nach dem Wechsel müssen wir dann bis zur 48. Minute warten, bevor Marcel Reif endgültig zum Schalke-Fan mutiert: »Holtby – macht hübsche kleine Dinge. Und das war WELTKLASSE gespielt – Höger – und viel besser kann man's nicht machen. Brutal ausgekontert, Dortmund. Ein mustergültiger Konter von Schalke 04, und es steht 2:0.« Befreiendes Gebrüll und allgemeines Aufatmen. Rauchschwaden wabern durch die »Kenke«. Neues Pils wird geordert. Aber wir haben ein mulmiges Gefühl. Erinnern wir uns: Vor vier Jahren lag der BVB nach 54 Minuten 0:3 hinten, die »Kenke« sang im Chor, aber am Schluss stand es 3:3, und das Wochenende war aus Schalker Sicht gelaufen.

Und tatsächlich, hat sich eins – der Teufel ist ein Eichhörnchen, sieben Minuten nach Marbel Reifs wundersamer Bekehrung zum allein seligmachenden blau-weißen Glauben netzt Robert Lewandowski nach Reus-Freistoß per Kopf ein – nur noch 1:2. Sch…!!!! Die Schwarz-Gelben sind jetzt hellwach, während uns der Arsch auf Grundeis geht. Die Minuten schleichen, auf dem Rasen tobt ein offener Schlagabtausch, und wir retten uns mit Pils über die Runden. Als Afellay in der 72. Minute das 3:1 auf dem Fuß hat, geht ein kollektiver Aufschrei durch die »Kenke«. Aber diesmal reicht am Ende das 2:1. Nach 90 Minuten und endlosen vier Minuten Nachspielzeit ist der erste Derby-Sieg nach fast genau vier Jahren perfekt.

21. GRUND

Weil Schalke das Lebensgefühl einer ganzen Region verkörpert

»Der Dolchstoß gegen Schalke 04 – Die Sportbürokratie erwürgt den Meisterverein Schalke 04« titelte die *Buersche Zeitung* am 27. August 1930 nach Bekanntwerden des Urteils der WSV-Spruchkammer, das die komplette erste Mannschaft des amtierenden Westdeutschen Meisters zu Berufsspielern erklärte und vom Spielbetrieb der kommenden Saison ausschloss.

Eine ganze Region empörte sich. Von einem »Schandurteil« war die Rede, eine einzelne Mannschaft würde »zum Sündenbock für eine Zeiterscheinung« gemacht.[51] Schließlich waren Handgelder und andere Vergünstigungen für Spieler, um sie vom Vereinswechsel abzuhalten, längst gang und gäbe. Auch zahlreiche Vereine protestierten, da ihnen durch die Sperre der Schalker Liga-Elf ein attraktiver Gegner und Publikumsmagnet abhandenkam.

Wie stark die Verbundenheit der Menschen im Revier mit den Königsblauen jedoch tatsächlich war, zeigte sich ein Jahr später, als die Sperre nach zähen Verhandlungen aufgehoben wurde. Am 1. Juni 1931 liefen die Schalker »Amateursünder« erstmals wieder in der Glückauf-Kampfbahn auf. Gegner war der neue Westdeutsche Meister Fortuna Düsseldorf. Der *Bochumer Anzeiger* berichtete ausführlich: »Es dürfte in der Geschichte des deutschen Fußballs bisher noch nicht vorgekommen sein, dass einer Mannschaft, die bereits ein Jahr lang vom Rasen unfreiwillig verschwunden war, eine derartige Kundgebung entgegengebracht worden ist. (…) Bereits um 4 ½ Uhr war die Kampfbahn ›Glückauf‹ gefüllt, wenigstens das normale Fassungsvermögen der Zuschauerränge war da schon erschöpft. Aber um diese Zeit begann erst der Aufmarsch der Massen, die von auswärts kamen. (…) Und während die Polizei es draußen vor den Toren des Kampfplatzes aufgegeben hatte, den unaufhörlich heranwälzenden Massen Einhalt zu gebieten, tobte in der weiten Arena ein wilder Ellenbogenkampf um Platz und Sichtmöglichkeiten. Weil nirgends mehr auf den Zuschauerwällen ein Platz zu finden war, mussten sich Zehntausende, die den Sportplatz überfüllten, in die Aschenbahn und auf den Kampfplatz drängen lassen. (…) Beiden Mannschaften war es unmöglich, sich spielerisch zu entfalten (…). Besonders die Flügelstürmer kamen nicht zur Geltung, da die Zuschauer weit über die ›Auslinien‹ im Spielfeld standen.«[52]

Schalke gewann das Spiel durch ein Tor von Hennes Tibulski mit 1:0. Spätestens seit diesem Tag war die Mannschaft unangefochten die Nummer eins im Revier – sportlich und in der Gunst der Massen. Die kleinen Leute identifizierten sich mit den Knappen, die aus ihrer Mitte kamen, in ihrer Mitte lebten. Schalke verkörperte perfekt das Lebensgefühl der Menschen, die auf den Zechen und in den Stahlwerken arbeiteten und die zeitlebens ebenfalls mit Widrigkeiten zu kämpfen hatten, denen Hindernisse in den Weg gelegt wurden, die sich aber niemals unterkriegen ließen. Stellvertretend für sie fochten die Schalker ihre Kämpfe auf dem Fußballplatz aus – und gewannen. Und stärkten damit das Selbstvertrauen ihrer Anhänger und deren Glauben an sich selbst.

22. GRUND

Weil es in der Familie liegt

Oder, um es mit dem ehemaligen US-Präsidenten Bill Clinton zu sagen: »Es sind die Gene, Dummkopf.« Anders gesagt, als Gelsenkirchener kann man gar nicht anders als Schalke-Fan sein – soweit man sich denn überhaupt für Fußball interessiert. Denn auch die gibt es natürlich: gebürtige Gelsenkirchener, denen völlig schnuppe ist, wie Schalke gespielt hat, und deren Wochenende nicht schon am Samstagabend gelaufen ist, weil Schalke (mal wieder) verloren hat.

In meiner Kindheit und Jugend konnte es, selbst wenn man Schalke-Fan war, fatale Folgen haben, sich in Stadtteile wie Schalke-Nord oder Bismarck zu verirren und auf Nachfrage von Gleichaltrigen nicht wie aus der Pistole geschossen die letzten blau-weißen Spielergebnisse parat zu haben. Brillenträger hatten in diesem Fall gar nichts zu lachen. Dafür hinterher eine kaputte Brille. »Ey, weisse, wie Schalke gespielt hat?« – »Weisse nich? Kriegs gleich auffe Fresse!« Solche Begegnungen gehörten zum Alltag, und meine Kumpels und ich machten meist einen großen Bogen um die entsprechenden Straßenzüge, nicht nur an Spieltagen.

Ansonsten gilt natürlich: Wer in Gelsenkirchen geboren ist, der ist Schalke-Fan. Warum? Weil der Vater schon Schalke-Fan war. Und der Großvater. Und, je nach Jahrgang, gegebenenfalls der Urgroßvater. Weil es in der Familie liegt. Der Nachwuchs ist von Geburt an erblich vorbelastet und bekommt spätestens, wenn er dem Strampler entwachsen ist, sein erstes Schalke-Trikot. Und NICHT erst dann, wenn der Verein mal wieder was gewonnen hat! Später dann Fan eines anderen Vereins werden? Ausgeschlossen! Ein Spieler aus der verbotenen Stadt hat es mal klipp und klar gesagt: Auf die Frage, wie er reagieren würde, wenn sein Sohn plötzlich die Seiten wechselte, kam die prompte Antwort: »Dann steck ich ihn ins Heim.« Genau! Auch Lüdenscheider sind gelegentlich durchaus zu tieferen Einsichten fähig. Ein solcher Seitenwechsel wäre einfach UNVERZEIHLICH. Und zöge die sofortige Enterbung samt Ausstoß aus der Familie nach sich. Auf Königsblau bezogen heißt das: Man wird als Schalker geboren, man lebt als Schalker, und man stirbt als Schalker. Punkt. Aus.

23. GRUND

Weil Schalke der »geilste Club der Welt« ist

Der große, erfolgreiche FC Bayern München hat Fans auf der ganzen Welt. Hätte er noch nie etwas gewonnen, hätte er außerhalb des Freistaats keinen einzigen. Schalke 04 hat seit mehr als 50 Jahren keine Meisterschaft mehr gewonnen und hat ebenfalls Fans auf der ganzen Welt. Sollte die bayerische Dominanz irgendwann enden, wird sich zehn Jahre danach kein Mensch mehr für den FC Bayern interessieren. Sollte Schalke auch in den nächsten 50 Jahren keinen nationalen Titel holen, wird das die Zahl der Anhänger nicht im Geringsten beeinflussen. Der Pole Tomasz Hajto, der von 2000 bis 2004 für Königsblau spielte, brachte es in einem Interview mit *Schalke Unser* auf den Punkt: »Es ist so in Deutschland, dass viele Leute sagen, ich bin ein Fan von Bayern München, sie schauen nur auf den Erfolg, sie identifizieren sich nicht mit dem Verein, der Mannschaft oder den Spielern. Hier dagegen ist das anders. Vor drei Jahren lief es nicht so gut, aber die Leute identifizierten sich trotzdem mit Schalke, sie waren zwar ein bisschen sauer, aber sie standen zu der Mannschaft. Viele Zuschauer der Bayern oder von Dortmund identifizieren sich nur mit dem großen Verein, mit dem großen Namen. Aber nur dann, wenn diese Vereine erfolgreich sind. Und angenommen, der Erfolg bei den Bayern bleibt mal aus, ist die Verbundenheit zum Verein viel kleiner. Sie wissen meistens nicht genau, warum sie Fans von Dortmund oder Bayern sind, sie identifizieren sich ganz einfach nur über den Erfolg mit ihrem Verein. Da ist ein großer Unterschied, Schalke ist schon anders.«[53]

Genau das macht den FC Schalke 04 so einmalig. Und zu einem Paradoxon. Denn je länger die »goldene Ära« der Königsblauen zurückliegt, desto größer scheint ihre Strahlkraft zu sein – auch über die Bundesliga und Deutschland hinaus. Weil der Verein sich eben nicht auf eine Ansammlung von Titeln und Trophäen reduzieren lässt. Den Kern des Schalker Selbstverständnisses bilden nicht Titel und Triumphe, vielmehr besteht er aus einem Wir-Gefühl, das der Verein anfangs den Menschen seines unmittelbaren Umfelds, dann den Gelsenkirchenern, später den Menschen im Ruhrgebiet und in Westdeutschland und schlussendlich dem Rest Deutschlands vermittelte. Dieses Wir-Gefühl hat nichts mit der selbstzufriedenen Mir-san-mir-Mentalität des FC Bayern und seiner Anhänger zu tun.

Natürlich speiste sich die Begeisterung der Massen für Schalke zunächst gleichfalls aus den sportlichen Erfolgen. Aber sie erschöpfte sich niemals darin. Viel entscheidender war, dass mit all den Tibulskis, Kalwitzkis, Przybylskis und Burdenskis Spieler für Schalke kickten, die aus demselben Milieu kamen wie ihre Anhänger und diesen das Gefühl vermittelten, dass die blau-weißen Siege auch für sie errungen wurden, dass es auch ihre Siege waren. Die Erfolge der Mannschaft waren von Anfang an immer auch Erfolge der Fans (auch wenn es den Begriff damals noch gar nicht gab). Diese symbiotische Beziehung zwischen Verein und Fans macht den Wesenskern des Phänomens Schalke aus, und dieser Wesenskern bedarf keines Dauererfolgs. Das ist der Unterschied zum FC Bayern: Schalker brauchen keine Titel, um Schalker zu sein, für die Bayern sind sie essenziell. Dem bemitleidenswerten »Meister der Herzen« flogen 2001 die Herzen aller Fußballfans zu; die seelenlose Erfolgsmaschine FC Bayern erntet regelmäßig Häme und Spott, wenn sie, wie 2010 und 2012, ins Stottern gerät. Besonders dann, wenn der Anspruch auf einen Titel mit breiter Brust so arrogant herausposaunt wird wie 2012 vor dem Champions League-»Finale dahoam«.

Und was die Attraktivität eines Clubs für Spieler betrifft: Wäre der große Raúl etwa zu Hannover 96 gegangen? Oder gar zu einem Retortenclub wie VfL Wolfsburg? Mitnichten! Es war die Strahlkraft des Mythos Schalke, es war die symbiotische Beziehung zwischen Verein und Fans, die den Spanier, der in seiner Fußballerkarriere schon alles gewonnen hatte, reizte. Gewinnen musste er nichts mehr. Aber auf seine alten Tage beim »geilsten Club der Welt« zu spielen, das reizte den Señor.

24. GRUND

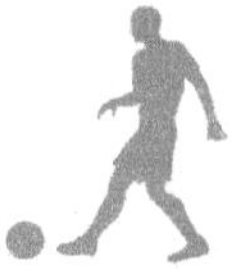

Weil Leidensfähigkeit und Geduld der Schalker beispiellos sind

Was der bekennende Bochum-Fan Frank Goosen einmal über den VfL Bochum schrieb, gilt uneingeschränkt auch für Schalke 04: »Wir im Ruhrgebiet gehen (...) nicht ins Stadion, um uns zu amüsieren. Wir gehen da hin, um uns aufzuregen! Beispiel? Jedes Jahr wieder. Das erste Heimspiel der neuen Spielzeit ist gerade mal fünf Minuten alt, noch ist nichts passiert, da brüllt der Mann vor mir zum ersten Mal: ›DAT IS DOCH DIESELBE SCHEISSE WIE IN DER LETZTEN SÄSONG!‹«[54]

Keine Frage: Wer nicht leidensfähig ist, hat in einem Fußball-Stadion nichts verloren. Außer er ist Bayern-Fan und leidet bereits Höllenqualen, wenn die Roten gerade mal nicht den Rest der Liga deklassieren.

Leidensfähigkeit – gepaart mit Geduld: die beiden Schalker Kardinaltugenden. Denn bei allen Erfolgen in den Zwischenkriegsjahren war die Geschichte der Königsblauen immer auch eine Geschichte der Rückschläge, Niederlagen und Enttäuschungen. Aus denen die Knappen sich jedes Mal wie Phönix aus der Asche erhoben.

Zurück ins Jahr 1925. Der Verein (damals noch als TuS Schalke 1877 unter einem Dach mit den Turnern – die Geburtsstunde des »Fußballclubs Schalke 04 e. V.« schlägt erst nach der von der Deutschen Turnerschaft im September 1923 verfügten »reinlichen Scheidung« von Turnern und Fußballern) hat mit einem 2:1 über die Spfr. 07 Essen erstmals die Emscherkreis-Meisterschaft gewonnen, dennoch bleibt ihm der Aufstieg in die Ruhrgauliga verwehrt. Grund: eine vom Westdeutschen Spielverband (WSV) 1922 verfügte Verlängerung der Saison von zehn auf 20 Monate und eine vierjährige Auf- und Abstiegssperre. Dieser sogenannte »Neue Weg« war damals schon anachronistisch, meinte man doch den »Zeitdruck, die überbordenden Emotionen und das Leistungsdenken im Liga-Alltag« reduzieren zu müssen,[55] also genau das, was die Faszination des Fußballs ausmacht. Der hatte sich nach dem Ersten Weltkrieg insbesondere im Ruhrgebiet rasant entwickelt, in den Arbeitervierteln schossen »wilde« Vereine wie Pilze aus dem Boden. Vor dem Hintergrund der angespannten sozialen und wirtschaftlichen Lage Anfang der Zwanzigerjahre war Fußball Ablenkung vom tristen Alltag und ein Ventil, um Frust abzulassen. Und die »Malocher« zwischen Emscher und Ruhr identifizierten sich mit den neuen Vereinen, deren Spieler demselben Milieu entstammten. Dem bürgerlich geprägten WSV war das alles suspekt, und da sich auf den Plätzen zudem Fouls und Unsportlichkeiten häuften, glaubte man in dem »Neuen Weg« ein probates Mittel gegen den »Werteverfall und die Gewalt«[56] im Fußball gefunden zu haben.

Am Schalker Markt empfand man die Aufstiegssperre als das, was sie vermutlich auch war: der »Versuch der bürgerlichen Verbandsfunktionäre, die aufstrebenden Arbeitervereine auf Distanz zu halten«.[57] »Die wollten uns nicht in der Liga haben«, grollte Torwart August Sobottka noch 50 Jahre später.[58] Erst als sich Schalke 1926 im Endspiel um die Emscherkreis-Meisterschaft im Altenessener Kaiserpark erneut gegen die Spfr. 07 Essen durchsetzt, diesmal mit 2:1, ist der Aufstieg in die höchste Spielklasse perfekt.

Bis zum nächsten blau-weißen Triumph ist weit weniger Geduld vonnöten: Mit 30:2 Punkten und 65:26 Toren bei 14 Siegen und zwei Unentschieden ist Schalke schon am Ende seiner ersten Erstliga-Saison souveräner Sieger in der Staffel B der Ruhrbezirksklasse und steht im Finale um die Ruhrbezirksmeisterschaft, wo man auf den Sieger der Staffel A, den BV Altenessen, trifft. Nach einem knappen 1:0 im Hinspiel wird es im Rückspiel auf dem soeben fertiggestellten Jahnplatz in Gelsenkirchen-Heßler vor 15.000 Zuschauern noch einmal eng, als den Essenern 15 Minuten vor Abpfiff der Ausgleichstreffer zum 2:2 gelingt. Doch diesmal ist die Zeit der Leiden begrenzt, Schalke liegt am Schluss nach Hin- und Rückspiel mit 3:2 vorn und ist zum ersten Mal Meister des gesamten Ruhrbezirks. Dreifacher Torschütze beim bislang größten Schalker Triumph war ein 21-jähriger Nachwuchsspieler: Ernst Kuzorra.

In den kommenden Jahren leiden andere Vereine, die regelmäßig unter die Räder des Schalker Kreisels geraten – Kantersiege wie 1927 das 8:0 gegen den Dortmunder SC 95 sind keine Seltenheit. Für Schalke hingegen geht es stetig bergauf: In den Spielzeiten 1928/29 und 1929/30 wird die Mannschaft beinahe schon routinemäßig Ruhrbezirksmeister, und 1929 holen Kuzorra & Co. mit einem 2:1 im Entscheidungsspiel gegen den Meidericher SV auch die erste Westdeutsche Meisterschaft, im Jahr darauf folgt die zweite. Nur die »Viktoria«, die Trophäe für den Deutschen Meister, bleibt vorerst unerreichbar. Noch sind Teams wie der SV München 1860 (1927: 1:3), der Hamburger SV (1928: 2:4), Hertha BSC (1929: 1:4) und der 1. FC Nürnberg (1930: 2:6) zu stark.

Und die Knappen müssen abermals durch ein Tal der Tränen. Am 25. August 1930 werden 14 Schalker Spieler vom WSV wegen Verstößen gegen die Amateurstatuten vom Spielbetrieb ausgeschlossen. Weil sie statt der erlaubten fünf Reichsmark zehn Reichsmark pro Spiel und Trainingseinheit erhalten haben, werden sie zu Berufsspielern erklärt. Dabei ist die Praxis der Handgelder längst weit verbreitet, weshalb nicht wenige argwöhnen, dass am »Proleten- und Polackenverein« Schalke ein Exempel statuiert werden soll. Fast ein Jahr dauert die Schalker Leidenszeit, bis eine Einigung zwischen Verband und Verein gefunden ist und die Spieler nach und nach begnadigt werden.

Das erste Spiel der Mannschaft nach Aufhebung der Sperre am 1. Juni 1931 wird zur eindrucksvollen Demonstration der Solidarität mit dem Club aus dem tristen Gelsenkirchener Vorort Schalke. Angeblich 70.000 Anhänger pilgern an diesem Tag, einem Montag, zur Glückauf-Kampfbahn, wo die Partie um 18.30 Uhr angepfiffen wird. Aus den umliegenden Häusern, selbst aus dem Gasometer der benachbarten Zeche Consol, werden Tribünen für die vielen, die keinen Einlass in das viel zu kleine Stadion finden. Noch nie hat ein Fußballspiel solche Menschenmassen mobilisiert. Und noch nie hat ein Fußballverein die Hoffnungen, Träume und Wünsche einer ganzen Region in dieser Weise gebündelt. Spätestens seit diesem Tag ist Schalke mehr als nur ein Fußballverein – es ist eine Lebenseinstellung.

Diese Lebenseinstellung erweist sich in den kommenden Jahrzehnten als eine der tragenden Säulen des Vereins. Denn die »goldene Ära« der Königsblauen ist 1942 nach sechs deutschen Meisterschaften und einem deutschen Pokalsieg auch schon wieder vorbei. In den Oberligajahren nach 1947 heißt es abermals leiden und sich gedulden. Mit einer überalterten Mannschaft gelingt es Schalke zunächst nicht, an alte Erfolge anzuknüpfen. Erst 1958 holt ein nach und nach verjüngtes Team um Berni Klodt und Günter Siebert den siebten Meistertitel an den Schalker Markt. Es bleibt ein singulärer Triumph. Die Königsblauen versinken in den folgenden Jahren in der Mittelmäßigkeit, ein weiterer Skandal Anfang der Sechzigerjahre um schwarze Kassen und unerlaubte Methoden bei Abrechnung und Versteuerung kratzt erstmals ernsthaft am Mythos Schalke. Den Abstieg gleich in der zweiten Saison der neu gegründeten Bundesliga verhindert nur deren Aufstockung von 16 auf 18 Vereine. Der Bundesliga-Skandal 1971 zerstört eine aussichtsreiche Mannschaft, der DFB-Pokal-Sieg 1972 ist ein schwacher Trost für den blau-weißen Anhang, der nach der berauschenden Saison 1971/72 die achte »Deutsche« schon sicher wähnte und dessen Leidensfähigkeit und Geduld in den Achtzigerjahren auf weitere harte Proben gestellt werden. Aus dem »Dreamteam« von 1972 wird ein Albtraumteam, das mit drei Ab- und Aufstiegen innerhalb eines Jahrzehnts zur Fahrstuhlmannschaft mutiert. Schale und Pokal bleiben ferne Träume. Es regiert Tristesse am Schalker Markt.

Bis 1997. In diesem Jahr geschieht, was selbst hartgesottenste Fans kaum für möglich gehalten hätten: Die »Eurofighter« um Olaf Thon erreichen das Endspiel des UEFA Cups und schreiben mit zwei Siegen über Inter Mailand Vereinsgeschichte (»Wir schlugen Roda / Wir schlugen Trabzon / Wir schlugen Brügge sowieso / Valencia / Teneriffa / Inter Mailand, das war 'ne Show«).

Auf die dürren folgen die fetten Jahre: 2001, 2002 und 2011 wandert der »Pott« an den Schalker Markt, 2001 ist dann auch die Schale endlich dort, wo sie hingehört – leider nur für viereinhalb Minuten, denen ein kollektiver Absturz in ein neuerliches Tal der Tränen folgt –, 2005 und 2010 reicht es wieder nur zur Vizemeisterschaft, aber dazwischen marschiert das Team 2008 in der Champions League ins Viertelfinale, scheitert 2011 sogar erst im Halbfinale und legt 2012 einen phänomenalen Saisonstart hin – bis zu einem unerklärlichen Absturz gegen Ende der Hinrunde, der die Königsblauen mit sieben Niederlagen und vier Unentschieden aus 14 Spielen und einem von vier auf 27 Punkte angewachsenen Rückstand auf die führenden Bayern erneut in die Mittelmäßigkeit katapultiert, sodass abermals die zweite Schalker Tugend gefragt ist: Leidensfähigkeit. Mit einem mühsam erkämpften vierten Platz am Saisonende sichert sich die Mannschaft immerhin die Teilnahme an der Champions League-Qualifikation, die den Fans als Trost in schweren Zeiten genügen muss. Aber wie sagte Frank Goosen sinngemäß? Genau. Wer Spaß haben will, hat auf einem Fußballplatz nichts verloren!

25. GRUND

Weil schon die Fahrt zum Stadion den Eintrittspreis wert ist

Als kleiner Junge wollte ich Busschaffner werden. Ich sammelte Fahrscheine, und bei Familienfeiern mussten sämtliche Onkel und Tanten als Fahrgäste herhalten, denen ich für die Strecke vom Wohnzimmer bis zum Klo das Fahrgeld abknöpfte, das anschließend in meinem mit den gesammelten Fahrscheinen bestückten Bauchladen verschwand. Irgendwann wurden die Schaffner abgeschafft, mein Traumberuf verflüchtigte sich. Und mit ihm auch die Alternativen, die einem Zehnjährigen als attraktiv erscheinen – Baggerführer, Lokführer, Straßenbahnfahrer …

Wenn ich heute bei Schalker Heimspielen mit der Straßenbahn zum Stadion fahre, weine ich meinem entgangenen Traumberuf keine Träne nach. Denn ich darf an der Veltins-Arena aussteigen, der bedauernswerte Fahrer muss in seiner Kabine hocken bleiben und die nächste Fuhre Fans abholen. Die in den Einsatzwagen der BOGESTRA alles machen, was im ÖPNV eigentlich verboten ist – Bier trinken, Rauchen, Grölen und dabei die Bahn ordentlich zum Wippen bringen. Und manchmal die Notbremse ziehen.

Was man tunlichst lassen sollte, will man das Spiel von Anfang an sehen. Wie Bernd und ich die Partie gegen Bayer Leverkusen am 21. Spieltag der Saison 2005/06, einem kalten Samstag im Februar. Wir waren wie immer spät dran und quetschten uns am Musiktheater in eine der letzten Bahnen Richtung Stadion, in der Hoffnung, noch vor dem Anpfiff auf unseren Plätzen auf der Südtribüne zu sitzen.

Wir standen gequetscht wie die Ölsardinen in der rappelvollen Bahn, darauf bedacht, möglichst keine Portion Pommes rot-weiß oder eine Ladung Bier in den Nacken zu bekommen. Eigentlich habe ich etwas gegen überfüllte, enge Räumlichkeiten, und in einen Fahrstuhl kriegen mich keine zehn Pferde. Aber die Fahrt mit der

Klingonenbahn zum Stadion muss sein! Kurz hinter der Glückauf-Kampfbahn steuerte die Stimmung mit »BVB – HUUUUREN-SÖÖÖÖHNE«-Rufen gerade ihrem rituellen Höhepunkt entgegen, als der ganze blau-weiße Express plötzlich auf freier Strecke mit einem Ruck zum Stehen kam. Ratlose Blicke in die Runde. »Wass 'n jezzz loss? Sinn' wer schon da?« Ermunterungen in Richtung Fahrerkabine: »Eh, fahr weider, Alder, iss' Tango.« Dann Totenstille. Bis sich die Türen öffneten und eine Lautsprecherstimme bellte: »Aussteigen! Alles raus! Endstation!« Wir standen auf freier Strecke, noch vor der Kanalbrücke. Bis zur Arena waren es gute 20 Minuten zu Fuß. Ich sah auf die Uhr. Zehn nach drei.

Hinter uns stauten sich bereits die nächsten Bahnen. Draußen erfuhren wir, dass irgendjemand die Notbremse gezogen hatte, und deshalb kriegten wir jetzt kollektiv von der BOGESTRA eine kleine ÖPNV-Benimm-Lektion gratis. Da nutzte kein Bitten und Betteln und auch kein Meckern, und da die Uhr wegen uns nicht stehen blieb, hieß es Laufen. Dass wir an diesem Tag mit Spektakelfußball vom Allerfeinsten für den Fußmarsch entschädigt würden, ahnten wir zu diesem Zeitpunkt noch nicht.

Um 15.45 Uhr saßen wir endlich auf unseren Plätzen, sechs Minuten zuvor hatte Larsen nach Rost-Vorlage (!) das 1:0 erzielt. Immerhin. 30 Minuten später stand es bereits 3:1 für Königsblau. Bernd und ich sahen uns an. Nicht schlecht! Nach der Pause kamen wir dann kaum noch nach. Die Tore fielen wie reife Pflaumen. In der 55. Minute stand es 4:2, neun Minuten später 5:3, zwölf Minuten später 6:4. Danach wurde es echt langweilig – es fiel »nur« noch ein Tor: In der 81. Minute markierte der eingewechselte Asamoah mit seinem Treffer den 7:4-Endstand.

Dabei war dieser Sieg beileibe nicht der höchste der Blau-Weißen – weder in der Bundesliga noch in der gesamten Vereinsgeschichte. Klar, in der Frühzeit hatte es, bedingt durch das 2-3-5-Spielsystem (mit fünf Stürmern!), häufiger wahre Schalker Torfestivals gegeben, und auch später, zu Zeiten von Szepan und Kuzorra, kamen

Gegner reihenweise unter die kreiselnden Räder – beispielsweise in der Gauligasaison 1935/36 der SV Kassel 06 mit 0:8, der TuS Bochum 08 mit 0:10 und Union Recklinghausen gar mit 1:15. Auch den FC Bayern erwischte es – allerdings erst 1976, aber immerhin mit 0:7, noch dazu im eigenen Stadion! Umgekehrt widerfuhr den Schalkern leider gelegentlich das Gleiche. Unvergessen das schmachvolle 0:11 1967 gegen Borussia Mönchengladbach oder die höchste Niederlage im Revier-Derby gegen den BVB: 1966 ein 0:7, dem in der Rückrunde eine 2:6-Klatsche folgte. Wobei die höchsten Derby-Siege bis heute auf das Konto der Schalker gehen: 1938, 1939 und 1940 gewannen die Königsblauen sämtliche sieben Begegnungen mit dem BVB in der Gauliga Westfalen und erzielten dabei sage und schreibe 46 Treffer bei nur sechs Gegentoren. Höhepunkt dieses Torreigens war am 20. Oktober 1940 ein 10:0 vor 3000 Zuschauern in der Glückauf-Kampfbahn.

Ich blickte Bernd an. »Spaß muss sein. Besser, wir gewinnen 7:4 als 1:0.« Genau. Denn wäre es an diesem Tag bei dem Treffer von Larsen geblieben, wären für die Dummheit eines anderen am Ende doch noch wir mit torlosen 81 Minuten bestraft worden.

26. GRUND

Weil: Was soll man sonst lieben in Gelsenkirchen?

Eine Schönheit ist sie nicht, die einstige »Stadt der tausend Feuer«. Im Zuge der Deindustrialisierung von knapp 400.000 Einwohnern (1959) auf gerade mal 256.000 im Jahr 2011 geschrumpft, kämpft die ökonomisch und sozial ausgelaugte Kommune seit Jahren ums nackte finanzielle Überleben. Es herrscht vielerorts Tristesse im »Armenhaus des Ruhrgebiets« (WAZ), und wer heute auf der Fahrt mit der Straßenbahn zur Veltins-Arena durch Schalke kommt, kann sich angesichts der von grauen Mietskasernen gesäumten tristen

Straßenzüge zu beiden Seiten der Kurt-Schumacher-Straße die Gemütslage der heutigen Bewohner unschwer vorstellen. Das frühere soziale und gewerbliche Zentrum des Stadtteils, der Schalker Markt, wo sich das Schalker Vereinslokal, die »Kaiserhalle«, befand, ist heute nur noch ein öder Parkplatz, hinter dem sich Gewerbeflächen nach Norden erstrecken, wo einst die Fördergerüste der Schächte I/VI und II der Zeche Consolidation in den Himmel ragten. Der Anblick der verwahrlosten Häuserzeilen voller Leerstände in unmittelbarer Nähe der alten Glückauf-Kampfbahn stürzt den Besucher dann vollends in eine tiefe Depression.

In anderen Gelsenkirchener Stadtteilen sieht es nicht besser aus. Bulmke, einst Heimat des Schalker Vereins – des Stahlwerks, nicht des Fußballclubs –, ist »tot«, seit »das Werk« nicht mehr existiert, nicht anders ist die Situation in Ückendorf, das nach der Schließung des Gussstahlwerks und der Zeche Rheinelbe den totalen wirtschaftlichen und sozialen Zerfall erlebte und stellenweise zu einer heute gern euphemistisch als »sozialer Brennpunkt« etikettierten No-Go-Area verkommen ist. Es ist eine bittere Ironie, dass die blühendsten Vororte der Vergangenheit heute zu den abgeschlagenen Verlierern des vielbeschworenen Strukturwandels zählen. An Vierteln wie Schalke scheint er jedenfalls spurlos vorübergegangen zu sein. Was also soll man lieben in dieser »Verliererstadt«,[59] von der die *Süddeutsche Zeitung* 1997 schrieb, sie liege »auf der Müllkippe der Industriegeschichte, fallen gelassen wie ein Stück glühendes Anthrazit«?[60] Vielen bleibt nur der Fußball. Denn Städte, in denen es »sonst nichts Sehenswertes gibt«, sind nun mal, so Dirk Schümer, »die idealen Fußballstädte«.[61] Hier wird das Stadion zum Dreh- und Angelpunkt der Freizeitbedürfnisse einer von urbanen Annehmlichkeiten nicht sonderlich verwöhnten Bevölkerung.

Bleibt also nur der FC Schalke 04, der städtische Repräsentationsclub, über dessen Marketingwert sich die Stadtväter schon früh im Klaren waren, als sie im Gegenzug für die Mitfinanzierung der Kampfbahn Glückauf 1928 die Umbenennung des Vereins in

»FC Gelsenkirchen-Schalke 04« durchsetzten, wovon noch heute das »G« im Vereinsemblem zeugt.

Aber nicht nur wegen der Triumphe und des Renommees wird Schalke geliebt, sondern auch, weil der Verein sich – wie seine Anhänger – oft auf der Verliererstraße befand, oft genug in letzter Minute tragisch scheiterte, dann aber auch wieder das Unwahrscheinliche wahr machte und es »denen da oben« zeigte, wie beim 6:6 der damals zweitklassigen Schalker im DFB-Pokal gegen den übermächtigen FC Bayern oder beim »Wunder von San Siro« 1997 im UEFA Cup. Ein einzelner, gegen alle Widerstände errungener Erfolg wiegt mehr als hundert souveräne Siege, deren Häufung sie zu etwas Banalem, Alltäglichem macht.

Sicher kann man fragen, ob die Anhänglichkeit an Schalke so groß wäre, gäbe es jene »goldene Ära« der Königsblauen nicht, die den Mythos der Helden vom Schalker Markt begründete. Damals fuhr auch Schalke Titel in Serie ein, war über mehr als zwei Jahrzehnte fast unschlagbar. Und faszinierte dadurch natürlich die Massen. Aber zugleich behielt der Club seine lokalen Wurzeln, und die Identifikation mit dem Verein erfolgte weniger über Siege und errungene Titel als über eine Mannschaft, deren Spieler weiterhin fast durchweg aus der Nachbarschaft kamen. Was nicht heißt, dass der Erfolg nicht auch »Trittbrettfahrer« anlockte, so wie auch heute der Andrang in den »Sky Sportsbars« am Spieltag den aktuellen Schalker Tabellenplatz spiegelt. Aber um diese »Fans« geht es auch gar nicht, sie brauchen den Verein nicht. Sie wenden sich anderen Dingen zu, wenn der Fußball ihnen nicht die gewünschte Unterhaltung bietet.

Doch für die anderen, die »echten« Fans verkörpert »ihr« Verein, auch wenn er längst nicht mehr in »ihrem« Stadtteil residiert, sondern im »vornehmen« Berger Feld, und längst nicht mehr Titel in Serie einfährt, nach wie vor die eigenen unerfüllten Hoffnungen und den Glauben an eine Wende zum Besseren nicht nur auf dem Platz, sondern auch im richtigen Leben.

KAPITEL 3

TITEL, TORE UND TRIUMPHE

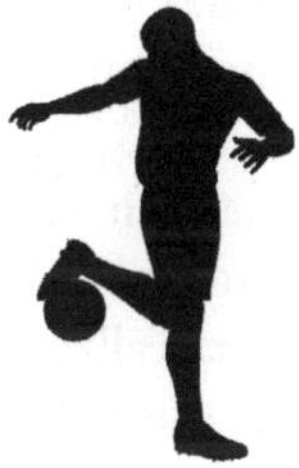

27. GRUND

Weil Schalke 1934 eine Epochenwende im deutschen Fußball einleitete

Seit ihrem Aufstieg in die Gauliga 1927 dominierten die Schalker den Fußball im Westen. Die Ruhrbezirksmeisterschaft gewannen sie seit 1927 fast schon routinemäßig und ab 1929 auch die Westdeutsche Meisterschaft, abgesehen von der Saison der Sperre 1930/31, als eine »Notelf« immerhin einen achtbaren sechsten Platz in der Gruppe A der Ruhrbezirksliga schaffte.

In der Endrunde um die Deutsche Meisterschaft waren die Königsblauen dagegen mehrmals gescheitert, zuletzt 1933, als sie Fortuna Düsseldorf im Finale mit 0:3 unterlagen. Als Konsequenz aus der Niederlage hatte die Vereinsführung den Nürnberger Hans Schmidt als Trainer verpflichtet, der in seiner aktiven Zeit als Spieler mit der SpVgg Fürth und dem 1. FC Nürnberg, den zwei beherrschenden Teams der Zwanzigerjahre, viermal Deutscher Meister geworden war. Schmidt galt als »harter Hund« und sollte aus der oftmals allzu verspielt agierenden Ansammlung blau-weißer Talente und Ausnahmekönner eine disziplinierte, geschlossene Mannschaft formen, die in der Lage wäre, auch überregionale Titel zu erringen.

Das Konzept der ehrgeizigen Vereinsführung um Fritz »Papa« Unkel ging auf. Mit 33:3 Punkten und 76:17 Toren aus 18 Spielen bei nur einer Niederlage erreichte Schalke in der Saison 1933/34 souverän die Endrunde um die Deutsche Meisterschaft. Dort wurde es dann plötzlich eng, als Schalke nach zwei Niederlagen in der Gruppe 2 um den Halbfinaleinzug bangen musste und Kapitän Kuzorra sich mit einer Leistenverletzung plagte. Zwei Siege über Werder Bremen (3:0) und den VfL Benrath (2:0) in den beiden letzten Gruppenspielen machten dann alles klar, und als im Halbfinale auch der SV Waldhof mit 5:2 aus dem Weg geräumt war, standen die Knappen nach 1933 zum zweiten Mal im Finale um die

»Deutsche«. Dort wartete am 24. Juni 1934 im Berliner Poststadion der 1. FC Nürnberg, mit fünf Deutschen Meisterschaften seit 1920 *die* beherrschende Kraft im deutschen Fußball. Bis zu diesem Tag.

Zunächst scheint für den Rekordmeister abermals alles nach Plan zu laufen. Beim 1:0 durch Friedel in der 54. Minute werden Schalker Erinnerungen an die 2:6-Schlappe gegen die Franken im Viertelfinale der Endrunde 1929/30 wach, und aus der Nürnberger Kurve tönte es: »He-ha-ho, Schalke ist k.o.«

Eine fatale Fehleinschätzung. »Ganz plötzlich hat Nürnberg sein Pulver verschossen. Ein Alleingang Kuzorras ist sozusagen das Signal zu einer Generaloffensive«, schrieb der *Fußball*:[62] »Jetzt wird es unerhört aufregend. Von Minute zu Minute wird es aufgepeitschter. Gleicht Schalke aus? Nürnberg ist ja gänzlich aus dem Leim.« Zwei Minuten vor dem Abpfiff ist es soweit: Nach Ecke von Emil Rothardt erzielt Fritz Szepan mit einem wuchtigen Kopfball den 1:1-Ausgleich. Der Rest ist Fußball-Geschichte und fester Bestandteil der Schalker Legende, die am besten der Protagonist selbst erzählt: »Ich war platt, geschafft, aber Fritz hatte eben den Ausgleich geschossen. Und die schreien alle: Schalke! Schalke! Schalke! Schalke! Da waren et noch 120, 180 Sekunden zu spielen, der Ala Urban hatte auch noch einen vor die Latte gewemst. Der Schiri guckte schon so, als würde er gleich abpfeifen. Und dann kricht der Kalli [Kalwitzki] die Pille. Der überrennt den Abwehrspieler von die Nürnberger, watt weiß ich, wie der hieß ... ja, und dann flankt er zu mir. Ich krich den Ball auffen Schlappen, stopp den Ball, lass' zwei Mann ins Leere laufen ... Ja, und dann ... als ich nich' wusste, wohin mit dem Ball ... da hab' ich ihn einfach reingewichst!«[63]

Legende ist auch, dass der Torschütze danach vor Schmerzen zusammenbrach. Im Gegenteil. Auf den flimmerigen Schwarz-Weiß-Bildern sieht man nach dem Schalker Siegtreffer einen kreuzfidelen Ernst Kuzorra zu den Klängen der Vereinshymne jubelnd Luftsprünge vollführen. Aber die Legende ist allemal stärker als die Wirklichkeit.

Der Finalsieg in letzter Sekunde beendete die süddeutsche Vorherrschaft im deutschen Fußball und leitete die glänzendste Periode der Schalker Vereinsgeschichte ein.

28. GRUND

Weil Schalke der erste Double-Gewinner in der Geschichte des deutschen Fußballs ist

1937 wird zum erfolgreichsten Jahr in der noch jungen Geschichte des FC Schalke 04. Obwohl der letzte Triumph dieses Fußballjahres erst am 9. Januar 1938 perfekt ist, als die Königsblauen sich vor 72.000 Zuschauern im ausverkauften Köln-Müngersdorfer Stadion mit einem 2:1 über Fortuna Düsseldorf den Tschammerpokal 1937 sichern. Die »Viktoria« haben die Knappen bereits am 20. Juni 1937 mit einem 2:0 über den 1. FC Nürnberg zum dritten Mal an den Schalker Markt geholt. Für den ersten Schalker Pokal-Erfolg sorgen Kalwitzki und Szepan mit einem Doppelschlag in der 46. und 47. Minute, bevor Paul Janes sechs Minuten vor Schluss per Handelfmeter auf 2:1 verkürzt. Damit hat zum ersten Mal im deutschen Fußball eine Vereinsmannschaft in einer Saison sowohl die Deutsche Meisterschaft als auch den Vereinspokal errungen.

Für den ersten Double-Sieger beendet der Pokalsieg ein Jahr der Superlative: In der Gauliga Westfalen gaben die Königsblauen in der gesamten Saison nur einen Punkt ab und sicherten sich mit 103:14 Toren und 35:1 Punkten unangefochten den Titel. Es war auch ein Jahr der blau-weißen Kantersiege: Der TuS Bochum 08 wurde mit 9:0 abgefertigt, die SpV Herten mit 5:0, Erle 08 mit 12:1, der SV Rotthausen mit 10:0 und Aufsteiger Borussia Dortmund mit 7:0. Auch in der Endrunde um die Deutschen Meisterschaft blieben die Königsblauen ungeschlagen und erzielten in sechs Spielen 31 Tore, davon allein zwölf beim Zu-null-Sieg gegen Viktoria Stolp aus Pommern. Die (finanzielle) Kehrseite der drückenden Schalker Überlegenheit: Zu den meist uninteressanten Spielen verirrten sich oft nur 2000 bis 3000 Zuschauer in die Kampfbahn Glückauf.

Das Endspiel gegen den 1. FC Nürnberg fand hingegen vor der Rekordkulisse von 100.000 Zuschauern im neuen Berliner Olympiastadion statt. Zum ersten Mal gab es ein Programmheft. Vor dem Anpfiff wurde für 20 Pfennige das »Offizielle Programm des Deutschen Reichsbundes für Leibesübungen« mit Informationen zum Endspiel verkauft.

Nicht nur für Schalke, auch für die deutsche Nationalmannschaft wird 1937 zum Jahr der Superlative. Von elf Länderspielen werden zehn gewonnen, Höhepunkt ist am 16. Mai vor 40.000 Zuschauern in Breslau ein 8:0 gegen Dänemark. Es ist die Geburtsstunde der legendären »Breslau-Elf«. Drei Schalker gehören ihr an: Rudi Gellesch als linker Läufer, Adolf »Ala« Urban als Linksaußen und Fritz Szepan in der Halbstürmerposition. Urban (70.) und Szepan (78.) steuern auch die letzten beiden Treffer zum historischen deutschen Kantersieg bei. Das Ende der »Breslau-Elf« kommt allerdings schon ein Jahr später, als nach dem »Anschluss« Österreichs auf politischen Druck hin ein »großdeutsches« Team zusammengestellt wird, das bei der Weltmeisterschaft in Frankreich im selben Jahr nach einer 2:4-Niederlage im Wiederholungsspiel gegen die Schweiz bereits im Achtelfinale ausscheidet.

29. GRUND

Weil der Schalker Kreisel sogar das Mutterland des Fußballs beeindruckte

Im Schalker Jahr der Superlative 1937 dringt der Ruf des Schalker Kreisels bis ins Mutterland des Fußballs vor. Am 19. Mai 1937 findet in der Kampfbahn Glückauf »das legendärste aller Freundschaftsspiele«[64] statt. Die Amateure vom FC Gelsenkirchen-Schalke 04 empfangen die Profis vom FC Brentford London, dem Vorjahressechsten der englischen First Division. Für die auf einer Welle des Erfolges schwimmenden Königsblauen ist es das erste Spiel überhaupt gegen eine Mannschaft von den Britischen Inseln. Das wegen seiner schwarz-gelben bzw. rot-weißen Trikots »Bees« (Bienen) oder »The red and white army« (Die rot-weiße Armee) genannte Team aus dem Osten Londons hat auf seiner Deutschland-Rundreise bereits den Hamburger SV mit 3:0 und Hertha BSC mit 4:0 bezwungen.

Auf Schalke erhalten die Londoner vor 45.000 Zuschauern, darunter Reichstrainer Dr. Otto Nerz, eine Fußball-Lehrstunde. Schon zur Halbzeit steht es 4:1 für Schalke. »Die Engländer kämpften verbissen, aber gegen dieses trickreiche Zickzackspiel, gegen die tausend Künsteleien, mit denen die Schalker aufwarten, kommen sie nicht auf«, begeisterte sich die *Gelsenkirchener Allgemeine*, und das Fachblatt *Fußball* titelte: »Schalke spielte mit Brentford«.[65] Am Ende unterliegt Brentford den Schalkern durch Tore von Berg (3), Urban, Kuzorra und Poertgen mit 2:6.

Ein Spieler lief an diesem Abend zur Form seines Lebens auf: Schalkes Mittelläufer Otto Tibulski. Sein Gegenspieler, der von der Presse hochgelobte Torjäger der Gäste, McCulloch, hatte über 90 Minuten keine Chance gegen den nur 1,72 großen »Ötte«. »Ich stellte den schottischen Nationalspieler völlig kalt, holte mir gegen ihn sogar jeden Kopfball, obwohl McCulloch zwei Köpfe größer war als ich«, erinnerte sich der Schalker schmunzelnd.[66] McCulloch erkannte die Leistung seines Bewachers neidlos an, als er Tibulski nach dem Abpfiff die »stärkste Tigerkatze, gegen die ich je gespielt habe«, nannte.[67]

Den Schalkern bringt ihr historischer Sieg die Ehre ein, beim anschließenden Bankett im Hans-Sachs-Haus vom Vorstand des FC Brentford zu einer Revanche in den heimatlichen Griffin Park nach London eingeladen zu werden.

30. GRUND

Weil einer der treffsichersten Mittelstürmer aller Zeiten ein Schalker war

Die Zahlen sprechen für sich: 101 Spiele für Schalke, 104 Tore; drei Länderspiele, fünf Tore. In beiden Fällen eine Torquote von über 100 Prozent! Damit ist Ernst Poertgen der erfolgreichste Torschütze im Schalker Dress, noch vor Klaus Fischer, der es in 295 Spielen auf schlappe 182 Treffer für Königsblau brachte, und im DFB-Trikot, noch vor Gerd Müller, der in 62 Begegnungen zwar auch sage und schreibe 68 Tore erzielte, damit aber »nur« auf einen Quotienten 1,097 kommt, während Poertgen es auf einen Wert von 1,666 bringt. Nicht anders im Verein: Auch hier hat »kleines dickes Müller« mit 398 Treffern zwar in absoluten Zahlen die Nase vorn, aber er brauchte dafür 453 Spiele. Poertgen hätte bei seiner Torfrequenz für die 398 Treffer 64 Partien weniger benötigt.

Soweit die Statistik. Aber von wem ist überhaupt die Rede? Von Ernst Poertgen, geboren am 25. Januar 1912 in Essen-Altenessen, gestorben am 3. November 1986 in Bonn. Gelernter Maler und Anstreicher. Nach Stationen beim BV Altenessen, bei Schwarz-Weiß Essen und beim 1. FC Nürnberg trug Poertgen nur ganze vier Jahre, von 1934 bis 1938, das königsblaue Trikot. Aber in diesen vier Jahren legten die Knappen mit drei Deutschen Meisterschaften und einem Pokalsieg »den Grundstein für ihre Unsterblichkeit«.[68] Auch diese Quote war (und wäre heute noch) sensationell. Und Ernst Poertgen, der »Pöttinger«, wie sie ihn nannten, war dabei (als Aktiver allerdings erst ab 1935, weil er nach seinem Wechsel vom 1. FC Nürnberg zunächst, wie damals üblich, für neun Monate gesperrt worden war). Und wieso »Pöttinger«? Weil es damals drei Ernsts im Team gab: Kuzorra, Kalwitzki und Poertgen. Um sie auf dem Platz auseinanderhalten zu können, verpasste man ihnen einfach andere Namen: Aus Kuzorra wurde »Clemens«, aus Kalwitzki

»Kalli« und aus Poertgen eben der »Pöttinger«, eine Anspielung auf den legendären Angreifer des FC Bayern, Josef Pöttinger.

Poertgen galt als brillanter Techniker, als »Zauberer am Ball«: »Sein Spiel war raffiniert und trickreich. Sein Ballgefühl und seine Täuschungskunst waren so groß, dass er zu Schalkes Elfmeterschützen Nummer eins wurde.«[69] Dass er die Knappen in der dritten Runde des DFB-Pokals 1937 in der 120. Minute durch einen verwandelten Strafstoß zum spielentscheidenden 1:0 ins Viertelfinale schoss, war zudem ein Beweis für die Nervenstärke des Mittestürmers.

Sein größtes Spiel in Königsblau absolvierte der »Pöttinger« am 23. Juni 1935. Schalke stand zum dritten Mal hintereinander im Endspiel um die Deutsche Meisterschaft und hatte die Chance, den im Vorjahr erstmals errungenen Titel zu verteidigen. Gegner im mit 74.000 Zuschauern prallvollen Müngersdorfer Stadion in Köln war der VfB Stuttgart. Elf ausgeruhte Knappen trafen in sengender Hitze auf elf hundemüde Schwaben: Während die Schalker bei ihren Familien in Gelsenkirchen übernachtet hatten und ausgeruht in Köln ankamen, hatten die Stuttgarter die Nacht vor dem Finale in einem Kölner Hotel verbracht und wegen allzu lauter Tanzmusik fast die ganze Nacht kein Auge zugetan. Schon in der sechsten Minute stand es nach einem Sololauf von »Ala« Urban 1:0 für Schalke, 30 Minuten später erhöhte Poertgen per direktem Freistoß auf 2:0, und vier Minuten vor der Pause sorgte Rudi Gellesch für den 3:0-Halbzeitstand. In der zweiten Halbzeit waren neun Minuten gespielt, als abermals Poertgen auf 4:0 erhöhte. Die Partie schien gelaufen. Doch als die Schwaben innerhalb von drei Minuten auf 4:2 verkürzten, geriet der Schalker Kreisel plötzlich ins Trudeln, während der VfB das Gehäuse von Hermann Mellage bestürmte. Als Kalwitzki in der 65. Minute nach Pass von Poertgen eine Lücke in der VfB-Abwehr zum 5:2 nutzte, kam wieder Ruhe ins Schalker Spiel. Den Stuttgarter Anschlusstreffer zum 5:3 in der 78. Minute konterte Poertgen eine Minute später mit dem 6:3. Das abschließende 6:4 war nur noch Kosmetik. Schalke hatte die zweite »Deutsche« unter Dach und Fach, und der »Pöttinger« hatte mit drei Toren und einer Torvorlage entscheidenden Anteil am zweiten blau-weißen Triumph: »Zehn Tore in einem Spiel! Poertgen der Matchwinner und bester Mann auf dem Platz! Genau das ist es, warum das Endspiel 1935 auf immer mit Ernst Poertgens Namen verbunden sein wird.«[70]

Poertgen blieb noch bis 1938 in Schalke, obwohl er 1937 der Liebe wegen nach Bonn gezogen war. Erst als Schalke in Hermann Eppenhoff einen gleichwertigen Ersatz auf der Mittelstürmerposition gefunden hatte, stellte Poertgen die strapaziösen wöchentlichen Fahrten zum Schalker Training und zu den Spielen ein und blieb ganz in seiner neuen Heimat. Auf Schalke hatte er sich innerhalb von vier Jahren in die königsblaue Unsterblichkeit gespielt.

31. GRUND

Weil Schalke 04 mit einem 9:0 über Admira Wien 1939 den höchsten deutschen Endspielsieg aller Zeiten einfuhr

»Das Spiel um die deutsche Fußballmeisterschaft im Berliner Olympiastadion nahm einen sensationellen Verlauf. Schalke 04 schlug Admira Wien 9:0. Die Wiener im weißen Dress.« Mit diesen nüchternen Worten leitet die Ufa-Tonwoche Nr. 459 – 2/2 die nachfolgenden drei Minuten und 18 Sekunden ein. Es sind die einzigen Filmaufnahmen vom größten Triumph der Schalker Knappen und vom höchsten Endspielsieg in der Geschichte des deutschen Fußballs. Die 87.826 Zuschauer im weiten Rund des Berliner Olympiastadions erleben an diesem 18. Juni 1939 ein Fußballspiel, das sie nie vergessen werden.

»Die Admira wurde von unserem Westfalenmeister in Grund und Boden gespielt – Solch herrlichen Fußball hat Berlin noch nicht gesehen«, begeisterte sich anderntags die *Sport-Rundschau*, die Beilage der *Recklinghäuser Zeitung*: »Zweifelsohne: Man wird das erste großdeutsche Endspiel in der Geschichte des Fußballsports mit besonderen Lettern schreiben. Es übertraf alles, was man von diesem Großkampf zweier Meister erwarten konnte, und stand eindeutig unter einem einzigen Leitwort: Schalke. Die Knappen nahmen zwar als leichter Favorit die große Auseinandersetzung auf – dass sie aber eine derart herrliche Fußballdemonstration schottischer Kombinationskunst bieten würden, konnte niemand erwarten. Die ganze Elf war auf die Minute fertig und zeigte im restlos ausverkauften Olympiastadion ein Spiel, für das es einfach keine Worte gibt und wie man es in dieser Vollendung von einer deutschen Vereinsmannschaft noch nie gesehen hat.«[71]

Der Verfasser fand dann doch noch Worte, leider solche, die den Geist der Zeit atmeten und einen düsteren Schatten auf das warfen, was bald kommen würde: »Angriff auf Angriff rollt gegen Admiras Strafraum (...). Die Schalker kreiselten und schossen wie die schwere Artillerie.« Sechs Wochen später verkündete der »größte Führer aller Zeiten« im Deutschen Reichstag: »Seit 5.45 Uhr wird jetzt zurückgeschossen«, nachdem tags zuvor Angehörige des Sicherheitsdienstes (SD) in polnischen Uniformen mit einem fingierten Überfall auf den Sender Gleiwitz Hitler den ersehnten Kriegsgrund geliefert hatten.

Der Ton in Politik und Sport unterschied sich damals nur unwesentlich, und das NS-Regime erkannte schnell, wie sich die sportlichen Erfolge der Schalker politisch instrumentalisieren ließen. Was diese keineswegs schmälern soll, ebenso wenig wie die zum Hitlergruß emporgereckten Arme der Spieler vor dem Anpfiff, bei wichtigen Spielen und Turnieren eine Geste, um die keine Mannschaft herumkam. Eine vom FC Schalke 04 zum 100. Jubiläum in Auftrag gegebene Studie über das Verhältnis des Vereins zum Nationalsozialismus kommt denn auch zu dem Schluss: »Der Verein und seine Mitglieder waren so gut und so schlecht wie die deutsche und eben auch die lokale Gelsenkirchener Bevölkerung im Nationalsozialismus insgesamt. Im Schalker Fußballverein gab es keine überzeugten oder gar fanatischen und aktiven Anhänger der NSDAP, ebenso gab es aber auch keinen Widerstand, auch fast keine nachweisbare Resistenz.«[72]

Auf dem Platz jedenfalls zaubern die Königsblauen an diesem Frühsommertag bei schweißtreibenden 30 Grad so perfekt wie nie zuvor und nie wieder danach. Schon nach sieben Minuten trifft »Kalli« Kalwitzki mit einem trockenen Schuss aus 20 Metern zum 1:0. Bereits fünf Minuten später erhöht »Ala« Urban nach Zuspiel von Kuzorra auf 2:0. Und in der 25. und 30. Minute ist es abermals Kalwitzki, der mit einem Doppelschlag auf 4:0 erhöht. Die Admira, mit sieben österreichischen Meistertiteln beileibe kein Fußball-Nobody, hat den schnellen Kombinationen und dem präzisen Flachpassspiel der Schalker von der ersten Spielminute an nichts entgegenzusetzen. Und weil Rechtsaußen Kalwitzki zudem mit Mittelstürmer Hermann Eppenhoff die Positionen getauscht hat und im Laufe der Partie weiter auf die halblinke Position Kuzorras wechselt, der dadurch frei wird, um Admira-Mittelläufer Klacl am Spielaufbau zu hindern, »gerieten die Wiener völlig in Verwirrung« (Kalwitzki). Die veränderte Aufstellung war ein genialer taktischer Schachzug von Kuzorra, der seit dem Weggang von Hans »Bumbes« Schmidt nicht nur das war, was man heute einen »Führungsspieler« nennen würde, sondern auch Taktik und Mannschaftsaufstellung verantwortete, während der neue Trainer Otto Faist – ein ehemaliger 800-m-Läufer – die Ausnahmetruppe konditionell fit machte – lange vor Felix Magath und seinen Medizinbällen. Die Wiener machten dagegen schon vor dem Anpfiff einen recht schlappen Eindruck auf die Schalker, wie Fritz Szepan sich später erinnerte: »Wir laufen auffem Platz, und da seh' ich, bei den Wienern, da hatten sie Bauchanlage … Ich denk': Die Leute sind untrainiert, die können nicht in Schuss sein …«[73]

Außerstande, die blitzschnell kombinierenden und rotierenden Schalker hautnah zu decken, verlegen die Wiener sich auf Raumdeckung, was den Schalkern die Freiräume eröffnet, um ihr verwirrendes Kreiselspiel aufzuziehen: »Ein Schalker führt den Ball, passt kurz zum Mitspieler und lässt den Angreifer ins Leere laufen, um das Leder postwendend zurückzubekommen.«[74] Noch einmal Szepan: »Ich dachte, überlassen die uns wirklich das Mittelfeld? Dann wird das aber lecker für die … und dann haben wir die wirklich sauer gemacht, will ich mal so sagen, ich habe die wirklich bedauert.«[75] Weniger leid taten die Wiener in der zweiten Halbzeit dem Publikum. Als »Ötte« Tibulski in der 53. Minute einen Freistoß aus 30 Metern in die Maschen jagt, vorausgegangen war eine Tätlichkeit des frustrierten Mittelläufers Klacl gegen Szepan, der sich nach einem Kinnhaken des Wieners plötzlich auf dem Rasen wiederfand, und der Wiener Franz Schilling kurz darauf auch noch einen Handelfmeter an den Pfosten setzt, haben die Zuschauer im Olympiastadion nur noch Hohngelächter für den Vertreter der »Ostmark« übrig. Der Rest ist Fußballgeschichte: In der 61. Minute erhöht Kalwitzki nach einem Sololauf durch den Admira-Strafraum auf 6:0 und lässt zehn Minuten vor Schluss das 7:0 folgen, bevor die Schwäger Kuzorra und Szepan dann in der 84. und 89. Minute mit ihren Treffern den 9:0-Endstand markieren.

Als Schiedsrichter Schulz die einseitige Partie nach 90 Minuten abpfeift und die Wiener von ihrer Rolle als hilflose Statisten bei der Schalke-Gala erlöst, endet ein Finale, dessen Superlative und Rekorde bis heute unerreicht sind: Nie wieder wurde ein Finalteilnehmer derart deklassiert, nie wieder fielen in einem Endspiel so viele Tore, und nie wieder erzielte ein einzelner Spieler in einem Finale mehr Treffer. »Der Kreisel tanzte in einer Vollendung, wie man es bis dahin noch nicht gesehen hatte, vollkommener kann keine Mannschaft mehr Fußball spielen. (…) Sie spielten wie die Götter«, schwärmte die Presse.[76]

Doch die Schalker kreiselten bereits am Abgrund, ihr Tanz auf dem Vulkan leitete zugleich die Götterdämmerung des dominierenden Teams der Dreißigerjahre ein. Zwar holten die Königsblauen

1940 und 1942 noch die fünfte und sechste »Viktoria« an den Schalker Markt, doch an den alten Glanz konnte die auch kriegsbedingt umgebaute Elf mit den Finalsiegen über den Dresdner SC (1:0) und Vienna Wien (2:0) nicht mehr anknüpfen. Die Mannschaft, die am 18. Juni 1939 im Berliner Olympiastadion auflief, stand jedenfalls nie wieder in einem Finale. Die Namen aber sind unvergessen und Teil des Schalker Mythos: Hans Klodt, Hans Bornemann, Otto Schweisfurth, Rudi Gellesch, Otto »Ötte« Tibulski, Walter Berg, Hermann Eppenhoff, Fritz Szepan, Ernst Kalwitzki, Ernst Kuzorra, Adolf »Ala« Urban.

Dass der Mythos Schalke ausgerechnet in einer Saison für die Ewigkeit zementiert wurde, in der die Mannschaft mit nur einem Sieg in den ersten fünf Spielen – immerhin ein 6:0 gegen den BVB – den schlechtesten Start seit der Vereinsgründung erwischte, ist eine feine Ironie der Geschichte.

32. GRUND

Weil Schalke 1958 das Gesetz des »They never come back« glanzvoll außer Kraft setzte

»They never come back« lautet ein ehernes Gesetz im Boxsport, wonach ehemalige Schwergewichtsweltmeister, wenn sie einmal entthront wurden, niemals mehr zurückkehren. Floyd Patterson durchbrach es am 20. Juni 1960 mit einem K.-o.-Sieg in der fünften Runde im WM-Revanche-Kampf gegen Ingemar Johansson zum ersten Mal.

Als der FC Schalke 04 1947 zum ersten Mal seit 1934 nicht Westfalenmeister wird und den Königsblauen in der 1948 gegründeten Oberliga West auch danach nur ein einziger Titelgewinn (1951) gelingt, glaubt kaum noch jemand an eine Wiederkehr der glorreichen Schalker Vorkriegszeiten. Als mit Rot-Weiss Essen (1955) und Borussia Dortmund (1956 und 1957) obendrein noch dreimal hintereinander andere Reviervereine Deutscher Meister werden, scheint sich das berühmt-berüchtigte Gesetz des Schwergewichtsboxens auch im Fußball zu bestätigen: Wer einmal entthront ist, der kehrt niemals zurück.

Aber man soll niemals »nie« sagen. Nachdem Schalke in der Saison 1948/49 dem Debakel des Abstiegs nur durch Aufstockung der Oberliga West auf 16 Vereine entgangen ist, nimmt Schalkes neuer Trainer Fritz Szepan einen radikalen Neuaufbau der Mannschaft in Angriff und setzt dabei verstärkt auf jüngere Spieler aus dem eigenen Nachwuchs wie Otto Laszig (18) und Helmut »Jackl« Jagielski (18). Später rücken noch Karl-Heinz Borutta, Willy Soya und Willi Koslowski aus der Schalker Jugend in die erste Mannschaft auf. Kopf und erfahrenster Spieler des runderneuerten Teams ist Außenstürmer Bernhard Klodt, ebenfalls ein Eigengewächs, der 1943 als 17-Jähriger sein erstes Spiel für Schalke bestritten hat und zu den »zentralen Kräften« des Schalkes Neuaufbaus nach dem Krieg gehört.[77]

Die Saison 1953/54 schließt das runderneuerte Schalke immerhin als Dritter ab – nach einem dramatischen Saisonfinale: Am letzten Spieltag brauchte Schalke einen Sieg gegen Rot-Weiss Essen, um Westmeister zu werden, vorausgesetzt, der 1. FC Köln verlor gegen den FV Sodingen. Im Falle eines Kölner Sieges hätte ein eigener Sieg nur für den zweiten Platz, aber dennoch für die Teilnahme an der Endrunde zur Deutschen Meisterschaft gereicht. Doch am 11. April 1954 zerstoben sämtliche blau-weißen Titelträume: Schalke unterlag RWE 2:4, und Köln schlug Sodingen durch ein Tor in der 90. Minute (!) 2:1.

Ein Jahr später reicht es für Schalke nur zum fünften Rang, aber in der Saison 1955/56 qualifizieren sich die Königsblauen als Vize-Westmeister hinter Borussia Dortmund erneut für die Endrunde zur »Deutschen«. Hier unterliegen sie im letzten Spiel dem Karlsruher SC mit 2:3 und verpassen damit das Traumfinale gegen den

BVB, der sich mit einem 4:2-Endspielsieg über Karlsruhe die erste Deutsche Meisterschaft sichert – und den Titel im Jahr darauf verteidigt, während Schalke sich mit einem vierten Platz zufriedengeben muss.

In der Saison 1957/58 ist es dann endlich soweit: Schalke holt – wenn auch denkbar knapp mit einem Punkt vor dem 1. FC Köln – zum ersten Mal seit 1951 wieder die Westmeisterschaft und trifft in der Endrunde um die »Deutsche« auf Eintracht Braunschweig, Tennis Borussia Berlin und den Karlsruher SC. Und der jungen Schalker Mannschaft (Durchschnittsalter 22,5 Jahre) gelingt es, glanzvoll an die glorreiche blau-weiße Vergangenheit anzuknüpfen. Braunschweig wird 4:1 besiegt, und nach dem 9:0 gegen Tennis Borussia jubelt die Presse: »Schalker Sturm im Torrausch; Kreisel lief in vollendeter Schönheit«.[78] Nachdem auch Angstgegner Karlsruhe problemlos mit 3:0 aus dem Weg geräumt ist, steht nur noch der Hamburger SV zwischen Schalke und der Schale.

Am 18. Mai 1958 haben 16 Jahre des zähen Wartens dann ein Ende. Schalke »kommt zurück«: Mit einem nie gefährdeten 3:0-Sieg holt Königsblau vor 80.000 Zuschauern im Niedersachsen-Stadion zu Hannover die siebte Deutsche Meisterschaft an den Schalker Markt. Torschützen sind Berni Klodt (5. und 30.) und Manfred Kreuz (81.). Für Klodt, »der noch mit Ernst Kuzorra und Fritz Szepan zusammengespielt hatte und damit quasi als ›Brücke‹ zwischen dem alten Schalke und dem neuen Schalke fungierte«,[79] ist es sein größter Sieg: »Die Erreichung der Deutschen Meisterschaft wäre für mich die Krönung meiner Laufbahn.«[80]

Dass es für Schalke die bis heute letzte Krönung sein würde, ahnte damals niemand. 55 Jahre sind seitdem vergangen. Aber die Hoffnung stirbt bekanntlich zuletzt, und das Gesetz des »They never come back« gilt schon längst nicht mehr – weder im Boxsport noch im Fußball.

33. GRUND

Weil die Schalker Meisterfeier 1958 alles bislang Dagewesene in den Schatten stellte

Dass es für lange Jahre die letzte Meisterfeier in Gelsenkirchen werden würde, war am 18. Mai 1958 um 16.37 Uhr, als Schiedsrichter Albert Dusch die Partie zwischen dem FC Schalke 04 und dem Hamburger SV abpfiff, niemandem bewusst. Ganz im Gegenteil: »Eine Meistermannschaft mit einem Durchschnittsalter von kaum 22,5 Jahren, eine gewaltige Fangemeinde, ein solide geführter Verein und eine Tradition, an die in Deutschland bestenfalls der 1. FC Nürnberg herankam – im Sommer 1958 malte sich Gelsenkirchen eine neue Glanzperiode des FC Schalke 04 in den schönsten Farben aus.«[81]

Entsprechend wurde gefeiert. Gelsenkirchen glich vom Schlusspfiff weg einem Tollhaus: »Sparsame Pensionäre gaben Lokalrunden, Männer tanzten mitten auf der Straße Walzer, und alte Mütterchen hängten die blau-weißen Fahnen ihrer fußballbegeisterten Enkel aus dem Schlafzimmerfenster.«[82]

Als der Zug mit der Meistermannschaft am Montagabend um 19.30 Uhr im Gelsenkirchener Hauptbahnhof einlief, schien ganz Gelsenkirchen auf den Beinen zu sein. Menschen mit Blumensträußen säumten den Bahnsteig, Zigtausende drängelten sich auf der Bahnhofstraße und in den Seitenstraßen. Im Industrie-Kino am Bahnhofsvorplatz lief *Weiße Fracht aus Paris*, aber an diesem 19. Mai galt das ausschließliche Interesse der Gelsenkirchener der blau-weißen Fracht aus Hannover. Und die bahnte sich mit Berni Klodt und der Meisterschale vorneweg im Schneckentempo einen Weg durch unübersehbare Menschenmassen bis zum Schalker Markt, der blau-weißen Herzkammer.

»Wer frei nehmen konnte, nahm frei, wer arbeiten musste in der Stadt der 1000 Feuer, war in Gedanken bei den königsblauen

Helden. (…) Die Männer der Mittagsschichten hörten bis in die Werkshallen die Musik, den Jubel, den prasselnden Applaus und freuten sich auf den Feierabend. Als sie um 22.00 Uhr beim Pförtner stempelten, war das Freibier alle.«[83]

Gelsenkirchen, das Aschenputtel unter den deutschen Städten, erstrahlte nach langer Zeit wieder in königsblauem Glanz. »Schalke, Schalke über alles …«, tönte es am Schalker Markt aus zigtausend Kehlen, und noch einmal wurde die alte Schalker Herrlichkeit beschworen.

Es war ein Schwanengesang, denn auf die blau-weiße Sause folgte der Katzenjammer. In der nächsten Saison konnte Schalke von Anfang an nicht richtig Tritt fassen und fand sich am Ende mit einem negativen Punktekonto von 27:33 auf einem enttäuschenden elften Platz wieder. Die Gründe waren vielfältig: die ängstliche Defensivtaktik des österreichischen Trainers Edi Frühwirth, der prompt gehen musste (Kuzorra: »Wir haben genug Wiener Schnitzel gefressen«); ein abermals anstehender Generationswechsel in der Mannschaft (zwei Leistungsträger, Berni Klodt und Günter Brocker, waren weit über 30); vor allem aber das rückwärtsgewandte Selbstverständnis des Vereins, der im Angesicht der beginnenden Bergbaukrise und der Veränderungen im Leistungsfußball am Ideal des kickenden Kumpels festhielt: »Während man sich überall auf die bevorstehende Einführung der Bundesliga und das Profitum vorbereitete, kreiste das Schalker Leben noch immer vornehmlich um den heimischen Schalker Markt.«[84] Mit der Deutschen Meisterschaft 1958, die noch einmal von einer Mannschaft errungen worden war, deren Spieler fast alle aus dem eigenen Nachwuchs und aus dem Arbeiter-Milieu stammten, feierte Gelsenkirchen unwissentlich nicht den Beginn einer neuen Ära, »sondern das endgültige Ende des alten Schalke«.[85]

34. GRUND

Weil Schalke 1959 als erste deutsche Vereinsmannschaft das Viertelfinale eines europäischen Wettbewerbs erreichte

Mit dem Gewinn der Deutschen Meisterschaft 1958 hatte sich Schalke für die Teilnahme am Europapokal der Landesmeister qualifiziert. Der Wettbewerb war 1955 im Zuge der europäischen Einigungsbemühungen eingeführt worden, mit dem Ziel, die spielstärkste europäische Vereinsmannschaft zu ermitteln. Das eigentliche Motiv war jedoch die notorische Neigung der britischen Presse, englische Clubs nach Siegen über Vereine vom Kontinent flugs zu »Weltmeistern« zu erklären, wie es die *Daily Mail* mit dem englischen Meister von 1954, den Wolverhampton Wanderers, gemacht hatte, nachdem der Club Spartak Moskau und Honvéd Budapest geschlagen hatte.

Als bislang einziger deutscher Club hatte 1955/56 der 1. FC Saarbrücken als Vertreter des seinerzeit eigenständigen Saarländischen Fußballverbandes an dem neuen europäischen Wettbewerb teilgenommen, war aber trotz eines sensationellen 4:3-Auswärtssieges gegen den AC Mailand nach einer 1:4-Heimniederlage in der ersten Runde ausgeschieden.

Schalke machte es besser. Während es in der Oberliga West in der Saison 1958/59 für den frischgebackenen Titelträger eher mau lief, sorgten die Königsblauen im Europapokal für Furore.

Erster Gegner war KB 1876 Kopenhagen, der älteste Fußballclub Europas außerhalb der Britischen Inseln. Das Hinspiel fand am 26. August 1958 in Dänemark statt, aber die königsblaue Premiere auf der Europapokalbühne ging gründlich daneben. 0:3 hieß es am Ende, und Manni Kreuz erinnerte sich später: »Manch einer von uns glaubte damals wohl, die Dänen schaffen wir mit links.«[86] Zum Rückspiel am 17. September fanden gerade mal 30.000 Zuschauer den Weg in die Glückauf-Kampfbahn. Diesmal waren die Schalker hellwach und schlugen die dänischen Freizeitkicker überzeugend mit 5:2. Bernie Klodt schoss das erste Pokal-Tor der Schalker Vereinsgeschichte. Da es die Auswärtstor-Regelung damals noch nicht gab, wurde ein Wiederholungsspiel auf neutralem Boden erforderlich, das am 1. Oktober im niederländischen Enschede stattfand und das die Schalker durch Tore von Siebert, Nowak und Klodt mit 3:1 für sich entschieden.

Schalke stand im Achtelfinale und traf dort am 12. November auf die Wolverhampton Wanderers. Im Molineux-Stadion führten die »Wolves« mit Rekordnationalspieler Billy Wright 2:1, bis Koslowski in der 88. Minute den Ausgleich markierte. Im Rückspiel eine Woche später stand es vor 43.000 Zuschauern in der überfüllten Glückauf-Kampfbahn nach 34 Minuten 2:0 für Schalke durch Treffer von Kördel und Siebert. Drei Minuten nach der Pause gelang Jackson zwar der Anschlusstreffer für die Engländer, aber dabei blieb es. Die erste Pokal-Sensation war perfekt. Der krasse Außenseiter Schalke 04 hatte den zweifachen englischen Meister und dreifachen FA Cup-Sieger aus dem Wettbewerb geworfen.

Im Viertelfinale wartete ein noch dickerer Brocken auf die Königsblauen: der spanische Vizemeister Atlético Madrid, der am Wettbewerb teilnahm, weil Meister Real Madrid als Pokalsieger des Vorjahres automatisch qualifiziert war. 110.000 Zuschauer im Estádio Santiago Bernabéu mussten am 4. März 1959 bis zur 47. Minute warten, bevor der Brasilianer Vavá die Hausherren in Führung schoss. Als Schalke in der 70. Minute seinen rechten Läufer »Kalli« Borutta durch einen umstrittenen Platzverweis verlor, war die Partie gelaufen. Miguel (73.) und Peiró (90.) schraubten das Ergebnis auf 3:0 hoch. Das Rückspiel am 18. März fand abermals vor der Rekordkulisse von 43.000 Zuschauern statt und sollte auf unabsehbare Zeit der letzte internationale Auftritt der Königsblauen bleiben. Zwar ging Schalke schon in der 1. Minute durch Nowak in Führung, doch für den Rest der Partie rannte der blau-weiße Sturm sich in der dicht gestaffelten Abwehr der Madrilenen fest, denen in der Nachspielzeit auch noch der Ausgleich, abermals durch Vavá, gelang. Schalke war ausgeschieden, hatte es aber international weiter gebracht als je eine deutsche Mannschaft zuvor.

35. GRUND

Weil Schalke mit 21 Elfern in einem einzigen Spiel bis heute den Weltrekord hält

Die Bundesliga-Saison 1971/72 gilt bis heute als eine der besten in der Schalker Vereinsgeschichte. Als die Königsblauen sich mit 28 Punkten aus 13 Siegen, zwei Unentschieden und zwei Niederlagen zum ersten Mal in der Bundesliga die Herbstmeisterschaft sichern und anschließend mit sechs Zu-null-Siegen in Folge in die Rückrunde starten, zweifeln nur wenige daran, dass es diesmal zur achten Deutschen Meisterschaft reichen wird. Doch nach drei Nieder^lagen und zwei Unentschieden liegt Schalke am letzten Spieltag einen Punkt hinter Bayern München, dem letzten Gegner dieser Saison. So kommt es am 28. Juni 1972 im Münchner Olympiastadion zu einem echten Endspiel, bei dem Abgeklärtheit über jugendliche Unerfahrenheit siegt. Horvats junge »Löwen« unterliegen den routinierten Roten mit 1:5 und müssen sich mit der Vizemeisterschaft begnügen. »Bessere Mannschaft holte die ›Schale‹ – Schalker waren doch noch zu unreif« titelte die *Westdeutsche Allgemeine Zeitung* anderntags.[87]

Als Trost bleibt der Sieg im zweiten Finale der Saison: Mit einem fulminanten 5:0 über den 1. FC Kaiserslautern sichert sich Schalke drei Tage nach der verpatzten Meisterschaft den DFB-Pokal. Dabei hatte es in diesem Wettbewerb – im Gegensatz zur Liga – zunächst gar nicht nach einem blau-weißen Triumph ausgesehen: Nach einem 3:1-Heimsieg und einer 0:3-Auswärts-Pleite gegen Hertha BSC wäre Schalke normalerweise schon in der ersten Runde ausgeschieden, aber das Rückspiel wurde als verloren gewertet, weil Hertha einen gesperrten Spieler eingesetzt hatte. Auch Fortuna Düsseldorf und Borussia Mönchengladbach wurden nur mit Mühe bezwungen, und im Halbfinal-Hinspiel setzte es eine derbe 1:4-Niederlage gegen den 1. FC Köln, den man zuvor in der Liga noch mit 6:2 vom Platz gefegt hatte. Aber es gab ja noch das Rückspiel …

Und was die 35.000 in der ausverkauften Glückauf-Kampfbahn dann am Nachmittag des 10. Juni 1972 erleben, wird in der Geschichte des DFB-Pokals auf ewig unvergessen bleiben. In der 14. Minute erzielt Fischer per Kopfball das 1:0, und vier Minuten vor der Pause hat Schalke das Hinspiel-Ergebnis durch weitere Treffer von Rüssmann und Scheer egalisiert – für eine Minute! Denn in der 42. trifft Löhr zum 3:1. Mit diesem Ergebnis geht es in die Halbzeit. In der 59. Minute verkürzt abermals Löhr per Handelfmeter auf 3:2 – in der Gesamtwertung steht es jetzt 4:6 aus Schalker Sicht. Nur ein Wunder kann Königsblau noch retten.

In der 80. Minute gibt es wieder Elfmeter – diesmal für Schalke –, aber der für den verletzten Scheer eingewechselte Beverungen schießt übers Tor! In der 83. Minute bekommt Schalke die nächste Elfmeter-Chance. Diesmal läuft Helmut Kremers an – und verwandelt zum 4:2. Schalke fehlt noch ein Tor zum »Ausgleich«. Wegen einer längeren Spielunterbrechung, weil nach einer strittigen Schiedsrichterentscheidung erst Zuschauer und dann Ordner mit Schäferhunden den Rasen der damals noch zaunlosen Glückauf-Kampfbahn überfluteten, werden fünf Minuten nachgespielt. Und in der letzten Minute der Nachspielzeit zeigt Schiedsrichter Heckeroth nach Foul im Strafraum an Rüssmann erneut auf den Elfmeterpunkt. Helmut Kremers behält die Nerven und jagt das Leder zum 5:2 in die Maschen. Verlängerung! In der 105. Minute scheinen die Würfel zugunsten von Köln zu fallen, als Heckeroth erneut auf den Punkt zeigt – diesmal im Schalker Strafraum. Wenn Nigbur nicht hält, ist Schalke raus. Aber Nigbur hält! Es geschehen noch Fußball-Wunder. Es bleibt beim 5:2, die Entscheidung fällt im Elfmeterschießen. Und gegen das, was nun folgt, ist jeder *Tatort* eine Schlaftablette:

Fischer	1:0
Löhr	1:1
Libuda	verschießt
Overath	Nigbur hält
Nigbur	2:1
Thielen	2:2
Helmut Kremers	3:2
Biskup	3:3
Erwin Kremers	4:3
Kapellmann	4:4
Fichtel	5:4
Simmet	5:5
Beverungen	verschießt
Glowacz	Nigbur hält
van Haaren	6:5
Cullmann	verschießt!!!!!

Endstand: 6:5 (5:2 n. V. [3:1, 5:2]). Schalke steht im Finale. Nach insgesamt 21 Elfmetern, davon vier in der regulären Spielzeit und einer in der Verlängerung. Das ist der Stoff, aus dem die Schalker Legenden sind. Wer dabei war, wird noch seinen Enkeln von diesem Fußball-Krimi erzählen.

Die *Westdeutsche Allgemeine Zeitung* schrieb am 12. Juni 1972: »35.000 Zuschauer, von denen viele einem Herzinfarkt nahe waren, sahen sieben Tore und einen neuen ›Weltrekord‹ mit 21 Elfmetern. Sie erlebten Verzweiflung, Enttäuschung, Wadenkrämpfe und Tränen der erschöpften Spieler. Schatzmeister Heinz Aldenhoven fasste das Drama in der Feststellung zusammen: ›Das kostet mich sicher fünf Jahre meines Lebens.‹«[88]

Aber die war Schalke an diesem Tag wert!

36. GRUND

Weil Schalke den Bayern die höchste Niederlage ihrer Bundesligageschichte zufügte

Bundesliga-Saison 1976/77. Neunter Spieltag. Schalke steht auf dem neunten Tabellenplatz, und mit vier Heimsiegen und vier Auswärtsniederlagen, darunter eine 3:6-Abfuhr bei Eintracht Frankfurt, ist die bisherige Bilanz durchwachsen. Und der nächste Gegner ist der amtierende Europokalsieger Bayern München. Die Bilanz gegen die Roten ist ebenso durchwachsen wie der bisherige Saisonverlauf. Der letzte Sieg liegt zwei Jahre zurück (2:0 im Olympiastadion am 28.09.1974), und die 1:5-Niederlage am letzten Spieltag der Saison 1971/72, die Königsblau den Titel kostete, ist nicht vergessen.

Trainiert werden die Königsblauen seit dem Merkel-Rauswurf im März des Jahres vom bisherigen Assistenten Friedel Rausch, was der Atmosphäre auf Schalke spürbar gutgetan hat: »Mit Rausch hatten wir jetzt einen Cheftrainer, der die Mannschaft mit all ihren Stärken und Schwächen genau kannte«, urteilt Klaus Fischer in der Rückschau und erinnert sich: »Fünf Jahre zuvor waren wir eine Hurra-Truppe, jugendlich, spontan. Das hatte zwar seinen Reiz, aber jetzt waren wir fertige Profis, cool und abgebrüht. Wir waren durch viele Fußballschlachten gegangen und trotzdem noch nicht alt.«[89]

Wovon die Bayern sich am 9. Oktober 1976 überzeugen können. 49.000 Zuschauer im Olympiastadion ahnen nichts Böses, als Fischer in der 11. Minute zum 1:0 für die Gäste aus Gelsenkirchen trifft. Als Erwin Kremers kurz vor der Pause nach Bongartz-Flanke per Kopfball auf 2:0 erhöht, scheint aus Sicht der Platzherren noch nichts verloren. Doch schon eine Minute nach dem Wiederanpfiff erhöht Fischer auf 3:0. Jetzt holen die Bayern die Brechstange heraus, aber die Schalker Abwehr mit Fichtel, Sobieray und Thiele wankt keinen Zentimeter. Marić im Tor zeigt souveräne Strafraumbeherrschung, Rüssmann stellt Gerd Müller kalt, Sobieray neutralisiert Hoeneß, und Thiele setzt Rummenigge matt. In der 64. Minute erhöht Dubski auf 4:0, drei Minuten später nimmt Fischer eine Flanke von Abramczik volley aus der Luft: 5:0. Die Bayern werden vorgeführt wie eine Schülermannschaft. Den Schalkern gelingt an diesem Tag alles. In der 74. Minute erhöht Abramczik mit einem Kracher von der Strafraumgrenze auf 6:0, acht Minuten vor dem Ende setzt Fischer, der überragende Spieler im Schalker Sturm, mit seinem vierten Treffer den Schlusspunkt. Endstand 0:7 aus Münchner Sicht – die höchste Niederlage der Roten in ihrer Bundesligageschichte.

»Fassungslos wankten die Bayern, mit der Zentnerlast ihrer bisher größten Niederlage beladen, in die Kabine«, freute sich die *Westdeutsche Allgemeine Zeitung* zwei Tage später[90] und sparte nicht mit Lob für Königsblau: »... eine Klasseleistung mit Tempo über die volle Distanz, eine sattelfeste Abwehr, überlegene Regie von Hannes Bongartz (...), drei Top-Spitzen im Angriff (...). Das waren die entscheidenden Trümpfe und Garanten der 7:0-Sensation.« Und Schalke-Präsident Günter Siebert jubelte: »Heute haben wir die Alpen verschoben.«[91] Das war wohl etwas übertrieben, denn genau ein Jahr später nahmen die Roten am selben Ort mit einem 7:1 fürchterliche Rache, aber in den blau-weißen Vereinsannalen hat das »Siebennull« Ewigkeitswert.

37. GRUND

Weil Schalke sich mit Bayern München den dramatischsten Pokal-Fight in der Geschichte des deutschen Fußballs lieferte

Die Geschichte des Fußballs ist wahrlich nicht arm an nervenzerfetzenden Dramen, die sich für immer ins Gedächtnis derer, die sie miterlebten, eingebrannt haben. Unvergessen das Viertelfinale der WM 1970 in Mexiko, die »Hitzeschlacht von León« zwischen

Deutschland und England (3:2 n. V.), oder wenige Tage später das Halbfinale, das »Jahrhundertspiel« Deutschland – Italien (3:4 n. V.).

Was sich allerdings am 2. Mai 1984 im Parkstadion in Gelsenkirchen beim DFB-Pokal-Halbfinale zwischen Schalke 04 und Bayern München abspielte, stellte alles bislang Dagewesene in den Schatten.

Zunächst sah alles nach einem relativ langweiligen Fußballabend mit vorhersehbarem Ausgang aus. Zweitligist trifft auf Rekordmeister. David gegen Goliath. Keine Frage, wer heute Abend als Sieger vom Platz gehen würde. Und tatsächlich: Nach zwölf Minuten steht es 2:0 für die Bayern durch Tore von Karl-Heinz Rummenigge und Mathy. Die Partie scheint gelaufen, noch ehe sie richtig begonnen hat. Bis Kruse auf 2:1 verkürzt und Olaf Thon sechs Minuten später ausgleicht. Eine Minute später sind die Verhältnisse – aus Bayern-Sicht – wieder zurechtgerückt: 3:2 durch Michael Rummenigge. Fünf Tore in 17 Minuten. Langeweile sieht anders aus. Es folgt eine 41-minütige torlose Ewigkeit, bis »Thöni«, am Vortag 18 geworden, zum zweiten Mal zuschlägt: 3:3. David wehrt sich! Und dann dreht der krasse Außenseiter den Spieß um: 72. Minute, Stichler, 4:3 Schalke. Der große FC Bayern steht am Rand einer Niederlage. Acht Minuten lang, bis abermals Michael Rummenigge die Roten mit seinem Treffer zum 4:4 in die Verlängerung schießt. In den nächsten 22 Minuten passiert nichts. Dann überschlagen sich die Ereignisse: Der eingewechselte Dieter Hoeneß trifft zum 5:4 (112.), Dietz gleicht aus (113.), Hoeneß legt wieder vor (118.), Thon gleicht aus (123.). Endstand 6:6. Zwölf Tore in 123 Minuten! Zweimaliger Rückstand – Ausgleich – abermaliger Rückstand – Ausgleich – Führung! – Ausgleich – Rückstand – Ausgleich – Rückstand – Ausgleich in allerletzter Sekunde. Eine Achterbahnfahrt ist eine Schlafwagenfahrt dagegen. 71.000 im Parkstadion rasten aus. Fans stürmen den Rasen und hieven den kleinsten von allen, Olaf Thon, auf ihre Schultern. Er ist der Held des Tages und der neue Schalker Star.

Tragisches Geschehen am Rande: Einen 60-jährigen Zuschauer aus Hamm hat die Aufregung das Leben gekostet, zwei weitere sind mit Herzinfarkten zusammengebrochen und kämpfen schon beim Schlusspfiff auf der Intensivstation im nahen Bergmannsheil-Krankenhaus um ihr Leben. Schalker bis in den Tod. Bittere Ironie in der Stunde des größten Triumphs. Zwei Tage später versucht die *Westdeutsche Allgemeine Zeitung* das Unfassliche zu fassen: »Nicht einmal Udo Lattek, ein Fußballlehrer mit der Erfahrung aus tausend Spielen, konnte sich an ein vergleichbares Ereignis erinnern. Schalke 04 gegen den FC Bayern, vier zu vier nach 90 Minuten, sechs zu sechs nach zwei Stunden, zwölf Tore und kein Sieger – was war das? Ein Spiel, ein Drama, ein Krimi?«[92]

Dass das Wiederholungsspiel eine Woche später in München mit 2:3 verloren ging, war unerheblich. Die Mannschaft hatte Moral bewiesen, hatte gezeigt, dass sie kämpfen konnte, dass sie auch unter widrigsten Umständen niemals aufsteckte. Sie besaß Willensstärke, Teamgeist und Kampfkraft – jene Tugenden, die den Arbeiterverein Schalke 04 einst groß gemacht hatten. »Sie hatte diesen ›Malocher‹-Appeal, der heute noch im Ruhrgebiet in hohen Ehren gehalten wird.«[93] Und der dem »Underdog« ermöglichte, auch gegen die »Großen« zu bestehen. Wie in diesem Pokal-Fight für die Ewigkeit.

38. GRUND

Weil Schalke das »Wunder von San Siro« glückte

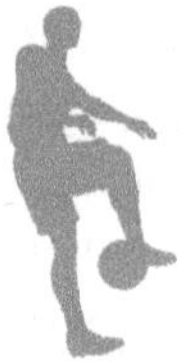

Wir schlugen Roda,
wir schlugen Trabzon,
wir schlugen Brügge sowieso,
Valencia, Teneriffa, Inter Mailand,
das war 'ne Show!

Am 10. September 1996 steht der FC Schalke 04 zum ersten Mal seit 19 Jahren wieder auf der internationalen Fußball-Bühne. Als

Dritter der Bundesliga-Saison 1995/96 hat der Club sich für die Teilnahme am UEFA Cup qualifiziert.

In der ersten Runde empfängt Schalke im heimischen Parkstadion Roda JC Kerkrade aus den Niederlanden. Die Premiere gelingt. Dem 3:0 im Hinspiel folgt ein 2:2 in Kerkrade zur Kaffeezeit (Anstoß: 14 Uhr), Schalke erreicht souverän die zweite Runde.

Immerhin, denn in der Liga läuft es alles andere als rund für Königsblau. Als Schalke in der zweiten Runde des UEFA-Pokals am 19. Oktober auf den türkischen Club Trabzonspor trifft, ist die 0:3-Schlappe gegen Werder Bremen, die vierte Niederlage in der noch jungen Saison, gerade drei Tage alt. Und auf der Bank sitzt eine neuer Trainer: Huub Stevens, dessen vorherigen Arbeitgeber Kerkrade Schalke gerade aus dem Turnier geworfen hat. Die Trennung von Jörg Berger, die auf Druck der Mannschaft erfolgte, war den Fans nur schwer zu vermitteln. Für sie ist Berger der Vater der jüngsten Schalker Erfolge, für die Mannschaft war seine Art der Menschenführung Anlass zur offenen Revolte. Erst eine TV-Diskussion zwischen Mannschaft und Fans glättete die Wogen.

Die Türken werden im Parkstadion denkbar knapp mit 1:0 geschlagen (getreu der Devise von Stevens: »Die Null muss stehen«), und die enttäuschten türkischen Fans verheißen den Schalkern für das Rückspiel am Schwarzen Meer die »Hölle«. Und tatsächlich wird es im Stadion Avni Aker plötzlich eng für Schalke, als die Türken einen frühen 0:2-Rückstand binnen einer Viertelstunde in ein 3:2 verwandeln, bevor Martin Max Schalke mit seinem Treffer zum 3:3-Endstand ins Achtelfinale schießt. Dort wartet der FC Brügge.

Das »Schneespiel« in Brügge endet 1:2 aus Schalker Sicht – keine schlechte Ausgangsposition für das Rückspiel am 3. Dezember. Nachdem Max nach Vorarbeit von Marc Wilmots in der neunten Minute das 1:0 erzielt hat, müssen sich 46.300 Zuschauer im Parkstadion bei Dauerregen bis zur 90. Minute gedulden, bevor Youri Mulder, abermals nach Wilmots-Vorbereitung, per Kopfball das erlösende 2:0 erzielt. »Diese Mannschaft wird in Schalkes Geschichtsbüchern auftauchen«, kommentiert Kapitän Olaf Thon Schalkes ersten Einzug ins Viertelfinale eines europäischen Wettbewerbs seit 26 Jahren. Damals war für die Königsblauen erst im Halbfinale gegen Manchester City Schluss gewesen, als die Mannschaft um Libuda, Fichtel und Rüssmann nach einem hoffnungsvollen 1:0 im Hinspiel im Rückspiel an der Maine Road mit 1:5 unter die Räder kam.

Im Viertelfinale bekommt Schalke es nun mit dem Bezwinger der Bayern, dem FC Valencia, zu tun. Beim Hinspiel im Parkstadion zeigen die Spanier unter ehrfürchtigem Raunen von den Rängen ihre ganze Fußballkunst – und scheitern am taktisch gut eingestellten, kampfstarken blau-weißen Kollektiv. »Form schlägt Klasse«, bilanzierte Manager Assauer nach dem 2:0- Sieg trocken, und »Kaiser« Franz erteilte den Schalker Knappen den Ritterschlag: »Diese Schalker können das Endspiel erreichen, und jo mei, wenn man einmal das Endspiel erreicht hat, ist alles möglich.«[94] Im Rückspiel am 18. März 1997 in Valencia bilden Libero Olaf Thon und Torhüter Jens Lehmann das Rückgrat der Abwehr, an dem die Spanier sich die Zähne ausbeißen. »So viele Fans von einem Gegner waren noch nie bei uns im Stadion – ich glaube schon, dass das meine Mannschaft ein wenig erschreckt hat«, kommentierte Valencia-Coach Jorge Valdano das Aus seines Teams nach einem mageren 1:1. Wahrscheinlich dröhnte ihm noch das »Hasta la vista – Schalke finalista!« in den Ohren, das die 5000 mitgereisten Schalker erstmals im Estadio Mestalla angestimmt hatten.

Schalke steht im Halbfinale. Traum oder Albtraum? Mit Max und Mulder fällt nach dem Bundesligaspiel gegen Karlsruhe (0:0) der komplette Sturm verletzungsbedingt aus, und Schalke reist mit einem »Notsturm« zum Hinspiel gegen CD Teneriffa auf die Kanaren. Nach sechs Minuten verwandelt Felipe einen von Thon verursachten Strafstoß (»Ich hab ihn nur leicht retuschiert«) zum spielentscheidenden 1:0 für den von Jupp Heynckes trainierten Club von der Ferieninsel. Für das Rückspiel gibt Trainer Stevens die Devise aus: »Druck über die Außen, um zu Standardsituationen zu kommen.«[95] Und die Taktik geht auf: 68. Minute Kopfball von Linke nach Freistoß von Thon – Tor. Dabei bleibt es bis zur 90. Minute. Die Partie geht in die Verlängerung. Dann die 107. Minute. Wieder Freistoß Thon, Kopfball Wilmots – Tor. Zuvor gab es Gänsehaut-Stimmung: Als Block I beim Stand von 0:0 »Steht auf, wenn ihr Schalker seid« anstimmte, erhoben sich 56.824 Zuschauer von ihren Plätzen und trieben ihr Team nach vorn. Auch dank des »zwölften Manns« bleibt es beim 2:0. Schalke steht im Finale des UEFA-Pokals! »Wir blinden Nackermänner«, staunt selbst Torwart Jens Lehmann über das blau-weiße Fußballwunder.[96]

Im Finale wartet einer der ganz Großen des internationalen Fußballs: der Football Club Internazionale Milano – 13-facher italienischer Meister, dreifacher italienischer Pokalsieger, dreimal Gewinner des Europapokals der Landesmeister, zweimal Sieger im UEFA Cup, zweifacher Weltpokalgewinner. Und wieder ist Schalke der David, der gegen Goliath antritt, der »Underdog« aus dem Ruhrpott, der den Club aus der Glitzermetropole herausfordert. Aber zugleich wird noch einmal der Mythos vom Malocherclub beschworen: ehrliche, tüchtige Arbeiter gegen ballverliebte Künstler.

Und die tüchtigen Arbeiter schreiben königsblaue Geschichte. Am 7. Mai 1997 steht der siebenfache Deutsche Meister zum ersten Mal in seiner Geschichte in einem europäischen Endspiel, das in diesem Jahr zum letzten Mal in Hin- und Rückspiel ausgetragen wird. Erneut hat Schalke im ersten Spiel Heimrecht.

56.824 Zuschauer im ausverkauften Parkstadion erleben eine zähe Partie mit defensiv eingestellten Italienern, denen ein Unentschieden zu genügen scheint. Aber in der 70. Minute macht ihnen Marc Wilmots mit einem 25-Schuss nach Eigenrauch-Vorlage einen Strich durch die Rechnung: 1:0 Schalke. Und dabei bleibt es. Königsblau hat »eine Hand am Pott«. Gelsenkirchen im Ausnahmezustand.

Der 21. Mai 1997 wird zum größten Tag in der Schalker Vereinsgeschichte. 20.000 Schalker sitzen im legendären Giuseppe-Meazza-Stadion im Mailänder Stadtteil San Siro. 30.000 strömen ins Parkstadion zur Live-Übertragung. Und »Schalke wirft eine Willensstärke, eine Entschlossenheit und eine Kampfbereitschaft ins Feld, mit der die Mailänder Fußball-Aristokraten gar nicht zurechtkommen«.[97] Das blau-weiße Defensiv-Bollwerk hält bis zur 85. Minute, als Zamorano zum 1:0 trifft. Plötzlich ist der »Pott« in weite Ferne gerückt. Es kommt zur Verlängerung. In der kein Tor fällt. Also Elfmeterschießen.

Anderbrügge trifft für Schalke – 1:0; Zamorano schießt für Mailand – Lehmann hält; Thon trifft – 2:0; Djorkaeff trifft – 2:1; Max trifft – 3:1; Winter schießt für Mailand – daneben. »Wie viele müssen wir noch?« Einige Schalker haben in der Aufregung den Überblick verloren. »Was, nur einer? Wer schießt denn?« – Wilmots legt sich den Ball zurecht. Und »Willi, das Kampfschwein« trifft. Das »Wunder von San Siro« ist wahr geworden. »Der Pott ist im Pott.« Es ist der größte Triumph in der an Triumphen nicht armen Geschichte des FC Schalke 04.

In der Nacht von San Siro feiert das ganze Revier die königsblauen »Eurofighter«. Hupkonzerte, Autokorsos und Massenverbrüderungen unter Zuhilfenahme von reichlich Bier erzeugen noch einmal ein längst verloren geglaubtes Wir-Gefühl in der Fußball-Herzkammer der Republik.

39. GRUND

Weil die »magische Nacht« von Mailand unvergessen ist

»Guter langer Ball, es ist kein Abseits, und Neuer ist ein guter Fußballer und guter Kopfballspieler. Tor ist leer, Ball ist drin. Es steht 1:0. (…) zögert und kriegt im richtigen Moment die Beine zusammen. Ausgleich Matip. 1:1. (…) Noch mal: Verwalten können sie nicht. Wenn sie hinten aufs Christkind warten, dann kommt's. Farfán. Sar-

pei muss viele Meter machen da auf der linken Seite, hoffentlich hat er genügend Sprit dabei. Milito. Kein Abseits diesmal. Er hat sofort nach dem Assistenten geguckt. Treffer zählt. 33. Minute 2:1. (…) Edu – EDUUUUUU! – und noch mal und drin und 2:2. Ja, glaub ich's denn! 40. Minute 2:2. Großer Gott, was ist hier los! (…) Kein Abseits von Raúl. RAÚL. RAÚL! RAAAAHHHÚÚÚÚÚLLLLLLLLLL!!! 53. Minute. Es steht 2:3. Das ist ein Hammer, Freunde! Der Pott zieht blank! (…) Das ist der 97er Hit: ›Wir schlugen Roda, wir schlugen Trabzon, wir schlugen Brügge sowieso, Valencia, Teneriffa, Inter Mailand, das war die Show‹. Metrisch, reimschematisch a bisschen wackelig, aber eben inhaltsstark. Ich sag's mal ganz leise: ›Wembley calling!‹ (…) EIGENTOOOR!!! Ich fass es nicht. Freunde, das gibt's nicht. 2:4 Andrea Ranocchia. (…) Hahaha! – Gelb-Rot gegen Chivu. (…) Jurado – Pfosten. (…) 25 Minuten noch zu spielen. Im Moment serviert S05 [sic!] Quattro Stagioni Gelsenkirchener Art. (…) Das gibt's doch nicht. DAS GIBT'S DOCH NICHT! FARFÁNNN – Pfosten! Cordoba. Zwei Mal Aluminium. Noch zusätzlich. Also, die ha'm vier Dinger gemacht und noch zwei mal Aluminium getroffen. (…) Ha! Fünf! Fünf! Fünf! Edu, gimme five. Hasta la vista, Schalke Halbfinalista.«

Wolff-Christoph Fuss [98]

Drei Ausflüge in die Champions League hatte der FC Schalke 04 bislang unternommen. 2001/02 und 2005/06 war man in der Gruppenphase kläglich gescheitert, 2007/08 hatte Königsblau sich in deutlich besserer Verfassung präsentiert und war erst im Viertelfinale vom FC Barcelona zweimal knapp mit jeweils 1:0 bezwungen worden.

Am Ende der Saison 2009/10 hatte Schalke sich mit der vierten Vizemeisterschaft seit 2001 auch zum vierten Mal für die Königsklasse qualifiziert. Aber nach drei Auftaktniederlagen in der Bundesliga schienen die internationalen Aussichten vor dem ersten Auswärtsspiel gegen Olympique Lyon nicht allzu rosig zu sein. Und tatsächlich ging die Partie mit 0:1 verloren, bevor Schalke fünf Tage später auch in der Liga gegen den BVB die nächste Saisonniederlage (1:3) kassierte.

Doch dann setzte der Außenseiter sich in der Champions League überraschend gegen Olympique Lyon, Benfica Lissabon und Hapoel Tel Aviv als Gruppensieger durch und traf im Achtelfinale auf den FC Valencia, der nach einem 1:1 im Hinspiel zu Hause mit 3:1 geschlagen wurde.

Als Schalke für das Viertelfinale Titelverteidiger Inter Mailand zugelost wurde, konnte der Chefkommentator der *Gazzetta dello Sport* das Glück für den FC Internazionale kaum fassen: »Alle Teilnehmer des Viertelfinales hätten sich bei der Auslosung Schalke 04 als Gegner gewünscht, und Inter sei beschert worden, dem Herrn sei Dank.«[99]

Und der Herr schien Signore Cerruti zu erhören. Im Hinspiel am 5. April 2011 lag Schalke schon nach 25 Sekunden durch ein Tor von Stanković 0:1 hinten, und alles sah nach einem Debakel für Königsblau aus. Doch was die 72.770 Zuschauer im Mailänder Giuseppe-Meazza-Stadion in den nächsten 90 Minuten erlebten, fasste die *Süddeutsche Zeitung* anderntags mit einem einzigen Wort zusammen: »Überwältigend«.[100] Sat.1-Reporter Wolff-Christoph Fuss animierte das Geschehen auf dem Rasen zu einer Reportage, wie man sie seit Herbert Zimmermann und dem »Wunder von Bern« (»Toni, du bist ein Fußballgott!«) nicht mehr gehört hatte. Nachdem Raúl Schalke in der 53. Minute mit 3:2 in Führung gebracht hatte, »nahm eines der verrücktesten Spiele der Clubgeschichte ... seinen Lauf«.[101] »Bald waren die Mailänder körperlich und geistig nicht mehr fähig mitzuhalten.«[102] 2:5 hieß es am Ende aus Mailänder Sicht – der zweithöchste Auswärtssieg in einem Viertelfinale der Königsklasse (der höchste ist bis heute das 4:0 des FC Bayern gegen den 1. FC Kaiserslautern 1999 auf dem Lauterer Betzenberg).

Dass Schalke das Rückspiel 14 Tage später »nur« mit 2:1 gewann und sich dann im Halbfinale dem übermächtigen Manchester United mit 0:2 und 1:4 geschlagen geben musste, trübt diese »magische

Nacht« *(RevierSport)* nicht im Geringsten. Sogar die ansonsten eher zurückhaltende *Süddeutsche Zeitung* ließ sich zu einem Superlativ hinreißen: »4000 Fans in Königsblau sangen: ›So was hat man lange nicht gesehen.‹ Aber das stimmte ja gar nicht. So was hat man noch nie gesehen. Schalke 04 hat der Fußballwelt schon ein paar außergewöhnliche Geschichten beschert, aber so ein sagenhaftes Spiel noch nicht.«[103]

40. GRUND

Weil Raúl den Glanz der Königlichen zu den Königsblauen brachte

Es war der größte Coup von Felix Magath in seiner nicht einmal zwei Jahre währenden Regentschaft als Trainer und Manager auf Schalke: die Verpflichtung von Raúl Gonzáles Blanco. Es war der spektakulärste Transfer der Bundesliga-Saison 2010/11, und vielen schien es unglaublich, dass der spanische Weltstar, der in seinen 16 Jahren bei Real Madrid so gut wie alles erreicht hatte, was ein Fußballer erreichen kann (3 x Champions League-Sieger, 6 x Spanischer Meister, 2 x Weltpokalsieger, 5 x Spanischer Fußballer des Jahres), der in 550 Ligaspielen 228 Tore und in 102 Spielen für die spanische Nationalmannschaft 44 Tore erzielt und an drei Welt- und zwei Europameisterschaften teilgenommen hatte, dass diese lebende Legende von den Königlichen zu den Königsblauen wechselte und die schillernde Metropole Madrid gegen das provinzielle Gelsenkirchen eintauschte. Und nicht wenige bezweifelten, ob der inzwischen 33-Jährige eine Bereicherung für Schalke wäre.

Aber Raúl strafte alle Zweifler Lügen. Die Herzen der Schalker Fans eroberte er gleich bei seiner öffentlichen Vorstellung in der Arena am 28. Juli 2010: »›Biénvenido‹ (Willkommen) stand auf dem großen Video-Würfel, über den immer wieder kleine Filmchen über Raúls Karriere flimmerten. Und der neue Stürmerstar bekam nicht nur zwei Schalke-Trikots mit ›seiner‹ Nummer sieben überreicht, sondern auch ein Stück Kohle von zwei ›Kumpel‹ der Zeche Auguste Victoria. ›Ich bedanke mich für das Vertrauen und bei den Fans für den tollen Empfang‹, sagte der Stürmer. ›Es ist auch für mich ein besonderer Tag.‹«[104]

Den Schalkern schenkte der »Señor« in den folgenden zwei Jahren viele besondere Tage. In 63 Bundesligaspielen erzielte er 27 Tore für Königsblau, dazu fünf in der Champions League und vier in der Europa League. Unvergessen sein zum »Tor des Jahres 2011« gewählter Lupfer gegen den 1. FC Köln am 13. August 2011 oder sein Traumtor zum 2:0 beim 3:0-Sieg über Hannover 96 am 8. April 2012: »Wie mit einem feinen Pinselstrich zog er den Ball mit der linken Fußsohle nach außen und schob ihn mit rechts an Hannovers Torwart Ron-Robert Ziegler vorbei ins Tor. Raúl musste sich dabei nicht einmal anstrengen – fast konnte man ein Lächeln der Freude bei ihm entdecken, noch während er sein Werk vollendete«, schwärmte die *Westdeutsche Allgemeine Zeitung*.[105]

Dabei entpuppte sich der Spanier als ein Star ohne Allüren – stets freundlich lächelnd, bescheiden in seinem Auftreten (»Hallo, ich bin Raúl« bei seiner Ankunft auf dem Trainingsgelände auf die entsprechende Frage des Pförtners) und auf dem Platz ebenso Künstler wie unermüdlicher Arbeiter, was auf Schalke von jeher besonders geschätzt wird. Sogar die Vereinshymne wurde ihm zu Ehren umgedichtet. Und auf der Fahrt zum Training sang er sie im Auto begeistert mit:

Señor Raúl spielt wie im Himmel nur,
im Himmel nur, Señor Raúl ist unsere Fußball-Garnitur. (...)
Alle Schalker, die zum Spiel hingeh'n, zum Spiel hingehen,
möchten ihren Señor immer zaubern sehen (...)[106].

Wohl noch nie ist ein Spieler im königsblauen Dress von Fans und Mitspielern so bedingungslos verehrt, bewundert, geliebt worden wie Raúl, und der bedankte sich immer wieder mit wunderschönen, aber auch wichtigen Toren, so mit seinem Treffer zum 1:1-Ausgleich im Hinspiel des Champions League-Achtelfinales gegen den FC Valencia oder mit seinem Tor zur 3:2-Führung nach zweimaligem Schalker Rückstand im Viertelfinale gegen Inter Mailand, das den Weg zum sensationellen königsblauen 5:2-Triumph in San Siro ebnete.

Als Raúl im Frühjahr 2012 seinen Abschied von Schalke bekannt gab, trauerte mit Schalke die ganze Bundesliga, die ebenfalls in seinem Glanz erstrahlt war. Seine Karriere bei den Königsblauen hatte der Señor bereits im Mai 2011 mit dem Gewinn des DFB-Pokals (5:0 gegen den MSV Duisburg) gekrönt. Ein Erfolg, an dem er mit seinem spielentscheidenden Treffer zum 1:0 im Halbfinale gegen Bayern München maßgeblichen Anteil hatte. Es war sein erster nationaler Pokal, denn die spanische Copa del Rey hatte er mit den Königlichen nie erringen können.

Zu seinem Abschied schrieb die *Süddeutsche Zeitung*: »Der selbsternannte Arbeiter- und Malocherclub Schalke 04 durfte sich zwei Jahre mit dem spanischen Granden schmücken, der zwar auf dem Platz selbst ein Arbeiter und Malocher ist, als Fußballer aber immer das Ansehen eines Aristokraten hatte und sich auch immer so verhielt. Es war, als ob Schalke unverhofft zwei Jahre in den Genuss gekommen wäre, mit einem Rolls Royce durch die Welt fahren zu dürfen (...).«[107]

4. KAPITEL

TRÄNEN, TRAUER UND TRAGÖDIEN

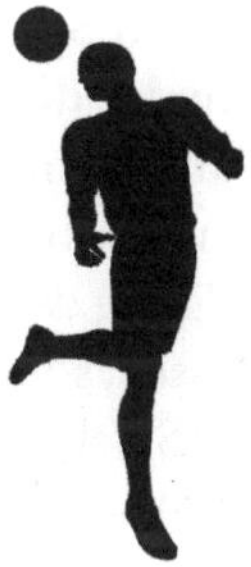

41. GRUND

Weil Menschen für Schalke in den Tod gehen

Oder wegen Schalke. Aus Liebe oder Loyalität zum Verein. Weil ihr Gewissen sie plagt oder sie an ihren inneren Konflikten zerbrechen. Wie der Bankbeamte Willi Nier. Der ehrenamtliche Finanzobmann des FC Schalke 04 gehörte zu den Funktionären, die am 25. August 1930 zusammen mit sieben weiteren Vorstandsmitgliedern aus dem Westdeutschen Spielverband ausgeschlossen wurden. Zugleich wurden 14 Spieler wegen Verstößen gegen die Amateurstatuten zu Berufsspielern erklärt, womit die gesamte erste Mannschaft des amtierenden Westmeisters für die kommende Saison gesperrt war.

Den Spielern waren aus der Vereinskasse Spesen erstattet und Handgelder gezahlt worden. Als Kassierer hatte Nier die verbotenen Zahlungen mit buchungstechnischen Tricks gedeckt. So versteckten sich hinter dem Posten »Baugelder« Beträge, die nicht in die Tilgung der Schulden für die Errichtung der Kampfbahn Glückauf flossen, sondern in die Renovierung von Häusern und Wohnungen der Spieler.[108]

24 Stunden nach Bekanntwerden des WSV-Urteils ertränkte sich Nier im Rhein-Herne-Kanal. Ob aus Scham über sein unerlaubtes Tun, ist bis heute ungeklärt. »Es traf uns der kalte Schlag«, so sein Kassierer-Kollege Heinrich Pienek. »Was hatten wir denn Großes verbrochen?«[109] Die Spieler seien ja teilweise arbeitslos gewesen. Ein melodramatischer Nachruf stilisierte Nier zum Opfer seiner Fußballleidenschaft: »Als angesehener Buchhalter (…) brach ihm untröstlicher Gram über die Folgen des DFB.-Fußballbetriebs das Herz. Verzweiflung trieb den Familienvater in den Tod.«[110]

Am Tag der Trauerfeier säumten Tausende die Straßen zur Glückauf-Kampfbahn, und Bergleute hielten neben dem auf dem Spielfeld aufgebahrten Sarg die Totenwache. »Mit verbissenen Gesichtern und lodernden Herzen gaben sie ihm das letzte Geleit!«, so Schalke-Chronist Helmut vom Bruck.[111] Ob Recht oder Unrecht – eine ganze Region identifizierte sich mit dem »Underdog« aus Gelsenkirchen – und empfand das WSV-Urteil als »Dolchstoß gegen Schalke 04«, wie die *Buersche Zeitung* schrieb.[112]

30 Jahre später war Schalke abermals in einen Skandal um unerlaubte Zahlungen an Spieler verwickelt. Diesmal wurden keine Sperren verhängt, sondern Gerichtsurteile, und zwar von ordentlichen Gerichten, da die Summen durch Steuerhinterziehung, Urkundenfälschung und Betrug aufgebracht worden waren. Und wieder gab es einen Toten. Und wieder war es der Vereinskassierer: Hans Asbeck, »von Beruf Textilkaufmann und Geflügelfarmer«, der »die schwarzen Kassen mit hinterzogenen Steuern (rund 100.000 Mark Lohnsteuer, rund 31.000 Mark Vergnügungssteuer und reichlich 11.000 Mark Umsatzsteuer) sowie vor allem mit verkauften, aber nicht abgerechneten Eintrittskarten« gefüllt hatte.[113]

Die Strafen für die Beteiligten fielen milde aus, da, wie das Essener Landgericht 1964 befand, alle zum Wohl des Vereins gehandelt hätten. Auch Stadtkämmerer Dr. Hans-Georg König, der auch der Schalker Vereinsboss war und sich als oberster Steuereintreiber der Stadt damit zugleich als Steuerhinterzieher betätigt hatte. Und sich keiner Schuld bewusst war: »Das war sachlich begründet. Es lag eine Existenzgefährdung vor. Wir leisteten doch etwas – gesellschaftspolitisch.« Gelsenkirchens Oberbürgermeister stärkte ihm den Rücken: »Mach' dir keine Sorgen, Schorsch.«[114] In Gelsenkirchen gilt seit eh und je: Was für Schalke gut ist, ist auch gut für die Stadt. Und ein Stadtrat lobte König: »So einen Giganten haben wir noch nicht gehabt.«[115]

Sorgen machte sich aber offenbar der zu einer Geldbuße von 3500 Mark verurteilte Kassierer Asbeck. Ungefähr zwei Jahre nach dem Prozess lenkte er seinen Wagen mit hoher Fahrt gegen einen Lkw, überlebte, kam ins Krankenhaus – und erschoss sich dort. Ob für oder wegen Schalke? Wohl eher nicht. Wie aus Vereinskreisen verlautete, war Asbeck eine Spielernatur, hatte Trabrennpferde laufen, verlor in großem Stil und war am Ende völlig verschuldet – eine wegen Steuerhinterziehung und Untreue im Amt vorbestrafte verkrachte Existenz.

42. GRUND

Weil »Ala« Urbans überschäumender Torjubel unvergessen ist

Im März 2003 übernahm der FC Schalke 04 eine symbolische Patenschaft für einen Baum auf dem Soldatenfriedhof Korpowo in Russland. Der Baum ist Adolf »Ala« Urban gewidmet, der als Linksaußen von 1933 bis 1943 151 Spiele für Schalke bestritt und 121 Tore erzielte. Urban wurde nur 29 Jahre alt und liegt in Block 18, Reihe 45, Grab Nr. 2776, begraben.

1914 als Sohn einer 1889 aus Masuren ins Ruhrgebiet eingewanderten Familie in Gelsenkirchen geboren, kickte der außerordentlich talentierte »Ala« – eine polnische Kurzform für Adolf – schon als Junge für Schalke. Im Meisterschafts-Finale gegen Fortuna Düsseldorf 1933, das 0:3 verloren ging, saß er – gerade mal 19 Jahre alt – schon auf der Reservebank, ein Jahr später stand er in der Startelf, die mit einem 2:1 über Rekordmeister Nürnberg die »Viktoria« zum ersten Mal an den Schalker Markt holte. Beinahe hätte sogar er das Siegtor geschossen, aber sein Schuss in der 78. Minute knallte an die Latte, und es blieb Kapitän Kuzorra vorbehalten, in der 90. Minute den spielentscheidenden Treffer zu erzielen.

Urban, der schon mit 23 Jahren zur berühmten »Breslau-Elf« gehörte, die 1937 zehn ihrer elf Länderspiele gewann und ihren Ehrennamen einem 8:0 über Dänemark in Breslau am 16. März 1937 verdankte, zählt heute zu den Legenden im Schalker Kreiselsturm der Dreißigerjahre: »Er war rasant im Antritt, absolut dribbelstark, und er war schnell, was den Zug aus Tor anging. Er konnte präzise

Flanken schlagen, nach innen, punktgenau vors Tor (...). Oder er konnte die Tore auch gleich selber schießen. Wenn er als Rechtsfuß von der linken Außenbahn [auf die Trainer »Bumbes« Schmidt ihn gegen seinen Protest, aber mit untrüglichem Riecher für Urbans Qualitäten, beordert hatte], dann schrillten im Strafraum des Gegners alle Alarmglocken.«[116]

Mindestens so explosiv und ungestüm wie seine Spielweise war auch »Alas« Torjubel – die in überschäumender Freude hochgereckten Arme, als er 1939 im Finale gegen Admira Wien nach seinem Treffer zum 2:0 auf der Torlinie abdreht, oder die weltumarmende Geste, mit der er 1937 im WM-Qualifikationsspiel gegen Schweden Otto Siffling entgegeneilt, um ihn zum soeben erzielten 4:0 zu beglückwünschen. Zum letzten Mal im königsblauen Dress lief Urban Ende Februar 1943 in einem Freundschaftsspiel gegen 1860 München in Köln auf – unter dem Schutz von Flak-Batterien. Seit 1935 Soldat, war Urban bei Kriegsbeginn 1939 sofort eingezogen worden und diente im Infanterie-Regiment 422 der 126. Infanterie-Division, die im Winter 1943 an der Ostfront in der Gegend um den Ilmensee eingesetzt wurde. Für die Spiele der Meisterschaftsendrunde im Mai und Juni 1942 war Urban auf Schalker Drängen von der Wehrmachtsführung freigestellt worden. »Ich werde den Krieg wohl nicht überstehen«, meinte er beim letzten Besuch in seiner Heimatstadt Gelsenkirchen.[117] Seine Ahnung trog ihn nicht. Ein Brief, der die Redaktion der Vereinszeitung *Schalker Kreisel* Anfang der Fünfzigerjahre erreichte, schildert die letzten Stunden des Schalke-Stürmers am 23. Mai 1943 im Lazarett bei der Ortschaft Alexino: »Alles war am Laufen um ihn, denn Urban war doch bekannt als Linksaußen der Schalker! Er hatte ein Kopfverletzung und einen Lungenschuss. Noch am selben Tage wurde er operiert. Danach wurde ein Blutspender gesucht (...). Am nächsten Tag ist Adolf Urban gestorben.«[118]

Seinen letzten Triumph mit Schalke hatte er am 5. Juli 1942 beim 2:0 über Vienna Wien im Endspiel um die »Deutsche« gefeiert.

Adolf »Ala« Urban wurde keine 30 Jahre alt – ein Stern am königsblauen Himmel, der viel zu früh erlosch.

43. GRUND

Weil der FC Schalke 04 sich als erster Bundesligaverein mit seiner Geschichte während des Nationalsozialismus auseinandergesetzt hat

»Es ist unsere Verpflichtung, die Erinnerung wachzuhalten. Der FC Schalke 04 hat sich während der Zeit des Nationalsozialismus nicht schützend vor seine jüdischen Mitglieder, Förderer, Funktionäre und Spieler gestellt.« Dieses Bekenntnis legte Vorstandsmitglied Peter Peters am Mittwoch, dem 30. Januar 2013, aus Anlass der Enthüllung einer Gedenktafel für die zwischen 1933 und 1945 verfolgten ermordeten jüdischen Mitglieder der Vereinsfamilie an der Tausend-Freunde-Mauer ab.[119]

Eröffnet worden war die Veranstaltung bei stürmischem Regenwetter von der israelischen Sängerin Yael Izkovich, bevor Chaim Kornblum, Rabbiner der jüdischen Gemeinde Gelsenkirchen, das Gedächtnisgebet für die ermordeten Juden Europas und das Kaddisch, das Gebet der Trauernden, sprach. Anschließend legten die Anwesenden, darunter die Spieler Benedikt Höwedes, Julian Draxler und Christoph Metzelder sowie Trainer Jens Keller, nach jüdischer Begräbnistradition zum Gedenken an die Toten kleine Steine vor der Tafel ab. In seiner Ansprache erinnerte Peters genau 80 Jahre nach der NS-Machtergreifung an die Leiden der jüdischen Spieler und Funktionäre, Anhänger und Förderer des FC Schalke 04. Zum Beispiel an den Jugendspieler Ernst Alexander, der 1938 in die Niederlande floh, dort verhaftet und 1942 in Auschwitz ermordet wurde. Oder an den Metzger Leo Sauer, von dem es hieß, er habe bei einer Meisterfeier einmal ein blau-weiß angemaltes

Schwein mitgeführt, und der »genauso fußballverrückt war wie unser Aufsichtsratsvorsitzender Clemens Tönnies«.

»Heute ist ein großer Moment. Dem Vergessen wird ein Ende gesetzt«, erklärte Judith Neuwald-Tasbach, die Vorsitzende der Gelsenkirchener Jüdischen Gemeinde, und äußerte den Wunsch, »dass andere diesem Vorbild folgen werden«.[120]

Folgende Namen stehen auf der Gedenktafel: Paul Eichengrün (zweiter Vorsitzender 1932/33, 1939 Flucht nach Großbritannien, später Emigration in die USA), Franz Nathan (Leiter des Presseausschusses, Schicksal unbekannt), Fritz Levisohn/Lenig (erster Vorsitzender 1946/47), Ernst Alexander (Jugendspieler, floh 1938 in die Niederlande, 1942 in Auschwitz ermordet), Arthur Herz (Jugendspieler, 1942 Deportation nach Riga, 1945 im Lager Theresienstadt befreit), Leo Sauer (Unterstützer, 1942 Deportation nach Riga, 1945 in Rieben, einem Außenlager des KZ Stutthof, ermordet), August Kahn (Unterstützer, 1942 deportiert, 1944 in Theresienstadt umgekommen), die Familien Katzenstein (Förderer, 1939 Flucht in die USA) und Goldblum (Förderer, 1938 Flucht in die USA).[121]

Neun Jahre nachdem der FC Schalke 04 anlässlich des 100. Vereinsjubiläums als erster Bundesligaverein eine wissenschaftliche Studie zur Erforschung seiner Geschichte während des Nationalsozialismus in Auftrag gegeben hatte, bekannte der Club sich mit der Enthüllung der Gedenktafel vor dem Hauptportal der Veltins-Arena abermals zu seiner historischen Verantwortung und räumte unumwunden eigene Versäumnisse ein. Peters: »Schalke 04 war kein Club von Widerstandskämpfern. Seine Fans haben sich nicht hervorgetan, als es darum ging, sich schützend vor die jüdischen Mitglieder zu stellen.«[122] Mit der Gedenktafel kehrten sie nun »symbolisch in unsere Mitte zurück. Tausend Freunde, die – wieder – zusammenstehen«.[123]

44. GRUND

Weil der Verein einen tragischen Helden wie »Stan« Libuda hervorgebracht hat

Ich erinnere mich noch an ihn. Meine Eltern wohnten damals – Anfang der Siebziger des vorigen Jahrhunderts – im Gelsenkirchener Stadtteil Bulmke, gegenüber einer kleinen Grünanlage. Und dahinter, an der Wanner Straße, lag das »Flashlight«, kurz »Flash« genannt – seinerzeit die angesagte Disco in der Stadt, in der auch »der Stan« verkehrte. Ich wusste, wann er dort war, weil er seinen Wagen, einen Mercedes 220 SE Coupé, immer direkt vor unserem Haus parkte, und ein paar Mal habe ich ihn auch gesehen, wie er, im modischen Chic der Zeit, mit Blouson, Dackelkragenhemd und Shakehose, in Richtung Disco stiefelte.

»Der Stan« ist schon lange tot, und auch das »Flash« an der Wanner Straße gibt es längst nicht mehr. Aber sollte das »Flash« irgendwann in Vergessenheit geraten sein, wird die Erinnerung an Reinhard »Stan« Libuda nicht nur in jedem Schalker, sondern auch in jedem Fußballbegeisterten noch immer weiterleben. Weil er wohl der beste deutsche Rechtsaußen aller Zeiten war. Und weil er unter allen tragischen Helden, die der FC Schalke 04 hervorgebracht hat, neben dem ebenfalls viel zu früh unter noch tragischeren Umständen gestorbenen Adolf »Ala« Urban sicher der größte war. Einer, der auf dem Platz mit seinen trickreichen Dribblings und präzisen Flanken die Fans zu Begeisterungsstürmen hinriss, sich im »echten« Leben aber in den Fallstricken des Alltags verfing. »In gewisser Weise verkörpert Libuda damit die Urangst aller Schalker, nämlich wieder dorthin zurück zu müssen, wo der Verein hergekommen ist«, hieß es in einer WDR-Reportage über den »Mann mit den traurigen Augen«.[124]

Nach dem Ende seiner Karriere 1976 zunächst arbeitslos, übernahm Libuda später den Tabakladen von Ernst Kuzorra. Aber der geniale Stürmer war alles andere als ein gewiefter Geschäftsmann, zudem auch noch introvertiert, fast menschenscheu: »Privat war der Stan ein komischer bis schwieriger Typ. Wenn das Training aus war, hat er geduscht, seine Sachen gepackt und ist ab nach Hause gefahren«, erinnert sich Mannschaftskamerad Klaus Fichtel.[125]

»Nach Hause« – das war für Libuda der Gelsenkirchener Arbeitervorort Haverkamp, wo er aufgewachsen war und fast sein ganzes Leben verbrachte. In einer Zeit, wo Spieler wie Günter Netzer den ersten Glamour in die noch junge Bundesliga brachten, wollte »der Stan« alles sein, bloß kein »Star«, was ihm von den Medien häufig als störrischer Eigensinn ausgelegt wurde.

1992 erkrankte Libuda als Kehlkopfkrebs. Da hatte er mit seiner Ehe längst ebenso Schiffbruch erlitten wie mit dem Zigarrenladen, seine Häuser waren unter den Hammer gekommen, und von dem vielen verdienten Geld war nichts mehr übrig, sodass er wieder zu seiner Mutter ziehen musste. Als er 1996 mit nur 52 Jahren an Herzversagen starb, gaben ihm mehr als 500 Menschen das letzte Geleit, und Pfarrer Georg Rücker sprach am offenen Grab in Anspielung auf den unzählige Male kolportierten Spruch »Keiner kommt an Gott vorbei – außer Libuda« die Worte: »Der letzte Lauf seines Lebens wurde von Gott gestoppt.«[126]

Ob »der Stan« in seinen letzten Lebensjahren nach allerhand persönlichen Krisen und Rückschlägen tatsächlich vereinsamt und verbittert war, wie das Klischee behauptet, oder ob er, der menschenscheue Star wider Willen, sich einfach nur aus der ihm zeitlebens suspekten Öffentlichkeit zurückzog, um ein ruhiges Leben als Fußballrentner zu führen, lässt sich wahrscheinlich nicht mit letzter Sicherheit sagen.

Tragikomische Randnotiz: 2003 rückte Libuda noch einmal in den öffentlichen Fokus, als ein Fan einen Schreibfehler auf seinem Grabstein entdeckte: Statt mit »ei« war Reinhard mit »ai« geschrieben. Es dauerte zwei Jahre, bis der Verein sich nach Fan-Protesten entschloss, den fehlerhaften Grabstein zu ersetzen.

45. GRUND

Weil der »Meister der Herzen« ganz Fußballdeutschland zu Tränen rührte

Die Königsblauen haben eine beeindruckende Saison gespielt. Nach 29 Jahren wurden sie zum ersten Mal wieder Herbstmeister. »Mit Schalke auf dem Weg zum Titel« lautete die Unterzeile eines Huub-Stevens-Porträts im *kicker* Nr. 8 vom 22. Januar 2001. Am 11. November 2000 hatten sie dem FC Bayern im Parkstadion beim 3:2-Sieg eine Fußball-Lektion erteilt. Das 3:1 im Rückspiel war der erste Schalker Sieg im Olympiastadion nach 18 Jahren. Er führte die Knappen am 29. Spieltag nach einer vorübergehenden Schwächephase erneut an die Tabellenspitze. Die sie am vorletzten Spieltag nach einer Niederlage gegen Stuttgart abermals an die Bayern abtraten, die im Titelrennen plötzlich drei Punkte Vorsprung haben.

Um die Schale zu holen, braucht Schalke am letzten Spieltag einen Sieg gegen Unterhaching. Der aber nur zum Titel reicht, wenn die Bayern in Hamburg verlieren, da sie bei einem Unentschieden dank des besseren Torverhältnisses trotzdem Meister wären. Optimale Voraussetzungen für ein Herzschlag-Finale.

Der 19. Mai 2001 wird in die Annalen der Bundesliga eingehen – und sich jedem Schalker unauslöschlich ins Gedächtnis einbrennen. Zunächst sieht alles nach einem neuerlichen Triumph der Bayern aus: Nach 27 Minuten liegt Schalke gegen Unterhaching 0:2 hinten. Nach zwischenzeitlichem Ausgleich gehen die Gäste in der 69. Minute erneut in Führung, bevor Jörg Böhme die Schalker mit einem Freistoßtor in der 73. zurück in die Partie und eine Minute später mit seinem zweiten Treffer wieder auf Titelkurs bringt. Als Ebbe Sand in der 89. Minute zum 5:3-Endstand trifft, fehlt nur noch ein HSV-Sieg über den FC Bayern, um Schalke zur Schale zu verhelfen. Aber in Hamburg steht es auch in der 90. Minute noch immer 0:0. Bis Sergej Barbarez den HSV per Kopfball in Führung bringt. Exakt um 17:15:59 Uhr. »Der Deutsche Meister im Jahre 2001 heißt Schalke 04«, verkündet Premiere in der Kick-Konferenz. Drei Sekunden später bricht im Parkstadion der Jubel los.

Als das Spiel in Gelsenkirchen um 17:16:33 Uhr abgepfiffen wird, ist in Hamburg aber noch längst nicht Schluss. Die Partie hat zwei Minuten später begonnen, und in der AOL-Arena läuft die Nachspielzeit. Aber weil wegen eines Versehens der Betreiberfirma die geplanten Livebilder aus Hamburg nicht auf der Videotafel des Parkstadions erscheinen, realisiert das hier niemand. Als Andreas Müller vom Premiere-Vor-Ort-Reporter Rolf »Rollo« Fuhrmann aus dem Übertragungswagen die (Falsch-)Information bekommt: »Hamburg ist zu Ende, ihr seid Meister«, bedankt der in einem HSV-Trikot steckende Teammanager sich artig: »Ganz großes Kompliment an den HSV! Vielen, vielen Dank.« Müller erinnert sich später: »Außerdem reichte jemand ein großes Bier, also habe ich gesagt: ›Ich trinke auf den HSV.‹ Was mir aber nicht auffiel, dass hinter mir auf der Anzeigetafel das Spiel noch lief.«[127] Seit 17:17:40 Uhr flackern tatsächlich die Bilder aus Hamburg über die Videotafel, und um 17:20:38 Uhr, in Minute 2:34 der Nachspielzeit, erkennt Schiedsrichter Markus Merk nach einem von HSV-Keeper Matthias Schober mit der Hand aufgenommenen Rückpass auf Freistoß für die Bayern.

»60.000 im Parkstadion gucken auf die alte Nordkurve, wo die Fans stehen, die Nordkurve, die heute, wie das ganze Stadion, ausgedient hat, und es wäre verrückt, aber es könnte sein, dass das Parkstadion mit dem größten Triumph in der Vereinsgeschichte des FC Schalke, größer als der UEFA Cup, sich verabschiedet, ein würdiger Abschluss, oder wird's der schlimmste, der bitterste, der unglaublichste vielleicht in der ganzen Vereinsgeschichte?« (Premiere, Kick-Konferenz).

Was es wurde, ist bekannt: »Effenberg ... Ja, so sind sie ... Patrick Andersson. Es ist völlig verrückt, es ist unglaublich ...« (Premiere, Kick-Konferenz). Andersson hat das von Stefan Effenberg angetickte Leder zwischen gefühlten hundert Fußballerbeinen hindurch

(Premiere-Kommentator Marcel Reif: »Dieser Ball kann gar nicht reingehen!«) zum 1:1-Ausgleich in die Maschen geknallt. Der Deutsche Meister 2001 heißt Bayern München. In Schalke herrscht blankes Entsetzen. Ein Bekannter aus England neben mir blickt fassungslos auf Tausende Schalker im Stadion, die jetzt Rotz und Wasser heulen. Ob ihm klar sei, warum alle weinen, will ich wissen. »Vor Rührung, weil sie Meister sind«, kommt die Antwort. Es stellt sich heraus, dass er in dem allgemeinen Durcheinander überhaupt nicht mitbekommen hat, was in Hamburg passiert ist!

Auf dem Nachhauseweg kommen wir an der alten Glückauf-Kampfbahn vorbei. Schluchzende Menschen liegen mitten auf der Kurt-Schumacher-Straße, alle Viere von sich gestreckt, wie Gekreuzigte.

Ganz Fußballdeutschland trauert an diesem Wochenende im Mai 2001 mit den von der BILD-Zeitung flugs zum »Meister der Herzen« erklärten Königsblauen.

46. GRUND

Weil Raúl bei seinem Abschied 60.000 Fans in der Arena zum Weinen brachte

»Raúl, mein Freund, du hast für die Menschen hier im Ruhrgebiet Träume verwirklicht.« Bei diesen Worten von Christoph Metzelder[128] bleibt buchstäblich kein Auge trocken in der Veltins-Arena, wo 60.000 am 28. April 2012 nach der Partie gegen Hertha BSC (4:0) ausgeharrt haben, um Raúl Gonzáles Blanco zu verabschieden. In der Woche zuvor, am 19. April, hat der spanische Superstar auf einer sehr emotionalen Pressekonferenz seine Entscheidung bekanntgegeben, seinen im Sommer 2012 auslaufenden Vertrag mit Schalke 04 nicht zu verlängern, um »künftig mehr Freiraum für die Familie« zu haben.[129]

Als Raúl wieder aus dem Spielertunnel auftaucht, hat er seine fünf Kinder dabei, und alle tragen das königsblaue Trikot mit der Nummer sieben, die, so Manager Horst Heldt, »auf unbestimmte Zeit« nicht mehr vergeben werde. Durch ein von den Schalker Spielern gebildetes Spalier spazieren »Raúl und die Sieben Zwerge«, wie die *Westdeutsche Allgemeine Zeitung* titelte, zum Mittelkreis, wo sie, nun zu den Klängen von »Blau und Weiß ein Leben lang«, vom Vorstand empfangen werden.

Nach dem schnöden Abschied durch die Hintertür, den sein alter Verein Real Madrid ihm zwei Jahre zuvor bereitete, wird Raúl nun auf Schalke »eine Zeremonie von opernhafter Opulenz« zuteil,[130] die nicht nur die Tausende auf den Rängen, sondern auch den »Señor« zu Tränen rührt. Dass auf Schalke zu seinem Abschied noch einmal das ganz große Gefühlskino läuft, ist ein weiterer Beleg dafür, wie geglückt und glücklich die Beziehung zwischen dem selbsternannten Malocherclub und dem Weltstar war, eine Beziehung ohne jegliches »Aber«, wie er selbst einräumte.

»Abgesehen von den Spielern, die man den Schalker Kreisel nannte, bist du der Superstar, der Glanz nach Schalke gebracht hat«, sagte Aufsichtsratschef Clemens Tönnies auf der Pressekonferenz, ein Lob, für das Raúl sich auf seine typisch bescheidene Art revanchierte: »Ich hätte noch viel mehr Tore schießen und Titel holen müssen, um Schalke all das zurückzugeben, was ich hier an Respekt und Zuneigung erfahren habe.«[131]

In der mehr als hundertjährigen Schalker Vereinsgeschichte hat wohl noch nie ein Spieler in derart kurzer Zeit so viel Sympathie und Wertschätzung, so viel Zuneigung und Liebe auf sich gezogen wie Raúl Gonzáles Blanco. In seiner bescheidenen Art, mit seinem sympathischen Auftreten, seiner ungekünstelten Freundlichkeit (mit der er mir im Trubel des Triumphzuges nach dem Pokalsieg 2011 aus dem Cabrio heraus ein Autogramm gab) und in seiner Präsenz auf dem Platz als unermüdlicher Antreiber, Spielgestalter und zentrale Offensivkraft, als »richtiger Teamspieler«, wie Trainer Huub Stevens lobte,[132] verkörperte mit ihm ausgerechnet ein Spieler sämtliche Schalker Primärtugenden, der von den Wurzeln des Arbeiterclubs Schalke weiter nicht hätte entfernt sein können.

Die *Süddeutsche Zeitung* mutmaßte aus Anlass seines Abschieds von Schalke, dass »seine Popularität unbeherrschbare Umfänge annahm und ihn zu erdrücken drohte«: »Raúls ungeheure Popularität hat dazu geführt, dass zuletzt Männer und Frauen ihren Arbeitsplatz und Schüler ihre Schule im Stich ließen, um bei Schalkes Training sein zu können.«[133]

Wann hatte es das zuletzt gegeben auf Schalke.

47. GRUND

Weil Schalke perfekt das Prinzip Hoffnung verkörpert

Es kommt darauf an, das Hoffen zu lernen.
Ernst Bloch, *Das Prinzip Hoffnung*

Was den Rat des Philosophen Ernst Bloch betrifft, sind die Schalker gelehrige Schüler. Das zeigte sich einmal mehr am 33. Spieltag der Saison 2012/13. Wenn ihnen ein Heimsieg gegen den Tabellenzwölften VfB Stuttgart gelänge, wären die Königsblauen unabhängig vom Ausgang der Begegnungen am letzten Spieltag für die Verfolger aus Freiburg und Frankfurt nicht mehr einholbar. Der vierte Tabellenplatz und damit die Teilnahme an der Champions League-Qualifikation wäre Schalke sicher. Wenn … Wäre …

Die Schalker machten das, was sie in entscheidenden Situationen seit mehr als 50 Jahren machen: Sie patzten oder, wie Manager Horst Heldt es nach dem Spiel in einem Anflug von Sarkasmus ausdrückte: »Heute haben wir einen Elfmeter verschossen, sogar meilenweit übers Tor gehauen. Das lässt einen älter werden – aber wer will schon ewig jung bleiben?«[134] Fünf Vizemeisterschaften in fünf

Bundesliga-Jahrzehnten, davon zwei mit einem Punkt und zwei mit zwei bzw. drei Punkten auf den Erstplatzierten, sprechen eine deutliche Sprache: Kurz vor dem Ziel geht den Königsblauen oft die Puste aus. Und dann heißt es hoffen. Hoffen, dass die anderen ebenfalls patzen. Hoffen, dass das nächste Spiel die Wende bringt. Hoffen, dass es in der nächsten Saison mit der Meisterschaft klappt.

Das Spiel gegen Stuttgart ging sang- und klanglos 1:2 verloren, Freiburg schlug Greuther Fürth 2:1 und robbte sich bis auf einen Punkt an Schalke heran. Frankfurt tat Schalke einen Gefallen, spielte 1:1 gegen Werder Bremen und hatte damit nur noch eine Chance, den vierten Tabellenplatz zu erreichen, wenn am letzten Spieltag gegen den VfL Wolfsburg ein Sieg mit vier Toren Unterschied gelänge. Und wenn Schalke und Freiburg unentschieden spielten. Beste Zutaten für ein packendes Saisonfinale. Denn ausgerechnet diese beiden Rivalen um die Qualifikation für die Champions League trafen am letzten Spieltag aufeinander. In Freiburg. Leider war die bisherige Auswärtsbilanz aus Schalker Sicht nicht ermutigend: Acht Siegen standen ein Unentschieden und zehn Niederlagen gegenüber. Aber *ein* Sieg ließ hoffen: Vor genau acht Jahren, am 34. Spieltag der Saison 2004/05, hatte Marcelo Bordon mit zwei Kopfballtoren in der 55. und 89. Minute einen 3:2-Sieg über die bereits abgestiegenen Breisgauer erzwungen und Schalke damit den Einzug in die Champions League gesichert.

Als Julian Draxler am 34. Spieltag der Saison 2012/13 in der 20. Minute den Schalker Führungstreffer erzielt und die Frankfurter Eintracht zur Pause gegen Wolfsburg 1:2 hinten liegt, scheint das »Endspiel im Breisgau«[135] vorzeitig entschieden. Bis zur 54. Minute. Denn nach einer missglückten Kopfballabwehr von Sead Kolašinac steht es plötzlich 1:1. Ein einziger weiterer Freiburger Treffer, und das Schalker Champions League-Ticket wäre weg. Wieder heißt es hoffen. Hoffen, dass den Freiburgern kein zweites Tor gelingt, hoffen, dass die Schalker »den Sack zumachen«. Und wie der Teufel es will, treffen die Freiburger tatsächlich drei Minuten später ein zweites Mal – zum Glück ins eigene Tor! Schwein für Königsblau. Dass den Freiburgern noch zwei Treffer gegen Schalke gelingen, das glauben sie spätestens, nachdem Klaas-Jan Huntelaar in der 60. Minute das 1:3 auf dem Fuß hatte, wohl selbst nicht mehr. Und die Frankfurter? Die liegen bis zur 90. Minute gegen die »Wölfe« hinten, bevor auch hier ein Eigentor den 2:2-Endstand herstellt.

Schalke rettet den Zittersieg über die Zeit und darf nun in zwei Play-off-Spielen im August wieder auf den Einzug in die Königsklasse hoffen.

KAPITEL 5

DIE MUTTER ALLER DERBYS

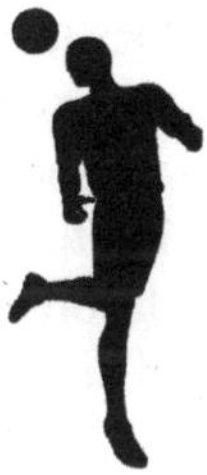

48. GRUND

Weil es ohne Schalke kein echtes Derby gäbe

Natürlich gäbe es auch ohne Lüdenscheid-Nord kein echtes Derby – zumindest nicht die »Mutter aller Derbys«. Aber hier geht es nun mal um die blau-weiße Perspektive, und deshalb brauchen die Lüdenscheider Herne-West und nicht umgekehrt. Außerdem: Bis 1947 war das Ganze ohnehin ein recht einseitige Angelegenheit, und von einem »echten« Derby zwischen gleichwertigen Gegnern, das die nötige Portion Spannung versprach, konnte keine Rede sein. In 19 Begegnungen, davon 16 in der Gauliga Westfalen, war Schalke 16 Mal Sieger geblieben: 1938 hatte der BVB den Schalkern erstmals ein Unentschieden abgetrotzt (3:3), und 1943 hatte es den ersten Dortmunder Sieg gegeben (1:0). Insgesamt standen 15 Dortmunder Treffern sage und schreibe 97 Schalker Buden gegenüber. Den höchsten Derby-Sieg hatte Schalke am 20. Oktober 1940 mit 10:0 eingefahren. Aber Kantersiege gegen die Dortmunder Borussia, die damals noch weit davon entfernt war, ein ernst zu nehmender Konkurrent für Königsblau zu sein, waren in den Vorkriegsjahren keine Seltenheit.

Am 18. Mai 1947 endete diese Dominanz. Vor 30.000 Zuschauern im Herner Stadion am Schloss Strünkede unterlagen die Schalker den Dortmundern im 20. Revier-Derby (das damals noch nicht so hieß) mit 2:3, und zum ersten Mal seit 1934 hieß der Westfalenmeister nicht Schalke 04. Eine folgenreiche königsblaue Niederlage: »Seit diesem Tag sind Duelle der beiden Konkurrenten auch ein Kampf um die Vorherrschaft im Revierfußball. (…) Und weil es beim Fußball insbesondere im Ruhrgebiet immer auch um das Selbstwertgefühl der Fans geht, die sich mit den Siegen ihrer Mannschaft identifizieren, ist die Bedrohung der Vormachtstellung im eigenen ›Revier‹ natürlich von besonderer Brisanz.«[136]

Wenn das Derby zwischen Schalke und Dortmund die »Mutter aller Derbys« ist und man überhaupt erst ab 1947 mit dem Dortmunder Aufstieg aus dem Mittelmaß von einem »echten« Derby sprechen kann, dann heißt das im Umkehrschluss, dass es neben diesem Derby und auch früher schon andere Derbys gegeben haben muss und auch heute noch gibt.

Das *Deutsche Universalwörterbuch* von Duden definiert Derby als »sportliches Spiel von besonderem Interesse«, und dies waren im Ruhrgebiet immer schon die Partien zwischen mehr oder weniger gleichwertigen Teams aus benachbarten Gemeinden und/oder Städten, von denen es bis zur Einführung der Bundesliga und des Profitums Unzählige gab, weshalb Hartmut Hering seiner »Fußball-Geschichte des Ruhrgebiets zu Recht den Titel *Im Land der tausend Derbys* gab.

Wenn man jedoch die Kriterien von Gregor Schnittker für ein »echtes« Derby zugrunde legt:

- »Tradition (mehr als 50 Duelle)
- Fan-›Magnetismus‹ (mehr Kartennachfrage als Angebot)
- geografische Nähe (gemeinsamer Fluss reicht nicht)
- Gesprächswertigkeit (›mehr als nur ein Spiel‹)
- Mentalitäts-Verwandtschaft (Fußball als Religion)
- Intensität (Familienfeiern werden abgesagt)
- Vorfreude und Angst (große Leidensfähigkeit)
- Hassliebe (misstrauisches Interesse für den Rivalen)«[137],

dann reduziert sich deren Zahl dramatisch, weil nach diesen Kriterien eben nicht jede Partie zwischen Mannschaften aus derselben Region gleich ein Derby ist. Schnittker: »Schalke 04 gegen Borussia Dortmund setzt in dieser Hinsicht Maßstäbe und ist in seiner Art in Deutschland mit keinem anderen Derby zu vergleichen. Es ist ein Duell auf Augenhöhe, was dem Spiel zusätzliche Brisanz gibt. Zudem ist es eine Partie, die auch stattfindet, regelmäßig, anders als andere Derbys, bei denen die Fans einer Region seit Jahren auf ein Spiel warten und allenfalls auf eine Begegnung im Pokal hoffen dürfen. Dortmund gegen Schalke aber ist Vergangenheit, Gegenwart und wird absehbar auch Zukunft sein.«[138]

Kurz: Schalke – Dortmund ist die »Mutter aller Derbys«, vergleichbar nur noch mit dem Clásico zwischen Real Madrid und dem FC Barcelona, eine Begegnung, die regelmäßig ähnliche Emotionen auslöst und geprägt ist von einer vergleichbar intensiven Hassliebe zwischen den Rivalen. Allerdings fehlt dem Revier-Derby die politische Dimension, die jeden Clásico zu einer Konfrontation zwischen dem durch Madrid verkörperten spanischen Zentralismus und dem Unabhängigkeitsstreben der Region Katalonien macht. (Ein »Argument« gegen die katalanische Unabhängigkeit ist, dass es dann keinen Clásico mehr gäbe. Und gäbe es – aus blau-weißer Sicht – Schalke nicht, dann …)

49. GRUND

Weil die Bundesliga ohne das Revier-Derby um eine Attraktion ärmer wäre

Es ist das »wichtigste Spiel des Jahres« (FOCUS Online), und es findet zweimal im Jahr statt. Das Revier-Derby zwischen Schalke 04 und Borussia Dortmund oder, in der Sprache augenzwinkernder Rivalität, zwischen Herne-West und Lüdenscheid-Nord. Noch haben die Königsblauen die Nase vorn – dank der guten Vorarbeit in Schalkes »goldener Ära« zwischen 1925 und 1944, als auf 14 Schalker Siege nur ein Dortmunder Sieg kam. Inzwischen (Stand: März 2013) stehen 58 Schalker Siegen immerhin 48 Dortmunder Erfolge gegenüber; 37 Mal trennte man sich unentschieden.

Damals, in der Zeit der erdrückenden Schalker Überlegenheit, wäre allerdings niemand auf die Idee gekommen, die Partien zwischen Schalke und Dortmund als »Derby« zu bezeichnen. Dazu war das Leistungsgefälle einfach zu groß. Für die Schalker waren in den Zwanzigerjahren die Begegnungen mit den Lokalrivalen SC Gelsenkirchen 07 und Union Gelsenkirchen die wahren »Derbys«. Union war 1922 in die Ruhrgauliga aufgestiegen und nutzte 1930/31 die Schalker Sperre, um sich die Ruhrgaumeisterschaft zu sichern. Und der SC erreichte mit Karl Gottschewski und Michael Gogalla (den Ernst Kuzorra bewunderte) 1925 sogar die Endrunde zur Westdeutschen Meisterschaft (»Gottschewski und Gogalla, die spielen so schön Balla«, sangen die Gelsenkirchener damals). Ab 1926 setzte sich dann allerdings Schalke als die Nummer eins in Gelsenkirchen durch, und die Lokal-Derbys waren bald Vergangenheit.

Die Dortmunder wurden in den Gauliga-Begegnungen der Dreißigerjahre von den Schalkern regelmäßig mit Rekordergebnissen abgefertigt. Daher waren diese einseitigen Partien auch keine Zuschauermagneten (zum Schalker 10:0-Rekordsieg 1940 verirrten sich gerade mal 3000 Zuschauer in die Glückauf-Kampfbahn).

All das änderte sich nach dem Zweiten Weltkrieg. Der Dortmunder Sieg 1947 läutete den Machtwechsel im Revierfußball ein; der Gewinn der siebten und bislang letzten Deutschen Meisterschaft durch Schalke 1958 konnte diese Entwicklung nicht mehr umkehren. Nun kassierte Schalke oft herbe »Packungen«, und aus dem einstigen Sparringspartner wurde ein ernst zu nehmender Rivale. Und diese Rivalität machte aus den früher oft langweiligen Begegnungen nun »echte« Derbys. Die aber erst in den Siebzigern, als der BVB aus der Bundesliga abstieg und Schalke von den gegnerischen Fans als »FC Meineid« verspottet wurde, als Überlegenheitsfantasien und Minderwertigkeitskomplexe im Verein mit sozialem Frust die Stimmung unter den Fans aufheizten, jene feindselige Note erhielten, die einerseits regelmäßig dazu führt, dass Fans aufeinander losgehen, andererseits aber für jene Art von Fan-Folklore aus Schmähgesängen, Spruchbändern, Frotzeleien und Provokationen verantwortlich ist, die aus dem Revier-Derby eine Attraktion für die ganze Bundesliga macht.

Der Derby-Spieltag ist immer ein ganz besonderer Spieltag. Gegen das Derby verblassen alle anderen Partien des Tages. Ein Derby-Sieg ist gefühlt mehr wert als die Deutsche Meisterschaft. Eine Niederlage der größte anzunehmende Unfall. Man verflucht den Rivalen, ist aber auf ihn angewiesen. In gegenseitiger Hassliebe vereint, brauchen die feindlichen Brüder einander, denn auf das Derby verzichten möchte keiner. Dass man dem Rivalen trotzdem Pest und Cholera an den Hals wünscht, oder zumindest ein paar Jahre zweite Liga, ist nur ein scheinbares Paradox, denn »beide Fangruppen eint die berechtigte Ansicht, dass es so eine sportliche Institution, ein solch viel diskutiertes Großereignis ansonsten nirgendwo gibt«.[139]

In den Stolz auf die Bedeutung des eigenen Vereins für das Derby mischt sich hier ein trotziger Lokalpatriotismus, der sich aus dem für die Menschen im Ruhrgebiet typischen Unterlegenheitsgefühl speist. Was der objektiven Bedeutung der »Mutter aller Derbys« für die Attraktivität der Liga aber keinen Abbruch tut.

50. GRUND

Weil die Derby-Rivalität kreative Energien freisetzt

In der Bundesliga-Saison 2006/07 verlief die Erfolgskurve von Königsblau und Schwarz-Gelb wieder einmal antizyklisch: Während Schalke am 20. Spieltag nach einem 2:0 bei Werder Bremen erneut die Tabellenführung übernahm, erlebte der BVB in den folgenden Wochen einen Absturz, der am 30. März 2007 nach einer 0:1-Niederlage in Bielefeld auf dem vorletzten Tabellenplatz endete. Kurz: Schalke träumte von der Meisterschaft, die Dortmunder plagten Abstiegs-Albträume.

Am 33. Spieltag hatte sich die Situation grundlegend geändert. Schalke stand nach einer Niederlage in Bochum mit dem Rücken zur Wand und brauchte einen Sieg im Derby gegen den BVB, um seine Titelchance zu wahren, Dortmund hatte sich durch Siege in Aachen, Berlin und Wolfsburg aus der Abstiegszone befreit. Jetzt drohte aus Dortmunder Sicht der Super-GAU: Bei einem Schalker Sieg in Dortmund und gleichzeitigen Stuttgarter und Bremer Niederlagen hätte der BVB den Rivalen im eigenen Stadion zum Deutschen Meister gemacht.

Die Schwarz-Gelben trösteten sich mit Häme und empfingen den geliebten Feind mit »Nur gucken, nicht anfassen!«-Transparenten, auf denen die Meisterschale prangte. Und als die Schalker am Ende sang- und klanglos 0:2 verloren hatten, während der VfB mit einem 3:2 im Gepäck aus Bochum heimfuhr, gaben die BVB-Fans ihnen zum Abschied ein höhnisches »Ihr werdet nie Deutscher Meister« mit auf den Weg.

Noch kreativer wurden die Lüdenscheider am letzten Spieltag, nachdem ein abermaliger Stuttgarter Sieg sämtliche Schalker Titelträume zerstört hatte: Über der Veltins-Arena kreiste ein Flugzeug mit einem schwarz-gelben Schriftzug im Schlepptau: »Ein Leben lang, keine Schale in der Hand«. Woraufhin der Vorsitzende des Schalker Fan-Club-Verbandes den Einsatz der Flak vorschlug …

Aber es ging auch umgekehrt. Und Rache ist süß. So fehlte in der verbotenen Stadt seit 2006 ein BVB-Banner »Gelbe Wand Südtribüne Dortmund«, das über der Südtribüne des Westfalenstadions gehangen hatte. Auf der Website revier-derby.de hieß es seinerzeit: »Seit letzten Freitag ist es nun verschwunden. Verschwunden? Nein, es wurde gestohlen. Feige und unehrenhaft geklaut am Freitag. Hartnäckigen und aus verschiedenen Quellen stammenden Gerüchten zufolge ist die 60 Meter lange Fahne nun in Gelsenkirchen gelandet, sicherlich wird sie uns da am 10.12. [beim nächsten Derby] unter die Nase gehalten.«

Da mussten sich die Lüdenscheider aber noch etwas gedulden. Erst am 20. Februar 2009 erblicken sie ihr Banner wieder – beim Auswärtsspiel in Herne-West im königsblauen Fanblock – »in tausend Stücke zerrissen in den Händen freudiger Gelsenkirchener«.[140]

Am 30. September 2010 titelte die *Bild*-Zeitung: »Ruhrpott-Skandal: Dortmund-Flagge auf Schalke-Arena gehisst«.[141] Hintergrund:

Nach tagelangem Schneefall war die Dach-Membran der Veltins-Arena unter dem Druck der Schneemassen auf 6000 Quadratmetern eingerissen, woraufhin Kletterspezialisten das gesamte Dach von der Schneelast befreiten. Und einer dieser Höhenkletterer hatte eine BVB-Fahne über der Arena aufgezogen. »Jetzt hat Königsblau einen doppelten Dachschaden«, frotzelte *Bild*. Arena-Chef Ulrich Dargel reagierte angesäuert: »Dieser Scherz geht zu weit. Der betreffende Arbeiter wird unsere Baustelle nie mehr betreten. Er war zum Schnee-Schippen hier und nicht, um unsere Arena zu dekorieren.« Schalke-Vorstand Peter Peters nahm's gelassen: »Das ist ja schön, dass uns jetzt schon die Dortmunder beim Schneeschippen helfen ...«[142]

Vorläufiger Höhepunkt des kreativen Wettstreits zwischen den verfeindeten Brüdern: Als nach dem Dortmunder Titelgewinn 2011 beim anschließenden Meistercorso der Posaunenchor des christlichen BVB-Fanclubs »Totale Offensive« auf dem Weg zum Borsigplatz »Leuchte auf, mein Stern Borussia« intonieren will, ertönt plötzlich aus einem geöffneten Fenster der alten Hoesch-Kantine über Lautsprecher ein kräftiges »Blau und Weiß, wie lieb ich dich ...« – königsblauer Scherz eines Zivildienstleistenden, der in dem Gebäude arbeitet. Aber auch die Schalker haben ihren christlichen Fanclub, »Mit Gott auf Schalke«, der seinem Pendant – ganz im Sinne christlicher Nächstenliebe – vorschlägt, dass man sich »in Gottes Namen ja mal treffen« könne.[143]

Eines ist sicher: Solange es das Derby gibt, wird weiter »gefrotzelt und geneckt, provoziert und protestiert (...), bildet die Rivalität zwischen Gelb und Blau die Würze des Alltags ...«[144] Und setzt – hoffentlich – auch künftig kreative Energien frei.

51. GRUND

Weil im Derby das Prinzip gilt: Ganz oder gar nicht

Das Derby ist Emotion pur. Beim Derby liegen die Nerven blank – bei Spielern und Fans. Jedes Derby ist das wichtigste Spiel des Jahres. Auch wenn es um nichts geht. Dabei geht es immer um alles. Um die eigene Ehre. Die der eigenen Stadt. Des Vereins. Um das eigene Selbstwertgefühl. Das die Niederlage des Rivalen braucht wie die Luft zum Atmen: »Unterlegenheitsgefühle, Überlegenheitsgefühle – Gewinner sein, Verlierer sein – die extremen Emotionen führen in beiden Fanszenen zu extremer Identifikation mit dem eigenen Verein und zur Ablehnung des anderen.«[145]

Lüdenscheid-Nord gegen Herne-West. Den Rivalen beim richtigen Namen zu nennen ist verpönt. Wer das Pech hat, in der Stadt des Rivalen zu wohnen, leidet in der Diaspora. Und bekennt subversiv Farbe: 214 Dortmunder Fahrzeuge haben ein »1904« im Kennzeichen, 137 Gelsenkirchener ein »1909« – diskrete Hinweise auf das Gründungsjahr des eigenen Vereins.[146]

Dabei haben die ungleichen Brüder vieles gemeinsam: die Herkunft aus dem Arbeitermilieu – hier Schalker Markt, da Borsigplatz; die extreme Identifikation der eigenen Fans mit ihrem Verein; rauschende Erfolge und grandiose Misserfolge – Meisterschaften, Pokalsiege, Ab- und Aufstiege; Skandale – hier der »FC Meineid«, da die Beinahe-Insolvenz. Vielleicht hasst man einander, weil man sich so ähnlich ist und doch ganz anders sein möchte. Aber was wäre das Derby ohne diese Extreme? Die ganz normale Begegnung zweier ganz normaler Mannschaften.

Drama, Liebe, Wahnsinn – ohne diese heilige Dreifaltigkeit wäre das Derby nur ein gewöhnliches Fußballspiel. So aber läuft jedes Mal das ganz große Gefühlskino, kochen die Emotionen auf beiden Seiten hoch, was die Akteure auf dem Rasen und die Fans auf den

Rängen immer wieder zu Höchstleistungen motiviert. Man denke an die Choreografie in der Nordkurve beim Derby am 14. Mai 2005 mit dem Spruchband *14 Schlachten ungeschlagen – die Feinde aus der Festung jagen*. Da lagen die »Feinde« längst am Boden – Opfer des eigenen Börsen-Größenwahns –, gewannen aber das Derby mit 2:1.

Auch das ein wiederkehrendes Muster: Ist der eine oben, ist der andere unten. Das war bis in die Vierzigerjahre so, als Schalke dominierte, setzte sich unter umgekehrten Vorzeichen nach dem Krieg in der Oberliga West fort und dauerte auch in der Bundesliga an, wo Schalke auf Meisterschaftskurs war, als Dortmund abstieg, und wo Schalke dreimal ab- und aufstieg, während der BVB es bei einem Wiederaufstieg bewenden ließ. Und natürlich zählt ein Derby-Sieg umso mehr, je weiter entrückt der andere in der Tabelle ist.

Seit einigen Jahren ist es wieder der einstige »Underdog« Schalke, der dem als »neureich« empfundenen, erfolgreicheren Rivalen aus der verbotenen Stadt in regelmäßigen Abständen jene Nadelstiche versetzt, die dem echten Schalker mehr wert sind als tausend Deutsche Meisterschaften.

All das erzeugt in der Summe jene Brisanz, die das Derby zu dem macht, was es ist: ein Fußballspiel, bei dem es immer um alles oder nichts geht, um Sein oder Nichtsein. Ganz oder gar nicht, darunter geht es nicht beim Derby.

52. GRUND

Weil Schalke beim Vorkriegs-Derby Kantersiege in Serie einfuhr

Kann es etwas Langweiligeres geben als ein 0:0? Und ob! Ein 10:0! Zumindest dachten das wohl viele Gelsenkirchener, die in den Dreißigerjahren des Öfteren zu Hause blieben, wenn Dauerwestmeister Schalke 04 mal wieder Borussia Dortmund deklassierte. Die heute von Bayern-Manager Uli Hoeneß angesichts der drückenden Überlegenheit seines FC Bayern beschworenen »spanischen Verhältnisse« hat es lange vor Einführung der Bundesliga auch in Deutschland schon gegeben.

Der höchste Sieg in der bisherigen Derby-Geschichte gelang den Königsblauen am Sonntag, den 20. Oktober 1940. Nur 3000 Zuschauer waren beim historischen 10:0-Spektakel in der Kampfbahn Glückauf »live« dabei. Was angesichts der vorausgegangenen 4:1-, 7:0-, 4:0-, 6:0, 7:3-, 9:0- und 7:0-Rekordsiege der Königsblauen nicht verwundert. Spannung sah anders aus.

Ein paar Monate zuvor hatte Schalke nach einer sensationellen Gauligasaison (98:18 Tore, 32:4 Punkte) mit einem 1:0 über den Dresdner SC seine erste »Kriegsmeisterschaft« geholt. Mannschaften wie Westfalia Herne und der CSC 03 Kassel waren zuvor von Blau-Weiß mit 14:0 bzw. 16:0 überrollt worden.

Und nun war die Dortmunder Borussia wieder »dran«. Die Schalker hatten sich für die Saison 1940/41 das Ziel gesetzt, die 100-Tore-Marke zu knacken.

Schon nach drei Minuten steht es 1:0 für Schalke, nach zehn Minuten 2:0, und zur Pause führt Blau-Weiß mit 6:0. Allein vier Tore gehen auf das Konto des inzwischen 35-jährigen Ernst Kuzorra, über den letzten Treffer schrieb die *Gelsenkirchener Allgemeine Zeitung*: »Kuzorra nahm in 20 Meter Entfernung vor dem Dortmunder Tor eine Vorlage an, seine Bombe schlug in die hohe Ecke ein.« Danach gab es über die Dortmunder nicht mehr viel zu vermelden, als »daß sie sich trotz des steigenden Verlustkontos nicht entmutigen ließen«.[147]

Ihr Saisonziel schafften die Schalker: Mit 101:13 Toren und sagenhaften 43:1 Punkten wurden sie zum siebten Mal in Folge Westfalenmeister. Einzig Westfalia Herne gelang es, Schalke einen Punkt abzuluchsen. Ansonsten waren die Ergebnisse ein Spiegel der Vorsaison: Arminia Marten 9:1; Union Gelsenkirchen 7:1; Arminia Bielefeld 8:1; SV Röhlinghausen 8:0. Zur nationalen Titelverteidigung reichte es diesmal dennoch nicht. Im Endspiel um die Deutsche Meisterschaft unterlag Schalke Rapid Wien am 22. Juni 1941, dem Tag des deutschen Überfalls auf die Sowjetunion, mit 3:4. Die Schalker witterten Schiebung, der Deutsche Meister sollte nicht schon wieder Schalke heißen. »Jetzt kann mich der Führer auch mal am Arsch lecken«, soll ein erboster Kuzorra nach dem Spiel gesagt haben.

Der Zorn des Schalker Kapitäns verrauchte rechtzeitig, und die Dortmunder kamen im Rückspiel mit einem 0:2 glimpflich davon, bevor es in den kommenden Spielzeiten in gewohnter Manier weiterging: 1:6; 1:6; 0:2 (!); 0:7 … aus Dortmunder Sicht. Josef Schröder, ein Gelsenkirchener, der beim 10:0 dabei war, erinnerte sich später: »Ja, bei unserem 10:0 war ich da. Ein Derby in der Kriegseuphorie. Wobei es das Wort ›Derby‹ nicht gab und der BVB auch noch kein Gegner war. (…) Deshalb war das 10:0 nicht annähernd so sehr eine Sensation, wie es das später gewesen wäre. Obwohl die Fans so lange Tore forderten, bis dann die zehn Stück voll waren.«[148]

53. GRUND

Weil das Derby alle Zuschauerrekorde bricht

»Der Pütt braucht ein 100.000-Mann-Stadion« fordern die Zeitungen im März 1950 nach dem sechsten Revier-Derby in der Oberliga West.[149] Seit Schalke und Dortmund sich auf Augenhöhe begegnen, gehören die vierstelligen Zuschauerzahlen der Vorkriegsjahre der Vergangenheit an. In den ersten beiden Oberliga-Spielzeiten haben jeweils 25.000 das Derby in der Glückauf-Kampfbahn gesehen.

Die frühe enge Verbundenheit der beiden Clubs und die familiären Bindungen der Spieler (Kuzorras Cousin wohnt in Dortmund-Dorstfeld und ist BVB-Fan, Kuzorra selbst trainierte 1935/36 kurzzeitig die Borussia, der man zum Aufstieg in die Gauliga verhelfen wollte) ist einer freundschaftlichen Rivalität gewichen, die noch weit entfernt ist von jener abgrundtiefen Abneigung, die sich ab den Siebzigern dann zunehmend gewalttätig entlädt.

Seit die Dortmunder den Schalkern 1947 die Krone des Westmeisters entrissen haben, ist die Borussia die stärkere Mannschaft, in den ersten fünf Oberliga-Derbys gab es keinen blau-weißen Sieg. In der Saison 1949/50 hat Schalke im Stadion Rote Erde eine 1:5-Packung kassiert. Über die Stimmung hieß es in der *Westfälischen Rundschau*: »Im Stadion brodelt und siedet und brauset und kocht die Volksseele. Auf den Dächern Zuschauer, auf den Bäumen wie Trauben hängend Zuschauer, wohin man sieht, Menschen. Über der Szenerie ein Fesselballon.«[150]

Fünf Monate später, am 12. März 1950, revanchieren sich die seit der Saison 1949/50 zu Hause ungeschlagenen Königsblauen in der Glückauf-Kampfbahn vor der Rekordkulisse von 50.000 Zuschauern mit einem 2:1. Es ist der erste blau-weiße Derby-Sieg nach Kriegsende. Nach einer wahrhaft chaotischen Partie.

Angeblich befinden sich sogar 70.000 Menschen in dem völlig überfüllten Stadion, das laut Vereinsangaben für 48.000 Zuschauer zugelassen ist. 400 Ordner und 330 Polizisten haben Mühe, das Spielfeld freizuhalten. Ecken und Einwürfe sind eine Herausforderung. Als eine Mauer in der Nähe der Tribüne dem Druck der Massen nicht standhält und einstürzt, gibt es Verletzte. Aus den Kurvenrängen fliegen Flaschen und Steine auf Zuschauer, die sich auf der Laufbahn und an den beiden Toren zusammendrängen und den hinter ihnen Stehenden die Sicht nehmen. »Die Krankenschwestern und Sanitäter kamen nicht zur Ruhe. In fast hundert Fällen leistete der Sanitätsdienst Hilfe für Ohnmächtige«, schrieb der *Sportbeobachter*.[151]

Zu allem Überfluss stürmt und hagelt es seit dem Anpfiff. In dem allgemeinen Durcheinander erzielt Leo Behring nach einem Abpraller von BVB-Schlussmann Bubi Rau in der 10. Minute das

1:0 für Schalke. Elf Minuten später gelingt Adi Preißler mit einem Volleyschuss der Ausgleich. In der 81. Minute zeigt Schiedsrichter Kormannshaus nach einem strittigen Handspiel im Dortmunder Strafraum auf den Elfmeterpunkt. Die Kampfbahn tobt. Schütze Paul Matzkowski erinnert sich später: »Als ich zum Punkt gehe und den Ball ablege, wurde es still im Stadion. Du konntest noch nicht einmal ein Husten hören. Und wie der Ball drin war, da haben in den Wohnungen auf der Schalker Straße die Regale gewackelt, und die Tassen sind kaputtgegangen.«[152]

Der Rasensturm des entfesselten blau-weißen Anhangs nach dem Schlusspfiff ging glimpflich ab. Der erste königsblaue Derby-Sieg seit sechs Jahren war perfekt.

54. GRUND

Weil Schalke auch den »Nebel des Grauens« überstand

»Und die Dortmunder kannten keine Verwandten«, kommentierte die *Westdeutsche Allgemeine Zeitung* in ihrer Montagsausgabe das 59. Revier-Derby vom 12. September 1966.[153] Das war nicht übertrieben. Schon nach 28 Minuten stand es nach drei Treffern von Lothar Emmerich und einem Eigentor von Friedel Rausch 4:0 für den BVB, eine Minute nach dem Seitenwechsel erhöhte Reinhold Wosab auf 5:0, in der 50. verkürzte Gerd Neuser auf 5:1, ehe Sigi Held in der 71. das 6:1 markierte und Karl-Heinz Bechmann fünf Minuten später noch einmal für Schalke zum 6:2-Endstand traf.

Aber davon werden die meisten der 43.000 Zuschauer in der Kampfbahn Rote Erde an diesem Samstagnachmittag nichts mehr mitbekommen haben: »Verschiedene Leute gingen Bier trinken, andere bedauerten, daß sie kein Kartenspiel eingepackt hatten, und die Klügsten machten sich auf den Heimweg, weil sie nicht daran glaubten, daß sie einen der 23 Aktiven noch einmal zu sehen kriegen würden«, schrieb die *Westfälische Rundschau* später.[154]

Mit dem Wiederanpfiff nach der Halbzeitpause war die Partie buchstäblich im Nebel versunken, eine dichte Wolkendecke hatte sich über Dortmund gesenkt, und binnen Kurzem war auf den Rängen vom Geschehen auf dem Spielfeld nicht mehr viel zu erkennen. BVB-Spieler Theo Redder erinnerte sich später: »Ich saß verletzt unter den Zuschauern und wunderte mich. Ich hatte einen Bekannten aus Wickede dabei, und wir haben uns kaputtgelacht, denn man sah überhaupt gar nichts mehr. Da war nur noch Nebel.«[155]

Den Akteuren auf dem Rasen ging es nicht viel besser. Der Schalker Klaus Fichtel: »Wir mussten uns gegenseitig über den Spielstand informieren.« Und Reinhold Wosab schilderte den *11 Freunden* seinen Treffer zum 5:0 so: »Norbert Nigbur kniete fast unter mir, weil er den Ball kaum sehen konnte. Erst kurz bevor der Ball auf meiner Stirn landete, konnte ich ihn genau sehen. Ein ziemliches Durcheinander in diesem Nebel.«[156] Dennoch pfiff Schiedsrichter Gerd Hennig das Spiel nicht ab: »Ich bin immer, wenn der Ball in den Nebel geschossen wurde, hinterhergelaufen. Das war anstrengend, aber okay.«[157] Für seinen Einsatz belohnten ihn die Schalker mit dem Spitznamen »Nebelkerze«.

Die forderten nach der Partie übrigens zunächst ein Wiederholungsspiel, zogen ihren Protest dann aber zurück, offenbar im Zweifel darüber, ob sie beim zweiten Mal besser wegkommen würden. Zu frisch war die Erinnerung an die 0:7-Pleite vom 23. Spieltag der Vorsaison. Die Königsblauen mussten sich noch bis zum 20. April 1968 gedulden, bevor ihnen der erste Derby-Sieg seit 1963 gelang.

Wie so oft verlief die sportliche Erfolgskurve der Kontrahenten anschließend antizyklisch: Während es nach dem »Nebel des Grauens« für Schalke ab der Saison 1969/70 kontinuierlich aufwärts ging bis zu Vizemeisterschaft und DFB-Pokal-Sieg 1972, setzte sich beim BVB nach dem Europokal-Sieg 1966 ein durch Fehleinkäufe und Missmanagement eingeleiteter Negativtrend fort, der in der

Schalker Erfolgssaison zum Abstieg in die Regionalliga West führte. Damit fiel die »Mutter aller Derbys« erst mal aus. Nach dem Wiederaufstieg 1976 musste Schwarz-Gelb dann noch ein Jahr auf den nächsten Derby-Sieg warten. Beinahe überflüssig zu sagen, dass das 2:1 vom 5. November 1977 – unterbrochen nur von einem Schalker 5:1 im Jahr darauf – abermals eine schwarz-gelbe Serie einleitete, die bis 1984 anhielt.

55. GRUND

Weil Schalke beim Derby für den gehörigen »Biss« sorgt

Für den aus Gelsenkirchen stammenden BVB-Torwart Jürgen Rhynio ist es das erste Derby: »Ich erinnere mich, als wäre es gestern. Die Rote Erde ist ausverkauft, die ganze Anlage hoffnungslos überfüllt. So ein Spiel würde heute keiner mehr anpfeifen. Ich hatte beim Aufwärmen mitbekommen, dass Fans einfach so das Haupttor aufstießen. Die sind ohne Tickets rein und bis an die Spielfeldumgrenzung ran. Hinter meinem Tornetz drängelten sich die Leute. Ich habe gedacht, sie steigen mir aufs Tor.«[158]

Es ist der vierte Spieltag der Saison 1969/70, und nach offiziellen Angaben befinden sich an diesem 6. September 39.800 zahlende Zuschauer im Stadion. In Wirklichkeit dürften es an die 50.000 sein, Ordner mit Hunden versuchen, die Massen vom Spielfeldrand fernzuhalten, sperren das Rasenrechteck mit Flatterband ab, einmal haben Alban Wüst und »Stan« Libuda im Gewusel an der Eckfahne inmitten drängelnder und rempelnder Zuschauer, zwischen denen Schäferhunde herumstreichen, Mühe, einen Eckstoß auszuführen.[159]

Als Hansi Pirkner in der 37. Minute aus spitzem Winkel zum 1:0 für Schalke trifft, brechen alle Dämme. Begeisterte Schalke-Fans stürmen aufs Spielfeld, die Ordner samt Hunden hinterher. Einige Hunde tragen Maulkörbe, andere nicht. Von den Letzteren interessiert sich einer mehr für die Schalker Spieler als für deren entfesselte Anhänger. Friedel Rausch wird von einem Schäferhund in den Hintern gebissen. »Ich wusste gar nicht, wie mir geschah. Plötzlich rief einer, Vorsicht, die Hunde sind los. Da kamen schon die Höllenschmerzen. (...) Also bekam ich eine Tetanusspritze und weiter ging's«, erinnert sich Friedel Rausch.[160] Auf einem YouTube-Video sieht man den Schalker Verteidiger noch ein paar Meter auf Knien über den Rasen robben, bevor er vornüberfällt. Schalke-Stürmer Gerd Neuser bekommt einen Biss in die Kniekehle ab und muss in der 76. Minute wegen Lähmungserscheinungen ausgewechselt werden. Rausch hält durch und hat später im *aktuellen sportstudio* des ZDF die Lacher auf seiner Seite, als er auf die Frage von Dieter Kürten, was gewesen wäre, wenn der Schäferhund vorne zugebissen hätte, erklärt: »Dann hätte der Schäferhund alle seine Zähne verloren.«[161]

Sportlich erwähnenswert ist, dass Werner »Acker« Weist in der 65. Minute noch der Ausgleich zum 1:1-Endstand gelang. Die Schalker ärgerten sich – über ihre eigenen Fans (Schalkes Mittelfeldspieler Hermann Erlhoff: »Ich habe unsere Fans weggeschubst. [...] Wir wollten doch die Punkte holen, und dann rennen die da rum«) –, die Dortmunder nahmen's gelassen (Torschütze Weist: »Mein Tor war natürlich klasse und auch für die Gesamtsituation im Stadion nicht schlecht [lacht]. Da durften auch die Dortmunder mal jubeln«[162]).

Das Derby mit »Biss« hatte zwar kein juristisches oder sportliches Nachspiel (Schalke verzichtete auf einen Protest), aber ein tierisches: Beim nächsten Aufeinandertreffen der Ruhrpott-Rivalen wurden die Dortmunder Spieler in der Glückauf-Kampfbahn nicht von Schäferhunden, sondern von jungen Löwen empfangen. Die hatte sich Schalke-Präsident Günter Siebert kurzerhand aus dem Löwenpark des Grafen von Westerholt ausgeliehen. »Was den Dortmundern ihre Hunde, sind den Schalkern ihre Löwen«, titelte *Bild*. Auch die Löwen trugen keine Maulkörbe, blieben aber angekettet. »Das war ein Gag, aber die Löwen gingen mit uns ja auch auf den Platz. Mulmig war einem da schon«, erinnerte sich »Acker« Weist, den nichts so leicht aus der Ruhe brachte: »Die sind alle ein bisschen Banane, und das ist doch das Geniale am Fußball im Ruhrgebiet.«[163]

Auch dieses Derby endete wenig spektakulär mit 1:1, am Ende der Saison hatte zur Abwechslung der BVB als Tabellenfünfter die Nase vorn vor den Schalkern, für die es nur zu einem neunten Platz reichte.

56. GRUND

Weil Klaus Scheer 1972 gegen den BVB das schnellste Schalker Bundesliga-Tor aller Zeiten gelang

Es war die königsblaue Traumsaison, und eine königsblaue Traumelf spielte »königsblauen Traumfußball«.[164] Am 23. Spieltag der Saison 1971/72 war das jüngste Team der Bundesliga seit acht Wochen Tabellenführer, während der BVB als Schlusslicht dem ersten Liga-Abstieg seiner Geschichte entgegensah. Die Schalker schossen Tore am Fließband und waren seit zehn Spieltagen ungeschlagen, zuletzt mit sieben Zu-null-Siege in Folge. »Mit ihrem furiosen Offensivfußball und ihrer kaum zu bändigenden Lust spielten die Knappen ihre Gegner reihenweise an die Wand«, sodass »sich sämtliche Experten einig waren, die stärkste Schalker Mannschaft seit der legendären Kreisel-Elf der 1930er Jahre vor sich zu haben«.[165]

Im Gegensatz dazu befand sich Schwarz-Gelb im freien Fall. Gegen den FC Bayern hatte man ein 1:11-Debakel erlebt, gegen den 1. FC Kaiserslautern war man mit 0:6 und gegen Eintracht Frankfurt mit 2:5 unter die Räder gekommen. Das Hinrunden-Derby gegen Schalke war mit 0:1 verloren gegangen.

Im 75. Revier-Derby am 4. März 1972 in der ausverkauften Roten Erde hatten die Schwarz-Gelben den Ball noch gar nicht berührt, als sie nach 17 Sekunden schon 0:1 hinten lagen. Die *Westdeutsche Allgemeine Zeitung* war baff: »Selbst die Ehrengäste des Bombenräumkommandos waren auf den ›Knall‹ der ersten Sekunden nicht vorbereitet. Da erwischte vom Anstoß an Scheer den Ball. Er brauste los, als ob er die Schallmauer durchbrechen wollte, ließ zwei Borussen stehen, Rhynio löste sich zu früh von der Linie (...).«[166]

Klaus Scheer spielte in jener Saison in der Form seines Lebens: drei Treffer gegen Hannover beim 5:0, fünf Treffer gegen Köln beim 6:2 und jetzt das schnellste Schalker Bundesliga-Tor aller Zeiten: »Ich habe damals eine Riesensaison gespielt. Im Nachhinein die beste meiner Karriere. Ich habe in diesen Spielen nicht lange nachgedacht, sondern einfach frei drauflosgespielt.«[167]

Das 2:0 erzielte wieder Scheer, diesmal per Elfmeter nach Foul von Rašović an Erwin Kremers, und elf Minuten vor dem Abpfiff sorgte Helmut Kremers mit einem Weitschuss für den 3:0-Endstand. Abgesehen vom sensationell frühen blau-weißen Führungstor eine Partie ohne Überraschungen, sodass die WAZ nüchtern titelte: »Im 75. Revierderby gewann der Favorit Schalke absolut verdient.«

Schalke-Fan Detlef Aghte erinnert sich, dass die Atmosphäre beim Derby in den Siebzigern radikal umschlug im Vergleich zu den frühen Fünfzigern: »Es wurde damals ohne Ende angefeuert (...). An Beschimpfungen gegen den BVB kann ich mich nicht erinnern (...). Man konnte sich auch gar nicht danebenbenehmen, da waren einige Hutträger um einen herum, die aufpassten. Komisch wurde die Stimmung bei den Derbys erst in den Siebzigern. Da habe ich schön achtgegeben, weil ich oft alleine hin bin, oder ich habe mich gewehrt.«[168]

Auch am 4. März 1972 gab es Randale: »Ich sehe einen Pulk Schalker, die sich über diesen Händler ärgerten, der sich erdreistete, in Dortmund Dortmunder Fahnen zu verkaufen. (...) Rucki-zucki stand der Tisch in Flammen. Direkt daneben standen Ordner mit Hunden, und die machten nichts. Als der Qualm dichter wurde und die Köter wie verrückt am Bellen waren, ruft einer ›Sag mal, hat dein bekloppter Hund Asthma, oder was?‹ Ich habe mich bepisst vor Lachen. (…) Dann haben wir Schalker uns kurz gesammelt, und dann ging das auf drei ins Stadion. Mit Kartenkaufen hatte man es nicht so, und schwupps alle Mann drin. Auf dem Rasen hatte das Spiel schon begonnen, und es wurde direkt gejubelt.«[169]

Selige Zeiten!

57. GRUND

Weil selten ein Derby so packend war wie das Saisonfinale 1976/77

Bundesliga-Saison 1976/77. 34. Spieltag. Mit 43:23 Punkten und 56:32 Toren führt Titelverteidiger Borussia Mönchengladbach die Tabelle an, gefolgt von Schalke 04 mit 41:25 Punkten und 73:50 Toren. Die Gladbacher müssen am letzten Spieltag zum FC Bayern, Schalke empfängt den ewigen Rivalen aus der verbotenen Stadt. Die Tabellensituation ist vertrackt für die Schalker: Verliert Gladbach in München und gewinnt Schalke gegen den BVB, sind die Knappen Meister – dank der besseren Tordifferenz. Den Gladbachern reicht ein Unentschieden für die fünfte Meisterschaft und den dritten Titelgewinn in Folge. Selbst im Falle einer Niederlage bliebe die Schale in Gladbach, sollte Schalke ebenfalls verlieren. Den Bayern reicht gleichfalls ein Unentschieden für den Einzug in den UEFA Cup-Wettbewerb. Aber: Die Roten haben noch eine Rechnung mit den Königsblauen offen – die 0:7-Heimpleite aus der Hinrunde ist noch nicht vergessen.

Alles in allem beste Voraussetzungen für ein packendes Saisonfinale. Das sich 70.600 im ausverkauften Parkstadion an diesem

21. Mai 1977 nicht entgehen lassen wollen. Dabei hätte Schalke längst alles klarmachen können. Doch nach einer Serie ärgerlicher Unentschieden gegen Köln, München und Hamburg und einer peinlichen 0:1-Heimniederlage gegen den Tabellenvierzehnten Saarbrücken war die Mannschaft erst mit einem 7:1 beim Karlsruher SC am 29. Spieltag wieder auf Touren gekommen und hatte sich anschließend vom fünften auf den zweiten Tabellenplatz vorgekämpft.

Und im Derby läuft auch alles nach Plan. Zwar würde der Aufsteiger den Schalkern die Meisterschaftssuppe nur zu gern versalzen, aber der letzte schwarz-gelbe Derby-Sieg liegt immerhin schon zehn Jahre zurück. Nach 26 Minuten führen die Schalker durch Tore von Rüdiger Abramczik und Klaus Fischer erwartungsgemäß mit 2:0. Nur leider führt da die Gladbacher Borussia im Olympiastadion ebenfalls schon mit 2:0. Erst als Gerd Müller kurz darauf auf 2:1 verkürzt und die Lüdenscheider den Schalkern in der 48. Minute ein Tor schenken, keimt so etwas wie Hoffnung auf. Nach dem Anschlusstreffer von Segler erhöht Fischer in der 77. Minute sogar auf 4:1, der Dortmunder Anschlusstreffer zwei Minuten später ist nur noch Kosmetik – aber in München führt weiter Gladbach, und ein Wunder wird immer unwahrscheinlicher. Bayerische Schützenhilfe für die Knappen? Nach dem 0:7 kaum denkbar. Der 2:2-Ausgleich in München kann denn auch die Schalker Depression nicht aufhalten – er fällt in der 90. Spielminute. Nicht wenige glauben an ein Gentleman's Agreement zwischen Gladbach und Bayern. Klaus Fischer: »Die Gladbacher und die Münchner kannten sich ja gut. (…) Uns war klar, dass die sich nicht groß wehtun, und 2:2 in letzter Minute war ja auch das perfekte Ergebnis. Nur nicht für uns. Das war eine Art Nichtangriffspakt in München.« Um dann selbstkritisch einzuräumen: »Wir hatten es ein paar Wochen zuvor gegen Saarbrücken verspielt. Wir haben es ja selbst verbockt. Gegen so eine Mannschaft darfst du nicht verlieren, wenn du Meister werden willst.«[170]

Zum zweiten Mal nach 1972 haben die Schalker ihre achte deutsche Meisterschaft nur knapp verpasst – dafür in einem dramatischen Saisonfinale im 73. Revier-Derby den 33. Sieg eingefahren, dem 15 Unentschieden und 25 Niederlagen gegenüberstehen. Im Ruhrpott bleibt Königsblau auch im zehnten Jahr die Nummer eins und ungekrönter Derby-Sieger.

58. GRUND

Weil der Schalker »Jahrhundertsieg« 1992 unvergessen ist

Zugegeben, ein Jahrhundert mussten die Schalker nicht warten, aber immerhin zwei Jahrzehnte. So lange war es her, seit die Königsblauen den letzten Sieg im Westfalenstadion eingefahren hatten. Damals war es das hoffnungsvolle »Dreamteam« mit Norbert Nigbur, Jürgen Sobieray, Klaus Fichtel, Rolf Rüssmann, »Aki« Lütkebohmert, Hartmut Huhse, Erwin und Helmut Kremers, Klaus Fischer, Klaus Scheer und »Stan« Libuda gewesen, das als klarer Favorit 3:0 gewann. Aber was waren schon 20 Jahre Warten auf den nächsten Auswärtssieg beim Derby gegen inzwischen mehr als 50 Jahre Warten auf die achte Deutsche Meisterschaft!

Am 22. August 1992 war es soweit. 20 Jahre königsblaues Ausharren wurden belohnt. Im zweiten Spiel der Saison sicherte sich Schalke im zweiten Jahr seiner neuerlichen Erstklassigkeit mit einem 2:0 beim Erzrivalen zwei Punkte und entschädigte den blau-weißen Anhang mit diesem gefühlten »Jahrhundertsieg« für die 3:4-Auftaktpleite am ersten Spieltag gegen den Winzling Wattenscheid 09.

Mann des Tages in Dortmund war Günter Schlipper, der von 1989 bis 1993 für Schalke spielte und in 111 Spielen 15 Tore für Königsblau erzielte. Beim Auftaktspiel von Schalkes neuem Coach Udo Lattek noch 90 Minuten auf die Bank verbannt und im Pokalspiel gegen Göttingen 05 erst in der zweiten Halbzeit eingesetzt, durfte der 1962 in Oberhausen geborene »Schlippi«, »ein Idol der Nordkurve, ein Straßenfußballer genialster Sorte«[171], im Revier-

Derby zwar wieder nur eine Halbzeit lang ran, aber die nutzte er mit einem nach eigenen Worten »einzigartig schönen« Treffer zum 1:0: »Das Tor habe ich noch vor Augen. An der Mittellinie bekam ich den Ball und hatte kaum noch einen vor mir. Dann habe ich den Stefan Reuter fix ausgespielt, stand alleine vor dem Tor und habe ihn reingemacht. (...) Das war ein absoluter Höhepunkt, gerade in Dortmund ein Tor zu machen, und wir hatten ja ewig nicht dort gewonnen. (...) Damit habe ich mich ein bisschen unsterblich gemacht, was mich natürlich total freut.«[172] Kuzorra lässt grüßen (»... da hab' ich ihn einfach reingewichst!«).

Das 2:0 erzielte der Fünf-Millionen-Mark-Transfer der Vorsaison, der Däne Bent »Turbo« Christensen, der dennoch in seinen zwei Spielzeiten auf Schalke die in ihn gesetzten Erwartungen nie erfüllen konnte, weshalb die Fans ihn irgendwann in »Trabi« umtauften.

Die *Westdeutsche Allgemeine Zeitung* aus Essen konnte sich nach dem königsblauen »Jahrhundertsieg« eine gewisse Häme in Richtung Lüdenscheid-Nord nicht verkneifen: »In 30 Jahren Bundesliga haben sich die als Mitfavoriten auf den Meistertitel vorgewetteten Dortmunder Borussen manchen Fehlstart erlaubt. Doch keiner tat so weh wie der von 1992. Schließlich brachte ausgerechnet der westfälische Erzrivale Schalke 04 den BVB mit einem durchaus verdienten 2:0-Sieg im ausverkauften Westfalenstadion wieder auf den Boden der Tatsachen zurück. Die Art und Weise, wie die Schalker den Borussen vornehmlich in der zweiten Halbzeit nachdrücklich verdeutlichten, dass viel Vorschusslorbeer noch lange keine Spitzenposition garantiert, verschlug den BVB-Fans den Atem.«[173]

Eine Derby-Niederlage schmerzt eben immer doppelt. Und der BVB musste drei Jahre auf eine Revanche warten: Am 28. Oktober 1995 gewann Schwarz-Gelb 2:1 auf Schalke – nach zwölf Jahren der erste BVB-Auswärtssieg im Derby. In derselben Saison sicherten sich die Dortmunder schon am vorletzten Spieltag den Meistertitel – dank eines Schalker 2:1-Sieges gegen Bayern München! Und es geschah das Unfassbare: Dortmunder Borussen bejubelten einen Schalker Sieg, und ein Bus voller Schalker machte sich eine Woche später auf nach Dortmund, um dem neuen Deutschen Meister auf dem Friedensplatz zur Titelverteidigung zu gratulieren! Polizei-Einsatzleiter Werner Schwarz erinnert sich: »Aber so wahr ich hier sitze, glauben Sie mir, da war tatsächlich eine Delegation unterwegs, um zu gratulieren. Die kamen wirklich, wurden in ihren blau-weißen Kutten offiziell begrüßt, und man feierte unter unserer herzlichen Beobachtung zusammen. Irre! Das hätte ich nie für möglich gehalten.«[174]

Dabei war es nicht die erste Schalker Delegation in Dortmund: Die hatte aus den Spielern der Schalker Meistermannschaft bestanden, die 1934 nach dem ersten Titelgewinn in Dortmund schnell aus dem Zug ausgestiegen waren, um sich ins Goldene Buch der Stadt einzutragen. Auf der sportlichen Landkarte der Schalker existierte Dortmund damals nur am Rande. Dass ein Sieg gegen Schwarz-Gelb einmal als »Jahrhundertsieg« gefeiert würde, darauf wären Kuzorra & Co. im Traum nicht gekommen.

59. GRUND

Weil Jens Lehmann 1997 beim Derby als erster Torhüter aus dem Spiel heraus ein Tor erzielte

»Mad Jens« nannten sie ihn erst später in England, wo sie sich über seine skurrilen Aufwärmübungen vor dem Anpfiff amüsierten, aber ein bisschen verrückt war er schon, bevor er 2003 zum FC Arsenal ging. Nicht, weil er 1999 nach einem Intermezzo beim AC Mailand ausgerechnet zum Erzrivalen nach Dortmund wechselte, oder weil er sich mit Oliver Kahn medienwirksam um den Stammplatz in der Nationalmannschaft stritt, oder weil er mit fünf Platzverweisen in der Bundesliga den Negativ-Rekord für einen Torhüter hält. Alles halb so verrückt. Aber dass Jens Lehmann aus dem Spiel heraus ein Tor erzielte, per Kopfball, und das in der allerletzten Minute, und das ausgerechnet im Revier-Derby – das war schon ziemlich verrückt. Und hatte es in der Bundesliga noch nicht gegeben.

Nicht bis zu jenem 19. Dezember 1997, einem Freitag, als die »Eurofighter« als Tabellenfünfter im Westfalenstadion gastierten und beim Tabellenelften und frischgebackenen Weltpokalsieger nach 89 Minuten 1:2 hinten lagen. Als aber noch nichts verloren war, denn bei den Königsblauen stand der »verrückte Jens« im Tor. Beziehungsweise hielt sich in der Nähe auf, denn beim wilden Sturmlauf der Schalker nach Andreas Möllers unerwartetem Freistoßtor zur Dortmunder Führung in der 79. Minute rannte auch Lehmann mit nach vorne und wäre nach einem misslungenen Pass beinahe von Michael Zorc mit einem Distanzschuss überrumpelt worden, den der zurückeilende Schalker Keeper aber noch mit knapper Not über die Latte lenken konnte. Als Schalke Sekunden vor dem Schlusspfiff eine umstrittene Ecke zugesprochen bekam, war Lehmann wieder überall, nur nicht in der Nähe seines Kastens. Sein Bruder Jörg erinnert sich: »Ja, da hatte man noch mal Hoffnung. Letzte Minute, Ecke, Jens im Strafraum, und dann kam der Ball von Thon, weitergeleitet von Linke, Jens steht am Fünfer. Stefan Klos kam nicht raus, machte der ja nicht so gerne, und dann passte es perfekt. (…) Diese Situation, im Derby in der letzten Sekunde als Torwart den Ausgleich zu machen, war bombastisch …«[175]

Auch die *Westdeutsche Allgemeine Zeitung* war am Montagmorgen begeistert: »Ein irres Revier-Derby im Westfalenstadion. Beim 2:2 zwischen Borussia Dortmund und Schalke 04 war alles drin. Kampf, Klasse, Rasse und am Ende ein Novum in der Bundesliga …«[176]

Doch es wurde noch viel irrer – im Februar 2003, wieder beim Revier-Derby. Wieder stand der »verrückte Jens« im Tor – nur diesmal in dem der Dortmunder. Dafür trug sein Bezwinger von 1997, Andreas Möller, jetzt das königsblaue Trikot. Verrückte Welt! Und als ob das noch nicht kurios genug gewesen wäre, verewigte Lehmann sich abermals in den Annalen der Liga: Als erster Profi wurde er wegen »Unsportlichkeit« gegen einen eigenen Teamkollegen des Feldes verwiesen.

»Dem Unparteiischen, der Lehmann vor der Pause schon verwarnt hatte, weil er nach einem Foul von Niels Oude Kamphuis an Tomáš Rosický zum Reklamieren aus seinem Kasten geeilt war, blieb nach eigener Aussage keine andere Wahl. Denn Lehmann brannten die Sicherungen durch: Wie von der Tarantel gestochen stürzte er auf den verdutzten Amoroso zu, der beim wegen angeblichen Abseits ohnehin nicht anerkannten Treffer von Tomasz Wałdoch seiner Ansicht nach geschlafen hatte.«[177]

Genie und Wahnsinn liegen nahe beisammen – auf Schalke und im Derby.

60. GRUND

Weil ein Derby zu den elf besten Bundesligaspielen aller Zeiten gewählt wurde

Die »Rangliste der 11 besten Spiele« aus 50 Jahren Bundesliga erschien in der Ausgabe Nr. 114 der *Süddeutschen Zeitung* vom 18./19./20. Mai 2013 und war »nach eigenen, aber selbstverständlich höchst objektiven Kriterien« zusammengestellt worden. Welche das waren, behielt die Redaktion wohlweislich für sich – ein augenzwinkernder Hinweis auf die »Objektivität« jedweder Rangliste.

Auf Rang elf jedenfalls fand sich die Partie Schalke 04 – Borussia Dortmund vom 9. März 2013, die, so SPIEGEL ONLINE vom selben Tag, »beste Unterhaltung« geboten hatte. Was Sky-Kommentator Marcel Reif mit feiner Ironie bestätigte: »Die Stimmung hier im Stadion ist nun einmal so, wie sie ist. Wir haben hier Regionalliga West vom Feinsten.«

Aber auch sonst wies das 142. Revier-Derby einige »Superlative« auf: »Vor exakt 142 Jahren erfand James Beall Morrison den Zahnarztbohrer. Vor ungefähr 142 Jahren beging Schalke 04 seine letzte deutsche Fußball-Meisterschaft. Vor gefühlt 142 Wochen bestritt Christoph Metzelder (früher BVB, heute S04, dazwischen ein ganz klein bisschen Real Madrid) sein bisher letztes Ligaspiel über 90 Minuten. Es gab also viel zu feiern.«[178]

Was beide Seiten denn auch taten, und zwar jede in »ihrer« Halbzeit: »Die erste Halbzeit: Die Schalker Halbzeit. Fazit: Königsblau ist doch die mit Abstand beste Mannschaft des Ruhrgebiets. (...) Die zweite Halbzeit: Die Dortmunder Halbzeit. Fazit: Der BVB ist doch die klar bessere Mannschaft der beiden.«[179] Ja, wer war denn nun die Nummer eins im Pott?

Die 61.673 Zuschauer in der ausverkauften Veltins-Arena erlebten an diesem nasskalten Nachmittag eine kuriose Partie, in der zunächst die Schalker den Erzrivalen an die Wand spielten und sich durch zwei Treffer von Julian Draxler (12.) und Klaas-Jan Huntelaar (35.) einen Zwei-Tore-Vorsprung verschafften, der durchaus noch höher hätte ausfallen können. Und in der nach dem Seitenwechsel ein ausgewechselter BVB einen Sturmlauf startete, der in der 59. Minute zum Anschlusstreffer durch Robert Lewandowski führte – den Schalkern aber Konterchancen durch Teemu Pukki und Jefferson Farfán eröffnete, welche die Partie frühzeitig hätten entscheiden können. So aber »endete ein typisches Unentschiedenspiel mit einem Schalker 2:1-Erfolg«.[180] Und wenn ein siegreiches Unentschieden im Revier-Derby kein Kriterium für die Aufnahme in die SZ-Bestenliste ist, was dann?

6. KAPITEL

KRISEN, SCHURKEN UND SKANDALE

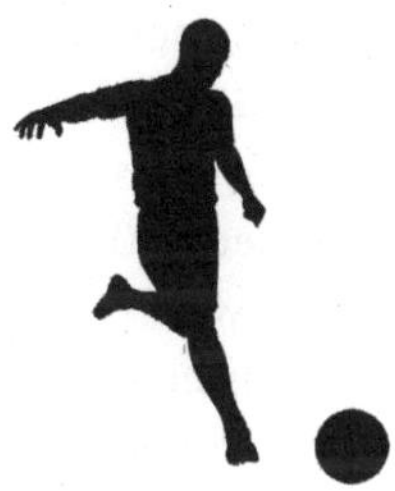

61. GRUND

Weil die Sperre von 1930 den Schalker Siegeszug unterbrechen, aber nicht stoppen konnte

Die Sperre des Westdeutschen Spielverbandes traf den FC Schalke 04 auf einem ersten Erfolgsgipfel. Die Mannschaft war mit drei Endrundensiegen über die SpVgg Sülz (5:2), den Homberger SpV (5:3) und den VfL Benrath (1:0) soeben zum zweiten Mal Westdeutscher Meister geworden und in der Endrunde zur Deutschen Meisterschaft erst im Viertelfinale an Rekordmeister Nürnberg gescheitert. Zusammen mit vier Ruhrbezirksmeisterschaften seit dem Aufstieg 1926 hatten die Schalker also in vier Jahren bereits sechs Titel gesammelt.

In der Saison der Sperre 1930/31 reichte es mit einer »Notelf« in der Ruhrgauliga »nur« zum sechsten Platz, in der Folgesaison 1931/32 war die alte Ordnung dann aber wieder hergestellt. Mit einem 7:0-Kantersieg über Germania Bochum und einem 4:2 über Schwarz-Weiß Essen sicherte sich Schalke die fünfte Ruhrbezirksmeisterschaft und holte drei Wochen später mit drei Siegen über SuS Hüsten 09 (2:0), den Meidericher SV (5:1) und Borussia Fulda (5:1) die dritte »Westdeutsche«.

Seit 1933 der neu geschaffenen Gauliga Westfalen zugeordnet, setzten die Königsblauen ihren regionalen Siegeszug unbedrängt fort: Bis 1944 wurden sie elfmal in Folge Westfalenmeister, davon viermal unbesiegt: In der Saison 1935/36, 1936/37, 1940/41 und 1942/43 gaben sie gerade mal je einen Punkt ab, zweimal standen am Ende der Spielzeit Rekord-Torbilanzen (1936/37 103:14 und 1940/41 101:13). Ganz nebenbei fuhren die Königsblauen in ihrer Glanzzeit noch sechs Deutsche Meisterschaften und einen deutschen Pokalsieg ein.

Dass die größten Erfolge der Schalker in die Zeit des Nationalsozialismus fielen, hat immer wieder Fragen aufgeworfen, wie nah die Elf um Kuzorra & Co. dem NS-Regime stand und ob der »Vorzeigeverein der Nationalsozialisten«[181] in den Jahren der braunen Diktatur auch eine Vorzugsbehandlung erfuhr. Tatsache ist, dass die Meisterfeiern immer auch politische Kundgebungen waren: An den Gelsenkirchener Häusern flatterten neben blau-weißen stets auch Hakenkreuzfahnen. Und die Parteiprominenz sonnte sich in den Erfolgen der Knappen, in der Hoffnung, ein Strahl vom Ruhm der Sportler möge auch auf sie fallen. Tatsache ist aber auch, dass ein Verein wie Schalke, der seine Wurzeln in der Arbeiterschaft hatte und sich als Club der kleinen Leute verstand, besonders leicht von einem Regime instrumentalisiert werden konnte, das vorgab, die gleiche Ideale zu vertreten, und das sich den Mythos des Arbeiters auf die Fahnen geschrieben hatte, auch wenn dieser Mythos nichts als ein ideologisches Konstrukt zur Verschleierung der real stattfinden Entmachtung eben dieses Arbeiters war. Der Siegeszug der Schalker wurde so zum Siegeszug des Regimes umgedeutet, ohne dass die Spieler sich dagegen hätten wehren können.

Sportlich wurde Schalke weder bevorzugt noch benachteiligt. Mutmaßungen wie die von Kuzorra nach den Finalniederlagen 1938 und 1941, die Spiele seien verschoben worden, um die Meisterschaft offen zu halten, dürften ebenso ins Reich der Verschwörungstheorien gehören wie die umgekehrte Vermutung, der Wechsel von Heinz Flotho ins Schalker Tor 1942 sei auf politischen Druck hin erfolgt, um ein weitere Finalschlappe zu verhindern. Wenn Schalker Spieler während des Krieges zunächst heimatnah eingesetzt wurden, dann, weil das Regime versuchte, möglichst lange einen normalen Alltag mit einem normalen Sportbetrieb aufrechtzuerhalten.

Dass der Siegeszug der Schalker sich nach dem Zweiten Weltkrieg nicht mehr fortsetzte, hatte nichts mit dem Untergang des NS-Regimes zu tun, dafür aber umso mehr mit der Überalterung einer Mannschaft, die ihren Zenit überschritten hatte und deren rechtzeitige Verjüngung durch den Krieg verhindert worden war.

62. GRUND

Weil Fritz Szepan zwar ein Nutznießer der NS-»Arisierung«, aber nichtsdestotrotz ein großer Fußballer war

»Vorbehalte gegen eine Fritz-Szepan-Straße« titelte die *Westdeutsche Allgemeine Zeitung* am 15. September 2001 in ihrer Gelsenkirchener Lokalausgabe. In dem Artikel wurde berichtet, dass die Stadt Gelsenkirchen eine Beschlussvorlage zurückgezogen habe, die vorsah, vier Wege im Umfeld der neuen Arena AufSchalke nach verdienten Spielern des Vereins zu benennen. Vorausgegangen waren Hinweise aus den Reihen der Ratsfraktion von Bündnis 90/Die Grünen, wonach Fritz Szepan in erheblicher Weise von der durch das NS-Regime vollzogenen Enteignung jüdischer Geschäfte und Unternehmen im Zuge der »Arisierung« profitiert habe.

Konkret ging es um den Erwerb des Textilkaufhauses Julius Rhode & Co. am Schalker Markt 8/9 im Oktober 1938 durch Szepan. Den jüdischen Besitzern, dem Ehepaar Sally und Henriette Meyer, sowie der Teilhaberin Julie Lichtmann, die Anfang 1942 nach Riga deportiert und im dortigen Getto ermordet wurden, zahlte Szepan lediglich den Gegenwert der Räumlichkeiten in Höhe von 7000 Reichsmark, was sicher nicht dem tatsächlichen Wert des Unternehmens entsprach. Im Entnazifizierungsverfahren 1947 gab Szepan sein Einkommen für 1939 mit 27.000, für 1940 mit 33.000 und für 1941 mit 38.000 RM an. Als Angestellter beim städtischen Sport- und Bäderamt hatte er zuvor ganze 2800 RM im Jahr verdient.[182] Vor der Wiedergutmachungskammer des Essener Landgerichts, wo die Jewish Trust Corporation als Vertreterin der enteigneten Juden 1954 ein Rückerstattungsverfahren angestrengt hatte, räumte er denn auch ein: »Der Kundenkreis ist seinerzeit bei der Festsetzung des Kaufpreises (…) nicht besonders berücksichtigt worden.«[183] Das Verfahren endete mit einem Vergleich:

Szepan zahlte als »Wiedergutmachung« 1000 Mark an die Jewish Trust Corporation, womit der Fall juristisch erledigt war.[184]

Ein von der Stadt im September 2001 in Auftrag gegebenes Gutachten kam zu dem Ergebnis, dass Szepan »mit einiger Wahrscheinlichkeit von den verbrecherischen Maßnahmen der Nationalsozialisten« profitierte.[185] Das Geschäft sei auf Vermittlung der Erbengemeinschaft Thiemeyer zustande gekommen, der die Häuser am Schalker Markt 8 – 10 gehörten, wo sich auch das Schalker Vereinslokal und Kuzorras Zigarrengeschäft befanden. Den jüdischen Besitzern sei gekündigt worden, die ihren Laden daraufhin unter Zeitdruck auf Vorschlag der Vermieter an Szepan verkauft hätten.[186] Das Gutachten spricht von »›einem Geflecht lokaler Akteure und Unterstützer des FC Gelsenkirchen-Schalke 04‹ (…), das dem Ehepaar Szepan zu einer Existenzgründung unter günstigen Bedingungen verhalf und dabei die NS-Rassenpolitik auf das trefflichste mit persönlichen Motiven zu verbinden wusste«.[187]

Ein zweites Gutachten von Frank Bajohr vom Hamburger Institut für Zeitgeschichte bestätigte im Dezember 2001 diesen Befund. Szepan habe weder zu den »skrupellosen Profiteuren« des NS-Regimes noch zu den »gutwilligen und verständnisvollen Geschäftsleuten«, die sich um einen fairen Umgang mit den durch die NS-Gesetze in Bedrängnis geratenen jüdischen Eigentümern bemühten, gehört, sondern zu den »stillen Teilhabern«, die um ihres persönlichen Vorteils willen nicht allzu viele Fragen stellten.[188]

»Ich glaube nicht, dass es nach diesem Gutachten noch jemanden gibt in Gelsenkirchen, der eine Straßenbenennung nach Szepan nicht als problematisch empfindet«, so die Reaktion von Gelsenkirchens Oberbürgermeister Oliver Wittke.[189] Damit war die Namensgebung vom Tisch. »Der gute Ruf des Vorbildfußballers war mit einem Schlag zweifelhaft geworden.«[190]

Dass der im Nachhinein als »Beckenbauer der Vorkriegszeit« geadelte Szepan ein großer Fußballer war, neben Kuzorra vielleicht der größte, den Schalke jemals hatte, steht auf einem anderen Blatt.

Aber nach diesen beiden Gutachten aus dem Jahr 2001 war klar, »dass Szepan vielleicht sportlich, nicht aber charakterlich eine derartige Auszeichnung verdient hat«.[191]

Der Verein reagierte entsprechend, wenn auch verärgert (Manager Assauer: »Sollen sie doch machen, was sie wollen, uns ist das mittlerweile scheißegal«): »Die Ringstraße soll (...) nun in den einzelnen Abschnitten die Namen der berühmten Fußballer Ernst Kuzorra, »Stan« Libuda und Berni Klodt tragen. Das Jugend-Internat wird nach einem Ausbau ein großes ›S04‹-Logo auf dem Dach erhalten.«[192] Im kollektiven Schalker Gedächtnis hat auch Fritz Szepan weiter seinen Platz – auch ohne Straßenbenennung.

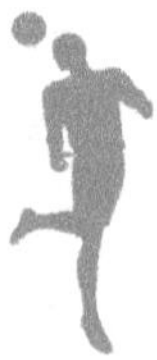

63. GRUND

Weil drei Fußballwunder Schalke 1949 vor dem drohenden Abstieg retteten

Erst 18 Monate war es her, seit der ewige Westfalenmeister Schalke 04 vom ewigen Verlierer Borussia Dortmund entthront worden war. 2:3 hatten sich die Knappen damals im Stadion am Schloss Strünkede in Herne dem BVB geschlagen geben müssen. Und nun, am 30. Januar 1949, hatte man schon wieder gegen Dortmund verloren – und war nach der 0:1-Heimpleite zum ersten Mal in der Vereinsgeschichte Tabellenschlusslicht. Während der BVB zwei Monate später vorzeitig seine zweite Westmeisterschaft feierte und damit die neue Rivalität zwischen den beiden Traditionsvereinen zementierte, gingen auf Schalke nach einem 1:4 in der Kampfbahn Glückauf gegen den Lokalrivalen STV Horst-Emscher endgültig die Lichter aus: »Um den Abstieg noch zu verhindern, brauchte Schalke 04 nun ein mittleres Fußballwunder.«[193]

Aber Schalke wäre nicht Schalke, wenn es bei *einem* Wunder geblieben wäre. Vielmehr geschahen derer gleich drei.

Nummer eins: Mit Hermann Eppenhoff und Walter Zwickhöfer kehrten zwei Leistungsträger nach vier Jahren aus russischer Kriegsgefangenschaft zurück. Mit ihnen als Verstärkung gewann Schalke von den restlichen vier Spielen drei und »verbesserte« sich auf den vorletzten Tabellenplatz.

Nummer zwei: Offenbar konnte sich der Westfälische Fußball-Verband eine Oberliga ohne den Mythos Schalke nur schwer vorstellen, weshalb der Verbandstag die Aufstockung der Oberliga West von 13 auf 16 Vereine beschloss. Die drei Letztplatzierten der Oberliga West mussten in drei Gruppen gegen die Zweit- und Drittplatzierten aus den drei Bezirksligen antreten.

Nummer drei: Mit Fritz Szepan als Ersatz für Schalkes neuen Trainer »Ferdl« Swatosch, der wegen der Relegation seinen Urlaub nicht unterbrechen wollte, gewann Schalke seine Relegationsspiele gegen Bayer Leverkusen mit 1:0 und gegen den VfL Benrath mit 9:0.

Schalke blieb erstklassig und verdankte diese Erstklassigkeit einer Mannschaft, in der zwei Spieler nicht mehr vertreten waren: Ernst Kuzorra und Fritz Szepan. Nach der 2:3-Niederlage gegen Aufsteiger Rhenania Würselen im Januar 1949 war nur noch Szepan ein einziges Mal im Schalker Dress aufgelaufen. Den Rest der Spielzeit hatten die beiden Schalker Legenden auf der Tribüne verbracht. Schon im Herbst 1947 hatte die *Westfalenpost* geschrieben: »Kuzorra und Szepan hemmten trotz aller technischen Fähigkeiten den Fluß des Spiels.«[194] Das Ende einer Epoche zeichnete sich ab. Und ein viertes Wunder bahnte sich an.

Und geschah. Zwei Jahre nach dem verhinderten Abstieg sicherte sich eine nun von Szepan trainierte verjüngte Schalker Mannschaft die erste Westmeisterschaft nach dem Zweiten Weltkrieg. 20.000 Zuschauer erlebten am letzten Spieltag der Oberliga West im Stadion Am Lindenbruch einen 4:1-Erfolg der wiederauferstandenen Knappen über die Spfr. Katernberg, während Tabellenführer Preußen Münster überraschend Preußen Dellbrück 0:4 unterlag. In der Endrunde zur Deutschen Meisterschaft reichte es nach zwei Niederlagen gegen den FC St. Pauli (1:2) und den 1. FC Kaiserslautern (0:1) für die Szepan-Elf dann zwar nicht für die Endspielteilnahme, aber die größte Krise der Vereinsgeschichte hatte Königsblau mit dem neuerlichen Gewinn der Westmeisterschaft überwunden.

64. GRUND

Weil Schalke auch den Schwarzgeldskandal 1961 überstand

1930 waren es bescheidene zweistellige Beträge, für die der Verein mit einjährigem Lizenzentzug und die Schalker Spieler mit Aberkennung des Amateurstatus bestraft wurden. 30 Jahre später sind es fünfstellige Summen, die den Verein abermals in die Schlagzeilen bringen. Das Problem ist das gleiche: Noch immer sind Deutschlands Fußballer laut DFB-Statut Vertragsamateure, die abseits des Spielfeldes einem »ordentlichen« Beruf nachzugehen haben. Insgeheim aber sind Handgelder und Prämienzahlungen bei vielen Vereinen längst gang und gäbe. »Sonst hätten wir keine Spieler mehr auf den Sportplatz locken können«, räumt Schalke-Schatzmeister Hans Asbeck Anfang der Sechzigerjahre freimütig ein, als Schalke mitten im zweiten Skandal seiner Vereinsgeschichte um unerlaubte Zahlungen und finanzielle Manipulationen steht.[195]

Ins Rollen gebracht hat den Skandal im September 1961 der zweite Schalke-Kassierer Wilhelm Nittka, als er gegenüber Oberstadtdirektor Hans Hülsmann die Existenz von »schwarzen Kassen« einräumte. Im Dezember 1961 durchsuchen Steuerfahnder die Schalke-Geschäftsstelle. Es stellt sich heraus, dass seit 1959 mindestens 150.000 Mark nach dem Prinzip »Brutto für Netto« in die Taschen der Spieler geflossen sind. »Erwirtschaftet« wurde das Geld durch nicht abgerechnete Eintrittskarten: Die offizielle Zuschauerzahl wurde stets mit 30.000 angegeben, auch wenn regelmäßig mehr als 40.000 die Ränge der Glückauf-Kampfbahn bevölkerten. Zusätzlich gefüllt wurde die Schwarzgeldkasse mit Rückendeckung eines Finanzbeamten durch von der Stadt Gelsenkirchen gestundete Vergnügungssteuerbeiträge.

Dass Schalke mit Prämien und Handgeldern das Vertragsspielerstatut umging, war nicht das eigentliche Problem – das machten mit Duldung des DFB fast alle Oberligisten, weil ein regulärer Spielbetrieb ansonsten gar nicht aufrechtzuerhalten gewesen wäre (siehe oben). Weil Königsblau aber nicht zuletzt wegen seines teuren Stadions einen exorbitanten Finanzbedarf hatte, griff man in Schalke zu »unlauteren Methoden bei Abrechnung und Versteuerung«.[196] Selbst die wären aber nie ans Licht gekommen, hätte Nittka, weil er angeblich »die Last der Lüge nicht länger tragen« konnte, nicht Anzeige erstattet.

Was folgt, ist ein Schmierenstück allererster Güte, eine »Galavorstellung des Schalker Tollhauses«.[197] Es treten auf: ein rachsüchtiger Kassenwart, ein verärgerter Spielobmann, ein geldgieriger Vereinsarzt, ein karrieresüchtiger Politiker, ein bedrängter Vereinspräsident, königsblaues Volk. Es geht um Geld, Macht und Einfluss, und in der Clubführung konkurrieren sämtliche Spielarten menschlicher Niedertracht miteinander. Der »Plot« wirkt an den Haaren herbeigezogen, aber auf Schalke war und ist alles möglich. In *100 Schalker Jahre* heißt es: »Nittka gibt zu, er habe nicht wegen seiner Gewissensbisse ausgepackt. (...) Der ehemalige Vorstandskollege Karl Stutte, der Vereinsarzt Dr. Weiler und ein Parteigenosse Dr. Königs, der Landtagsabgeordnete Rübenstrunk, hätten ihn dazu gezwungen, ja erpresst. Doch auch dieses Ammenmärchen klärt sich auf. In Wirklichkeit hat jeder der vier seine eigenen Gründe, den Abgang der Vereinsspitze zu betreiben. Nittka veranstaltet seinen persönlichen Rachefeldzug, weil ihm Asbeck als erster Kassierer vorgezogen wurde. Spielobmann Stutte war auf König nicht mehr gut zu sprechen, weil der seinem Schwiegersohn

Otto Laszig keinen Vertrag mehr gegeben hatte. Rübenstrunk wollte selbst Schalkes Vorsitzender werden, um im politischen Leben mehr Einfluss zu gewinnen. Und Weiler war verärgert, weil König an den Kosten für die medizinische Abteilung und damit auch an Weilers Honorar Einsparungen vornehmen wollte.«[198]

Und der Verein? Der diente in erster Linie als Vehikel zur Befriedigung persönlicher Eitelkeiten, auch wenn das Landgericht Essen das nach Abschluss des Verfahrens im Frühjahr 1964 anders sah und den zu milden Geldstrafen verurteilten Angeklagten bescheinigte, aus »falsch verstandener Liebe zum Verein und zum Fußball« gehandelt zu haben.[199] Dass deren Verhalten angesichts der mit der Einführung der Bundesliga anstehenden Umwälzungen im deutschen Fußball beinahe an Vereinsschädigung grenzte, sah damals niemand oder wollte es nicht sehen. DIE ZEIT brachte es nach dem Prozess auf den Punkt, als sie schrieb, viele »›gebürtige‹ Schalker wollten nicht zulassen, dass ihr ›Nationalheiligtum‹ unter der Fuchtel von Männern stand, die nicht schon bei der Geburt in blau-weiße Windeln gewickelt worden waren«.[200]

Und der blau-weiße Anhang? Der hätte die strafrechtlich relevanten Verfehlungen als Kavaliersdelikte hingenommen – schließlich hatten sie dem Verein genutzt –, aber die vor Gericht enthüllten Intrigen und Scharmützel hinter den königsblauen Kulissen erschütterten selbst hartgesottene Fans. »Die Jungfrau Schalke ist geschändet«, resümierte DIE ZEIT.[201]

Der Verein überstand die Schwarzgeldaffäre. Und die Fans standen weiter zu »ihrer« Mannschaft, auch als diese in der ersten Bundesliga-Rückrunde ins Trudeln geriet und die anfangs gehegten Meisterschaftsträume zerplatzten. »Ihr« Schalke stand längst über allem Irdischen, war »schon so sehr zum Symbol, zur Verkörperung von ganz etwas anderem geworden, dass es von den realen Verhältnissen nicht mehr wirklich berührt werden« konnte.[202] Der Mythos war angekratzt, aber er lebte.

65. GRUND

Weil wegen Schalke sogar die Bundesliga aufgestockt wurde

Es kann nicht sein, was nicht sein darf. Und doch. Am Ende der zweiten Bundesliga-Saison steht der FC Schalke 04 mit 22:38 Punkten und 45:60 Toren bei gerade mal sieben Siegen dort, wo er fast die gesamte Spielzeit lang stand: auf dem letzten Tabellenplatz. Und das bedeutet Abstieg aus der gerade erst neu geschaffenen Eliteklasse des deutschen Fußballs.

In deren erster Saison die Königsblauen noch mit Titelambitionen gestartet waren, bevor ein jäher Absturz in der Rückrunde sie bis auf den achten Tabellenplatz zurückwarf. Verantwortlich dafür waren neben Formschwächen bei Leistungsträgern wie »Stan« Libuda und Günter Herrmann sowie Verletzungspech (Abwehrspieler Willi Schulz und Stürmer Manni Kreuz) Unruhe und Unmut im Kader, seit nach Einführung des Lizenzspielerstatuts durch den DFB »Stars« von außerhalb verpflichtet worden waren, die besser bezahlt wurden als die Schalker Eigengewächse. Der Gedanke, lokal verwurzelte Teams durch Spieler zu verstärken, denen kein Kohlenstaub anhaftete, fand nicht überall Akzeptanz. Dass im September 1963 zudem mit Fritz Szepan ein verdienter Spieler, aber nur mäßig erfolgreicher Geschäftsmann zum neuen Vereinspräsidenten gewählt worden war, hatte Zweifel daran geweckt, ob Schalke für die Zukunft des Profifußballs in Deutschland hinreichend gerüstet war.

Mit fünf Nationalspielern im Kader (Libuda, Kraus, Koslowski, Nowak, Herrmann) und neuem Trainer (»Feldwebel« Fritz Langner anstelle des von den Spielern als konzeptlos kritisierten Georg »Schorsch« Gawliczek), wenn auch mit einer empfindlichen Lücke im Sturm nach dem Weggang von Torjäger Klaus »Zick-Zack« Matischak und mit einem wenig souveränen Torwart Horst Mühlmann machte Schalke sich auch in der Saison 1964/65 zunächst

Hoffnungen, im Titelrennen mitmischen zu können. Doch nach zwei Unentschieden und zwei Niederlagen fand man sich schon am vierten Spieltag am Tabellenende wieder. Es folgte ein 2:6-Debakel auf eigenem Platz gegen Dortmund. In der Rückrunde sorgte der drohende Abstieg zudem dafür, dass zum einen sportlich nichts mehr lief (Verteidiger Hans Nowak: »Wir haben uns förmlich den Finger in der Nase abgebrochen«), zum anderen die Mannschaft Auflösungserscheinungen zeigte, weil einige Spieler sich bereits nach neuen Vereinen umsahen. Am Ende wechselten Willi Schulz zum Hamburger SV, Hans Nowak zu Bayern München, Willi Koslowski zu Rot-Weiss Essen, »Waldi« Gerhardt zu Fortuna Düsseldorf und »Stan« Libuda gar zum BVB. Was manche Skeptiker der schönen neuen Fußballwelt in ihrer Ansicht bestärkte, »dass es im Zeitalter des Profifußballs mit der Vereinstreue nicht mehr weit her war«.[203]

Einer jedoch hielt an Schalke fest – der DFB. Ob aus Treue und königsblauer Anhänglichkeit oder aus reinem Kalkül, sei dahingestellt. Denn Schalke war längst ein Mythos, eine Institution, auf die auch die Bundesliga – wie weiland die Oberliga West – glaubte nicht verzichten zu können, ohne, wie man heute sagen würde, den Kern der Marke zu gefährden. Noch nicht. Als Schalke in den Achtzigern gleich dreimal abstieg, verfügte die Liga längst über andere Institutionen, die den eigenen Markenwert auch ohne den Mythos Schalke gewährleisteten.

1965 jedenfalls wurde auf dem Bundestag des DFB über einen Verbleib von Schalke in der höchsten deutschen Spielklasse beraten. Ein entsprechendes Schlupfloch tat sich auf, nachdem man Hertha BSC wegen finanzieller Unregelmäßigkeiten und Verstoßes gegen das Lizenzspielerstatut zum Zwangsabstieg verdonnert hatte. Dadurch war der 14. Tabellenplatz plötzlich vakant. Natürlich war der zweite Absteiger Karlsruhe gerne bereit einzuspringen – aber Schalke auch, nach dem Prinzip: gleiches Recht für alle.

Aber wenn Karlsruhe und Schalke beide in der Liga blieben, wäre nur noch ein Aufstiegsplatz frei – für zwei Aufsteiger: Bayern

München und Borussia Mönchengladbach. Zu allem Überfluss verlangten nun auch noch die Berlin-Lobbyisten im DFB vier Jahre nach dem Mauerbau, dass die geteilte Stadt aus rein symbolischen Gründen unbedingt in der nationalen Liga vertreten sein müsse. Damit war man bei 18 Clubs angelangt.

Um alle zufriedenzustellen, wurde also die Aufstockung beschlossen. Schalke blieb erstklassig, Tasmania Berlin wurde es (um sich mit dem Negativrekord von acht Punkten aus 34 Spielen in der nächsten Saison gleich wieder zu verabschieden). Und der FC Bayern und die Gladbacher Borussia wurden es ebenfalls – mit den bekannten Folgen. Wie wäre die Geschichte der neuen Liga wohl verlaufen, hätte sich der DFB damals wie 1922 der Westdeutsche Spielverband für einen »Neuen Weg« entschieden und den Aufstieg für einige Jahre ausgesetzt?

66. GRUND

Weil das »Dreamteam« von 1971/72 zwar sich selbst, nicht aber den Mythos Schalke zerstörte

Als die Schalker Spieler am 3. Juli 1972 beim Schlusspfiff nach einem furiosen 5:0 über den 1. FC Kaiserslautern im DFB-Pokalfinale vor 59.064 Zuschauern im ausverkauften Niedersachsen-Stadion von Hannover jubelnd die Arme hochreißen, ahnen sie nicht, welches Unheil sich längst über ihnen zusammenbraut.

Drei Tage zuvor hat die mit einem Durchschnitt von 22,36 Jahren jüngste Mannschaft der Bundesliga die erfolgreichste Schalker Bundesliga-Saison als Zweiter mit nur drei Punkten Rückstand auf den FC Bayern München abgeschlossen, und sämtliche Experten sagen dem jungen Team um Trainer Ivica Horvat eine große Zukunft voraus. Mit 52:16 Punkten und 76:35 Toren weisen die Königsblauen ihre bis dato beste Saisonbilanz in der höchsten deutschen Spielklasse auf. Und nun sind sie nach 1937 zum zweiten Mal in der Vereinsgeschichte Deutscher Pokalsieger. Wenige Minuten später reckt ein strahlender Mannschaftskapitän Libuda in königsblauer Trainingsjacke den »Pott« in die Höhe.

Einen Tag später werden die Pokalhelden Norbert Nigbur, Hartmut Huhse, Klaus Fichtel, Rolf Rüssmann, Helmut und Erwin Kremers, Herbert »Aki« Lütkebohmert, Klaus Scheer, Heinz van Haaren, Reinhard »Stan« Libuda und Klaus Fischer von fast 100.000 Fans auf dem Gelsenkirchener Bahnhofsvorplatz begeistert empfangen. Und Oberbürgermeister Löbbert tönt: »Mit Stolz dürfen die Mannschaft, der Trainer und der Vorstand auf die Saison zurückblicken. Wir sind stolz auf unseren so ruhmreichen FC Schalke 04.«[204]

Vier Wochen später. 6. August 1972. DFB-Zentrale, Frankfurt am Main. Mit der Präsentation von »Beweisen« gegen den FC Schalke 04 vor dem DFB-Sportgericht durch DFB-»Chefankläger« Hans Kindermann erreicht der Bundesliga-Skandal seinen vorläufigen Höhepunkt. Dabei hatten die Schalker zunächst gar nicht im Fokus der Ermittlungen gestanden. Die hatten sich lange auf den 1. FC Köln, Kickers Offenbach und Hertha BSC konzentriert, und am 24. Juli 1971 waren gegen mehrere Spieler und Funktionäre dieser Vereine lebenslange Sperren verhängt worden.

Beim DFB glaubte man die Sache damit erledigt, zumal ein ausgewachsener Fußballskandal das Letzte war, was man drei Jahre vor der WM im eigenen Lande gebrauchen konnte. Erst nach Hinweisen, dass auch die Partien Rot-Weiß Oberhausen gegen den 1. FC Köln (4:2) und VfB Stuttgart gegen Arminia Bielefeld (0:1) gekauft worden seien, nahm der DFB die Ermittlungen wieder auf, in deren Zentrum nun rasch Arminia Bielefeld rückte. Als die BILD im August 1971 titelte: »Bei Schalke lief ein krummes Ding« und auf der Bielefelder Geschäftsstelle ein Buchungsbeleg über 40.000 Mark mit dem hingekritzelten Vermerk »FC Schalke 04« gefunden wurde, zog sich die Schlinge auch um »Horvats Löwen« zu.[205]

Nun, ein Jahr später, sehen es die DFB-Richter als erwiesen an, dass die Partie Schalke 04 – Arminia Bielefeld vom 17. April 1971 (0:1) für 40.000 Mark gekauft und das Geld nach dem Spiel unter sämtliche Schalker Akteure verteilt wurde. Grundlage ihres Urteils ist ausgerechnet die Aussage eines Schalkers, des jungen Keepers Dieter Burdenski: »Als ich nach dem Duschen in unsere Kabine zurückkehrte, sah ich, dass ein Spieler, an den ich mich nicht mehr erinnern kann, zahlreiche braune Geldscheine in der Hand hatte. Die Spieler sprachen von 30.000 Mark. Auf einmal stand Manfred Pohlschmidt vor mir und sagte: Komm heute um 21 Uhr zum Parkplatz des Löwenparks des Grafen Westerholt nach Buer. Ich erhielt dort von Pohlschmidt zwei Tausendmarkscheine. Ich erkannte in anderen Autos noch Sobieray, Galbierz und Pirkner. Ob sie auch Geld bekamen, kann ich nicht behaupten. Dienstag nach dem ersten Training gab mir Pohlschmidt noch 300 oder 400 Mark. Ich habe mir weiter keine Gedanken über die Herkunft des Geldes gemacht.«[206]

Auf die in der Verhandlung ausgesprochenen Sperren für die Ex-Schalker Pohlschmidt, Sobieray, Galbierz und Pirkner folgt schon im September 1972 der Lizenzentzug für Klaus Fischer (zwei Jahre) und Reinhard Libuda (lebenslänglich). Letzterer entgeht der Strafe nur, weil er seit Saisonende bei Racing Straßburg unter Vertrag steht. Zwischen Februar und März 1973 erwischt der lange Arm Kindermanns, der regelrecht besessen davon ist, die Schalker »Sünder« zur Strecke zu bringen, und der dem Verein »schwere Zeiten« androht, auch den DFB-Kronzeugen Burdenski, der am 17. April 1971 für den verletzten Norbert Nigbur zwischen den Pfosten gestanden hatte. Des Weiteren Klaus Fichtel, Rolf Rüssmann, Herbert Lütkebohmert und Jürgen Wittkamp, der mittlerweile für die Gladbacher Borussen kickt. Das »Dreamteam« der Saison 1971/72, die wohl beste Schalker Mannschaft seit der »goldenen Ära« der Dreißigerjahre, existiert nicht mehr.

Zum sportlichen Fiasko für den Verein kommt zwei Jahre später noch das strafrechtliche Nachspiel für die Beteiligten: Am 30. September 1975 – da sind sämtliche Sperren bereits abgelaufen und der »Lebenslängliche« Libuda begnadigt und wieder zurück im Schalker Dress – beginnt vor dem Landgericht Essen der Prozess gegen königsblaue Funktionäre und Spieler wegen Meineids, hatten doch 14 Lizenzspieler und Vorstandsmitglieder im Frühsommer 1972 vor der Staatsanwaltschaft Gelsenkirchen ihre zuvor abgegebenen eidesstattlichen Versicherungen bekräftigt und geschworen, nichts von einer Manipulation gewusst zu haben. Doch diesmal geht die Sache glimpflich aus. Die Beschuldigten bekennen sich zu Manipulation und Meineid und kommen mit Geldstrafen davon. Damit ist das Verfahren abgeschlossen.

Doch nicht für den DFB. Die Frankfurter Wächter über den reinen Sport drohen jetzt mit dem abermaligen Lizenzentzug für die nunmehr vor einem ordentlichen Gericht geständigen Fischer, Sobieray, Lütkebohmert und Rüssmann. Die hatten seinerzeit auf Anraten ihres Anwalts darauf verzichtet, den zweiten Kronzeugen des DFB, den ehemaligen Bielefelder Jürgen Neumann, zu verklagen. Der hatte behauptet, der Ex-Schalker und Neu-Bielefelder Waldemar Slomiany habe dem Ex-Schalker und Neu-Düsseldorfer Klaus Senger im April 1971 die besagten 40.000 Mark übergeben, was Slomiany zunächst bestritt, um später dann einzuräumen, das Geld in die eigene Tasche gesteckt zu haben. Der daraufhin erfolgte Klageverzicht war vom DFB als Schuldeingeständnis gewertet und mangels stichhaltiger Beweise (Sportgerichtsvorsitzender Werner Kirsch: »Wir glauben, auf Grund der anderen Prozesse, dass die Spieler nach dem Spiel Geld genommen haben, wenngleich wir es nicht als erwiesen ansehen, dass sie vorher von einer Zahlung wussten«[207]) zusammen mit der Aussage von Burdenski zur Grundlage der verhängten Sperren und Geldstrafen gemacht worden.

Nun endlich, gut dreieinhalb Jahre und ein kaum zu entwirrendes Geflecht aus Lügen und Halbwahrheiten später, glauben sich die DFB-Oberen mit den Essener Geständnissen dem von ihrem selbst ernannten »Staatsanwalt« Kindermann ausgegebenen Ziel

(»Wir sind nicht gewillt, dass es zu einem Triumph der Lüge über die Wahrheit kommt«) zum Greifen nahe. Und tatsächlich werden erneut Sperren verhängt und Geldstrafen ausgesprochen, die diesmal jedoch glimpflich ausfallen.

Damit hat sich die DFB-Gerichtsbarkeit über das rechtsstaatliche Prinzip hinweggesetzt, dass niemand für eine Tat zweimal verurteilt werden darf. Schon während des Verfahrens gegen Klaus Fischer hatte Schalke-Anwalt Dr. Helmut Weber den DFB-Richtern eine »Arroganz sondergleichen«[208] bescheinigt, als diese eine einstweilige Verfügung des Frankfurter Landgerichts ignorierten, die Fischer erwirkt hatte, weil er bestritt, in der Partie gegen Arminia Bielefeld nach einem Lattentreffer von Lükgebohmert gesagt zu haben: »Da kann er ruhig hinschießen.« Der DFB hatte diese Bemerkung als »Beweis« für die Manipulation des Spiels und die aktive Rolle des Schalkers gewertet und sie zur Grundlage des Lizenzentzugs gemacht, während für die 15. Kammer dadurch »kein zwingender Tatverdacht« begründet worden war.[209]

Als im Januar 1978 auch das zwischenzeitlich abgetrennte DFB-Verfahren gegen Klaus Fichtel durch Verhängung von Kurzsperre und Geldstrafe zu einem Abschluss gebracht worden ist, sind sieben Jahre vergangen, seit ein paar junge Spieler aus »Dummheit« (Klaus Fischer) und »Blödheit« (Jürgen Sobieray) für eine heute geradezu lächerlich anmutende Summe nicht nur ihre individuellen Karrieren aufs Spiel setzten, sondern auch einer Schalker Mannschaft den Garaus machten, die zum ersten Mal eine reelle Chance hatte, an die legendären Schalker Triumphe der Vorkriegszeit anzuknüpfen. Dass in der von mehr als 10.000 Schalke-Fans zum Schalker Vereinsjubiläum 2004 gewählten »Jahrhundertelf« fünf Spieler des Pokalsiegers und Vizemeisters von 1972 stehen, mag zwar einerseits dem Alter der Abstimmenden geschuldet sein, spricht aber andererseits auch für die Ausnahmestellung dieser Mannschaft.

Zurück ins »Skandaljahr« 1972. Ohne den gesperrten Fischer, ohne Libuda und ab März 1973 auch noch ohne die nun ebenfalls mit Lizenzentzug belegten Leistungsträger Rüssmann, Lütkebohmert und Fichtel standen die Knappen in der Saison 1972/73 nach einer Heimniederlage gegen Werder Bremen (1:2) am 17. März erstmals auf einem Abstiegsplatz. Der Vizemeister und Pokalsieger der letzten Saison kämpfte um den Klassenerhalt – mit einer »Notelf«, die Trainer Horvat aus jungen Nobodys um die Routiniers Nigbur und Scheer und die Kremers-Zwillinge zusammengestellt hatte. Und das Wunder geschah: Angetrieben von 24.000 Fans in der Glückauf-Kampfbahn, bezwangen die Königsblauen am 30. Spieltag nach drei sieglosen Monaten die Frankfurter Eintracht durch ein Tor des Youngsters Paul Holz in der 88. Minute mit 3:2. Zwar musste man eine Woche darauf in Gladbach eine 1:4-Schlappe hinnehmen, doch den rettenden 15. Tabellenplatz ließen sich die Knappen mit drei Siegen in Folge gegen Stuttgart (2:0), Duisburg (1:0) und Hamburg (2:0) nicht mehr entreißen.

Der Ruf des Traditionsclubs hatte durch den Bundesliga-Skandal empfindlichen Schaden genommen, hämische Kommentatoren hatten schon die Totenglocken für den »FC Meineid« geläutet, doch am Ende triumphierte, wenn auch leicht angekratzt, einmal mehr der Mythos Schalke, als sich eine frische, von den jüngsten Querelen unbelastete Mannschaft, getragen von der bedingungslosen Hingabe der Fans, die »ihr« Schalke auch jetzt nicht im Stich ließen, beherzt aus der tiefsten Krise der Vereinsgeschichte spielte und den königsblauen Absturz in die Bedeutungslosigkeit verhinderte.

67. GRUND

Weil man auf Schalke auch für drei Tage Präsident sein kann

Der Mann in Jeans und Lederjacke und mit Schnauzbart, der auf der Schalker Mitgliederversammlung in der Sporthalle Schürenkamp in Gelsenkirchen plötzlich zum Mikrofon eilte, stellte sich als Betriebswirt aus Düsseldorf und nebenamtlicher Dolmetscher für das Auswärtige Amt vor. Man schrieb den 21. November 1988. Der Traditionsclub war zum dritten Mal seit der Saison 1980/81 zweitklassig, Heilspropheten und Scharlatane hatten Hochkonjunktur am Schalker Markt.

In einem *RevierSport*-Interview erinnerte sich Michael Zylka 20 Jahre später: »In den 1980er Jahren brauchte man nur zu tönen: ›Schalke 04 wird Deutscher Meister, und ich werde dafür sorgen‹ – und schon war man so gut wie gewählt. Aber nach meiner Wahl, die letztlich nur aufgrund einer flammenden Rede zustande kam, wurde die ›Lex Zylka‹ eingeführt, damit so etwas nicht mehr passieren sollte.«[210] Mit 675 zu 526 Stimmen wurde Zylka, nach eigenen Worten ein »positiv bekloppter Schalker«, zum neuen Präsidenten gewählt. In seiner Wahlrede hatte er verkündet: »Ich fühle mich nicht als Messias und baue keine Traumschlösser. Hier zählen keine Personen, sondern nur der Club.« Solche markigen Sprüche kamen auf den hoch emotionalen blau-weißen Mitgliederversammlungen immer bestens an.

Drei Tage später war es mit der Präsidentenherrlichkeit schon wieder vorbei: »Mir schlug Mobbing und pure Ablehnung entgegen. Von daher war mein Rücktritt keine Flucht, sondern für alle Beteiligten das Beste«, klagte Zylka. Nach eigenem Bekunden warf er das Handtuch, weil er den Ex-Profi Rolf Rüssmann beim Verwaltungsrat nicht als Manager hatte durchsetzen können. DER SPIEGEL wusste es besser: »In Wahrheit hatte eine höhere Macht den vermeintlichen Dolmetscher gestoppt. Zylkas Arbeitgeber ist das Bonner Verteidigungsministerium, wo der eloquente und impulsive Schalke-Fan als ›Offizier des militärfachlichen Dienstes im Range eines Oberleutnants‹ tätig ist. Da er im ›sicherheitsrelevanten Bereich‹ eingesetzt ist, so Ministeriumssprecher Werner Widder, seien Beruf und der Ehrenjob in Schalke ›nicht miteinander zu vereinbaren‹. Und hätte der Oberleutnant seine spontane Kandidatur vorher in Bonn gemeldet, wäre ›sie nicht genehmigt worden‹.«[211]

Bleibt die Frage, ob Zylka ein Sicherheitsrisiko für Schalke oder Schalke ein Sicherheitsrisiko für dessen Arbeitgeber gewesen wäre … Die anschließende Installation des geschniegelten Klinik-Unternehmers Günter Eichberg auf dem königsblauen Schleudersitz kommentierte der im Vorjahr auf Schalke endgültig abservierte Ex-Präsident Günter Siebert aus dem fernen Gran Canaria mit den Worten: »Erst hatten wir James Bond, jetzt kommt Professor Brinkmann.«[212] Aber der brachte es im Gegensatz zum »Drei-Tage-Präsidenten« Zylka immerhin auf eine Amtszeit von fast fünf Jahren.

68. GRUND

Weil Schalke auch die Ära des »Sonnenkönigs« überlebte

Er kam in der wohl schwierigsten Spielzeit der Schalker Vereinsgeschichte. Schalke war zum dritten Mal nach 1980/81 und 1982/83 abgestiegen, die Kassenlage mit 1,7 Millionen Mark Nettoschulden dramatisch, Präsident Günter Siebert, dessen Sparpolitik man die Schuld an der Misere des Clubs gab, scheiterte im September 1988 an der Vertrauensfrage (»Das Kapitel Schalke ist für mich endgültig abgeschlossen«), Nachfolger Michael Zylka trat schon nach drei Tagen wieder zurück, drei Trainer gaben sich die Klinke in die Hand, und sportlich schlingerte der führungs- und perspektivlose Club der Drittklassigkeit entgegen. »Wir hatten damals nichts, nicht einmal mehr Geld für Waschpulver für unsere Trikots«, gab Charly Neumann zu Protokoll.[213]

Am 16. Januar 1989 wurde auf einer außerordentlichen Mitgliederversammlung ein gewisser Günter Eichberg mit 1147 von 1369 Stimmen zum neuen Präsidenten gewählt. Mit seiner Föhnwelle, den Button-down-Hemden mit weißem Kragen und seiner Sonnenstudio-Bräune sah der Besitzer mehrerer Privatkliniken exakt so aus, wie man sich im Ruhrgebiet einen Düsseldorfer Edelbordellbetreiber oder Gebrauchtwagenhändler vorstellt. Aber der Mann versprach, den Verein mit seinem Geld wieder an die Spitze zu führen, und damit konnte man auf Schalke schon immer allen Bedenkenträgern den Wind aus den Segeln nehmen.

Und Eichberg handelte nach dem Motto: »Nicht kleckern, klotzen.« Neue Spieler wurden zu aberwitzigen Konditionen verpflichtet, Spiele an Sponsoren verkauft, um die Eintrittspreise senken zu können, und Transfers über eine neugegründete Marketing GmbH abgewickelt, um die Sparauflagen des DFB für den Verein zu umgehen. Tatsächlich diente die GmbH jedoch dazu, Spielerkäufe zu refinanzieren, sprich: Eichberg die auf seinen privaten Einkaufstouren ausgegebenen Summen zu erstatten. Und erstattet wurde mit dem vom Club erwirtschafteten Geld, das auf diesem Wege auf Eichbergs Konto zurückfloss ...

In der Saison 1990/91 gelang unter Eichberg tatsächlich der Wiederaufstieg, und die Party auf Schalke ging weiter. Der frühere HSV-Manager Günter Netzer, der inzwischen in der Schweiz lebte, wurde als persönlicher »Strategie-Berater« verpflichtet – und »profitiert (...) von einem Geschäft, bei dem für ein tägliches Telefongespräch 16.000 Mark gezahlt werden ... Wirkliche Gestaltungsmöglichkeiten hat Netzer nicht, will sie wohl auch nicht haben.«[214] Für fünf Millionen Mark holte Eichberg den schwedischen Nationalstürmer Bent Christensen, der sich als ebensolcher Flop erwies wie die meisten anderen überteuerten Neuverpflichtungen.

Immerhin brachten der »Sonnenkönig« und die »Gräfin«, wie Eichberg und seine Lebensgefährtin, die Immobilienmaklerin Christa Paas, bald auf Schalke genannt wurden, Glanz in die bescheidene königsblaue Hütte. Dass es nur neureicher Flitter war, bemerkten die wenigsten. Zu verlockend war die Aussicht, dank der Klinik-Millionen Eichbergs vielleicht schon bald wieder ganz oben mitzuspielen. Weiter wurden Unsummen in neue Spieler investiert, aberwitzige Prämien ausgelobt (in der Saison 1992/93

1.000.000 Mark für einen UEFA Cup-Platz, 500.000 Mark für eine bessere Platzierung als der BVB). Spieler erhielten steuerfreie Zulagen auf Sonderkonten oder schlossen Privatvereinbarungen mit Eichberg. Möglich wurde diese neureiche Geld-zum-Fenster-raus-Politik auch durch Schalkes neuen Sponsor »Müller-Milch«, dessen Engagement neun Millionen Mark in die Vereinskasse spülte.

Bis die ganze Blase schließlich platzte. Im Dezember 1992 waren Schulden in Höhe von zwölf Millionen Mark aufgelaufen, dazu kamen die Verbindlichkeiten der Marketing GmbH, summa summarum saß der Verein im Frühjahr 1993 auf einem Schuldenberg von 13,2 bis 20 Millionen Mark. Die ganze schöne neue königsblaue Welt stand plötzlich vor dem Kollaps.

Am 17. Oktober 1993, zwei Wochen nach seiner Wiederwahl, erklärte Eichberg per Fax seinen Rücktritt. Auf Schalke herrschte Chaos. »Wir kennen nur die Spitze des Eichbergs«, zitierte DER SPIEGEL einen Monat später ein Mitglied des Verwaltungsrates, der es in den vier Jahren der Ära des »Sonnenkönigs« allerdings versäumt hatte, sich den Fuß des Berges genauer anzusehen. DER SPIEGEL sprach von Verbindlichkeiten Eichbergs in Höhe von 100 Millionen, die zwischen dem Verein, der inzwischen aufgelösten Marketing GmbH und den Kliniken hin- und hergeschoben worden seien und den Club in den finanziellen Ruin getrieben hätten.[215] Die Aussicht auf eine Wiederbelebung des angestaubten Mythos Schalke hatte offenbar allen Beteiligten die Sinne vernebelt.

Und Eichberg? Erwies sich mit seinem neureichen Geschäftsgebaren als Segen und Fluch zugleich für den Verein. Ohne ihn und sein Geld (Schätzungen zufolge investierte Eichberg in seiner Amtszeit zehn Millionen Mark aus seinem Privatvermögen in den Club) wäre Schalke 1989 wohl tatsächlich in der Drittklassigkeit versunken. Andererseits enthoben die reichlich fließenden Millionen den Club jahrelang der Notwendigkeit einer seriösen Finanzplanung. Zudem hatte die Personalunion zwischen Sponsor und Vorstand den Verein jederzeit erpressbar gemacht.

Eichberg selbst kommentierte sein Engagement ganz ichbezogen: »Ohne Schalke hätte ich die vielen schönen Schlagzeilen nicht gehabt. Aber ich hätte auch nicht so viel in die Fresse gekriegt – und wäre als Geschäftsmann vielleicht noch ganz oben.«[216]

Auf die Fresse hätte er beinahe noch einmal 1997 gekriegt, als die »Eurofighter« in San Siro triumphierten und erboste Schalke-Fans den gestürzten »Sonnenkönig«, der sich das UEFA Cup-Finale ansehen wollte, durch die Straßen Mailands jagten »wie einen räudigen Hund«, so Eichberg.[217] Das Königreich Schalke überlebte auch den »Sonnenkönig«, dessen grandioses Scheitern nachhaltig deutlich gemacht hatte, dass sich ein moderner Fußballclub nicht wie ein Taubenzüchterverein führen lässt. Nachdem schon im April 1993 Rudi Assauer als Manager zu Schalke zurückgekehrt war, wurde im Dezember 1994 mit dem Gelsenkirchener Oberbürgermeister Gerd Rehberg zum letzten Mal ein Präsident von den Mitgliedern gewählt. Gleichzeitig wurde eine Satzungsänderung beschossen, die dem Vorstand einen Aufsichtsrat an die Seite stellte, der künftig die Vereinsführung wählen würde, um zu verhindern, dass der Verein weiter einmal jährlich auf turbulenten Mitgliederversammlungen zum Spielball unkontrollierbarer Emotionen wurde. Die »Schalker Verhältnisse« gehörten damit endgültig der Vergangenheit an.

69. GRUND

Weil das Trainerkarussell sich nirgends schneller dreht als auf Schalke

1,44 Jahre hält sich ein Schalke-Trainer im Schnitt auf dem blauweißen Trainerkarussell, bevor es ihn im hohen Bogen hinausschleudert. Kaum einer der seit 1925 auf Schalke tätigen Übungsleiter erlebt das Ende seiner vertraglich vereinbarten Amtszeit auf der Trainerbank. Rekordhalter sind natürlich die Interimstrainer,

Ex-Profis wie Helmut Kremers oder Trainerassistenten wie Seppo Eichkorn, die kurzfristig übernehmen, wenn der reguläre Coach wegen Erfolglosigkeit vorzeitig vom Karussell gestoßen wird.

Mit Einführung der Bundesliga 1963 beginnt das Trainerkarussell sich merklich schneller zu drehen, so schnell, dass es den seit drei Jahren amtierenden Georg »Schorsch« Gawliczek schon vor Ablauf der ersten Saison aus der Kurve wirft. Danach geben sich die Trainer auf Schalke beinahe im Jahrestakt die Klinke in die Hand, ganze 47 in den 50 Ligajahren bis 2013. Schalke fungiert quasi als »Durchlauferhitzer für Fußballtrainer«.[218]

Ein Grund: die ersehnte achte Deutsche Meisterschaft. Das Warten und Hoffen auf den Tag X bestimmt oft genug die Halbwertzeit von Präsidenten und Trainern, unter denen sich illustre Namen wie Udo Lattek und Max Merkel neben eher unauffälligen Typen wie Ivica Horvat oder Mirko Slomka finden. Wobei Letztere meist erfolgreicher sind als die schillernden Schaumschläger, denen die Vereinsführung allerdings immer wieder auf den Leim geht. Auch wenn niemand aus Schalke eine seelenlose Erfolgsmaschine nach bekanntem süddeutschen Muster machen will, so sehnen doch viele das Ende der »schalenlosen« Zeit umso inbrünstiger herbei, je länger sie andauert. Auch wenn sich *Schalke Unser* im Mai 2008 den ironischen Stoßseufzer entrang: »Geschafft! 50 Jahre keine Meisterschaft«. Nein, Schalker brauchen keine Titel, um Schalker zu sein. Aber schön wär's doch. Und sei es nur, um das Schalker Trainerkarussell ein wenig zu entschleunigen, das zuletzt im Frühjahr 2013 auf Hochtouren lief, als die anstehende Vertragsverlängerung mit Interims-Coach Jens Keller ein wochenlanges Namedropping prominenter Alternativkandidaten für den königsblauen Thron auslöste und die Erwähnung von Namen wie Stefan Effenberg manchem Fan den Angstschweiß auf die Stirn trieb. Man muss indes kein Hellseher sein, um zu wissen, dass auch Kellers Halbwertzeit trotz seines inzwischen bis 2015 verlängerten Vertrages davon abhängen wird, wie nahe er das Team dem ersehnten achten Titel bringt.

7. KAPITEL

TYPEN, ORIGINALE, SCHRÄGE VÖGEL

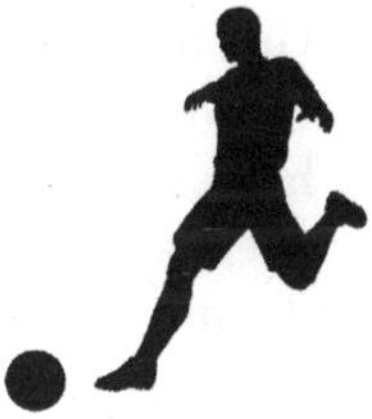

70. GRUND

Weil sich bei Ernst Kuzorra auf einmalige Weise spielerische Brillanz mit Mutterwitz und Schlagfertigkeit paarte

Ernst Kuzorra beherrschte nicht nur Ball und Gegner auf dem Platz, er war auch ein Meister der Pointe und nahm es an Schlagfertigkeit und Mutterwitz mit jedem (Nicht-)Fußballer auf. Die Zahl der Anekdoten über ihn und von ihm ist Legion. Nach Beendigung seiner aktiven Laufbahn gab er auf seinem Stammplatz im Schalker Vereinslokal neben der Glückauf-Kampfbahn immer wieder die alten Geschichten zum Besten. Da war Kuzorra, dessen Eltern einst aus Masuren ins Ruhrgebiet eingewandert und in ihrer neuen Heimat als »Polacken« beschimpft worden waren, längst eine Gesamtgelsenkirchener Institution.

»Wie hast du deine Frau kennengelernt, Clemens? – ›Wir haben einen Sonntagsausflug gemacht, mit ihrem Fahrrad. Als wir abends nach Hause kommen, sacht sie: Ach, Ernst! Heute kannst du alles von mir haben.‹ – Und? – ›Da hab' ich das Fahrrad genommen!‹«.[219]

Die Geschichte seines 2:1-Siegtreffers gegen den 1. FC Nürnberg, der den Königsblauen den ersten deutschen Meistertitel bringt, ist selber Teil der Schalker Legende. »Ja, und dann … als ich nich' wusste, wohin mit dem Ball … da hab' ich ihn einfach reingewichst!«[220]

Ebenso legendär seine Antwort auf die Frage des schwedischen Königs, wo denn dieses Schalke liege: »Anne Grenzstraße, Majestät.« Oder auch seine trockene Replik, als er gefragt wurde, warum Fußballer früher so lange Sporthosen trugen: »Weil wir so lange Dödel hatten.«[221] Wie würde wohl die politisch korrekte Antwort eines heutigen Jungstars im weichgespülten öffentlich-rechtlichen Fernsehen auf diese Frage ausfallen? Die Hosenlänge ist ja wieder fast die gleiche …

Das schönste »Kuzorra-Zitat« stammt übrigens gar nicht vom Schalker Idol selbst, sondern von dem ebenfalls für seinen Wortwitz bekannten Johannes Rau. Auf die Frage, ob Fußballstadien nicht auch einmal nach Frauen benannt werden sollten, erwiderte das ehemalige Staatsoberhaupt angeblich: »Und wie sollen wir das denn nennen? Dem Ernst Kuzorra seine Frau ihr Stadion?«[222]

Besser hätte »Clemens« es auch nicht ausdrücken können.

71. GRUND

Weil Stürmer Willi Kraus auf eigenwillige Art an die Bergmannstradition anknüpfte, als er in den Sechzigern auch außerhalb des Spielfeldes »Kohle« machte

Er stürmte nur zwei Sommer: Willi Kraus, der aus der Schalker Jugend stammte und zunächst, nachdem er den Sprung in die erste Mannschaft nicht geschafft hatte, in den Niederlanden bei den Go Ahead Eagles Deventer und danach bei Tennis Borussia Berlin spielte, bevor er zur Bundesliga-Saison 1966/67 zu Schalke zurückkehrte, wo er im Februar 1968 aber schon wieder entlassen wurde.

In 36 Einsätzen erzielte die »Brechstange«, wie Kraus wegen seiner kompromisslosen Spielweise genannt wurde, 16 Treffer für die Königsblauen. »Ein Vollblutstürmer, der keinem Zweikampf aus dem Weg ging und mit Haken und Ösen kämpfte«, heißt es im *11 Freunde Spezial: Das waren die Sechziger.*[223]

Leider holte Kraus die Brechstange nicht nur auf dem Platz heraus: »Denn Willi Kraus beging Bankraube, stieg in Lebensmittelgeschäfte ein, überfiel Tabakläden, handelte mit Kokain, leistete sich Schlägereien, saß im Gefängnis, brach kurzzeitig aus, saß wieder.«[224]

Kraus war ein Mann mit zwei Gesichtern, ein Dr. Jekyll und Mister Hyde des Fußballs. Der eine ein angenehmer Zeitgenosse, freundlich, hilfsbereit, sozial eingestellt, der andere ein Choleriker, der in der Espresso-Bar seines Mannschaftskameraden Günter Herrmann alles kurz und klein schlug. »Er hat immer Stunk gemacht. Und dann beim nächsten Training tat er, als wäre nichts passiert«, erinnert sich Herrmann.[225] Kraus gelobte stets Besserung, schoss Tore am Fließband, bevor er wieder rückfällig wurde. Die »Willi, Willi!«-Rufe bei jedem Ballkontakt in der heimischen Glückauf-Kampfbahn nutzten nichts: »Bei einer routinemäßigen Verkehrskontrolle fanden Polizisten in seinem Wagen Einbruchswerkzeug, eine geladene Pistole und Propangasflaschen sowie Diebesgut eines Raubzuges: Strickhemden und Schokolade.«[226]

Schalke-Präsident Günter Siebert hatte genug: »Bei uns laufen momentan massig Rechnungen ein, die Kraus auf den Namen Schalke gemacht hat.« Die Fans protestierten gegen die Entlassung, aber Siebert blieb hart. Die *11 Freunde* schreiben: »Die Pistole war in diesen Jahren Kraus' ständiger Begleiter. 1964 war er noch mit Helmut Rahn und Rolf Lendzian in einer Fahrgemeinschaft zu seinem damaligen Verein in Holland gefahren. Vier Jahre später versuchte sich Rahn als Gebrauchtwagenhändler, Lendzian drehte in seinem Imbiss in Gelsenkirchen die Pommes und 50 Meter weiter ballerte Kraus in der Bar ›Boulle Boulle‹, von Zeitzeugen als ›Szenetreff der Halbseidenen‹ beschrieben, mit einem Revolver durch die Luft.«[227]

Nach der Entlassung in Schalke machte »Manschetten-Willi« weiter »Kohle« außerhalb des Platzes. Nächste spielerische Station war Regionalligist Eintracht Gelsenkirchen, wo er im September 1969 schon wieder entlassen wurde: »Am Dienstag, den 16. September 1969, meldete er sich wegen einer Knöchelverletzung vom Training ab. In der Nacht zu Donnerstag saß er in Osnabrück in U-Haft. Mit zwei weiteren Personen, die gerade aus dem Gefängnis entlassen worden waren, stieg er in Bramsche und Quakenbrück in mehrere Geschäfte ein. Die Beute: 100 Mark, Zigaretten und Spirituosen. Kraus erklärte später, man habe eigentlich geplant, Tresore aufzubrechen, es dann aber mit der ›Angst zu tun bekommen‹.«[228]

Kraus plädierte auf Unzurechnungsfähigkeit infolge Alkoholkonsums. Doch für die *11 Freunde* war es »sein Hang zu schlechter Gesellschaft, der Kraus zum Verhängnis wurde. (…) Kraus zog im Strafraum selten zurück, auch wenn es manchmal besser gewesen wäre. Dies galt auch für seine nächtlichen Ausflüge.«

Kraus starb am 19. Oktober 2008 im Alter von 65 Jahren, von denen er mehr als 20 hinter Gittern verbrachte. Hätte er in alter Knappen-Tradition mal lieber »Kohle« auf dem Platz gemacht.

72. GRUND

Weil Fritz Langner sich mit einer einzigen Trainingsanweisung auf Schalke unsterblich machte

Schalkes neuer Trainer Fritz Langner, der am 26. April 1964 den glücklosen Georg »Schorsch« Gawliczek ablöste, galt als »harter Hund«. Die Mannschaft war ziemlich erfolgreich in die zweite Bundesliga-Saison gestartet und noch am 14. Spieltag als Tabellenzweiter dem späteren Meister Köln dicht auf den Fersen gewesen. Doch in der Rückrunde folgte dann ein unerklärlicher Absturz, zuletzt mit fünf Niederlagen in Folge, die das Team auf den achten Tabellenplatz beförderten, mit absteigender Tendenz. Gawlicek, der die Mannschaft seit 1961 trainierte, wurde Laschheit vorgeworfen und dass er das Training zugunsten von Besuchen auf der Trabrennbahn vernachlässige, woraufhin der ehemalige Schalker Spieler (1947/48) gekränkt seinen Wechsel zum Hamburger SV noch vor Saisonende bekannt gab.

Langner, dessen größter sportlicher Erfolg 1959 der Gewinn der Westmeisterschaft mit Westfalia Herne gewesen war, hatte zuletzt in der Regionalliga West die Gladbacher Borussen trainiert, junge Spieler wie Günter Netzer und Horst-Dieter Höttges in die Mannschaft geholt und einen Umbruch im Team eingeleitet, an den sein Nachfolger Hennes Weisweiler erfolgreich anknüpfen sollte.

»Ich weiß, dass viel getan werden muss, und bin mir mit den Spielern einig, dass das viel Schweiß kosten dürfte«, bekannte der wegen seiner Trainingsmethoden auch »Feldwebel« genannte gebürtige Breslauer bei seinem Amtsantritt auf Schalke.[229] Ob es an Langners eigenwilligen Anweisungen im Training lag (»Ihr fünf spielt jetzt vier gegen drei«) oder an der mangelnden Geschlossenheit des Teams, jedenfalls fanden sich die Königsblauen nach zwei Unentschieden und zwei Niederlagen schon am vierten Spieltag der Saison 1964/65 auf dem letzten Tabellenplatz wieder und konnten sich während der gesamten Spielzeit nicht von den Abstiegsrängen lösen. Am Ende war Schalke trotz eines 4:2-Auswärtssieges beim HSV am letzten Spieltag abgestiegen. Lediglich die Aufstockung der Bundesliga von 16 auf 18 Vereine verhinderte, dass der Club zum ersten Mal nach 1926 wieder zweitklassig wurde.

In der Saison 1965/66 schaffte Schalke mit knapper Not den Klassenerhalt, erlebte aber mit einem 0:7 gegen den BVB sein schlimmstes Derby-Debakel. Die dritte Spielzeit unter Langner sollte zugleich seine letzte werden. Abermals schrammte das Team knapp an der Zweitklassigkeit vorbei. Mit einem 0:11 auf dem Gladbacher Bökelberg gegen Langners einstige Schützlinge kassierte Schalke die höchste Niederlage der Vereinsgeschichte, der ähnliche Pleiten gegen den BVB (1:4) und Bayern München (0:5) folgten. Als nach zwei späten 2:1-Siegen gegen Fortuna Düsseldorf und Hannover 96 der Klassenerhalt gesichert war, frohlockte Langner: »Nun habe ich endlich meinen inneren Frieden wieder.«[230]

Zu früh, wie sich herausstellte. Denn nach der letzten Partie der Saison gegen den Karlsruher SC, die vor 8000 pfeifenden Zuschauern in der Glückauf-Kampfbahn mit 1:3 verloren ging, war es schon wieder vorbei mit Langners Frieden. »Wir müssen die Trainerfrage erneut überdenken«, entschied der Ältestenrat, kurz darauf erfolgte die Trennung in »beiderseitigem Einvernehmen«,[231] und zum Auftakt der neuen Saison war Langner auf Schalke Geschichte. »Fritz war einer der härtesten Trainer, die es gab«, erinnerte sich Rudi Assauer. »Er legte viel Wert auf Laufarbeit und Disziplin. Aber er hatte auch viel Ahnung vom Fußball – und war ein unheimlicher Kumpel-Typ.«[232] Ob beim Training jemals wieder fünf »vier gegen drei« spielten, ist nicht überliefert …

73. GRUND

Weil auch Schalke seinen »Terrier« hatte

Keine Frage, der berühmteste »Terrier« in der Geschichte des deutschen Fußballs war kein Schalker. Diese Ehre gebührt unzweifelhaft Hans-Hubert »Berti« Vogts, »in den Siebzigern (…) bissiger Verteidiger der legendären Gladbacher Fohlenelf«.[233]

Aber auch die Schalker bekamen damals ihren »Terrier«. Er hieß Bernd Thiele und stand bei Westfalia Herne unter Vertrag, wo Schalke-Präsident Siebert ihn 1972 für seinen nach dem Gladbacher Vorbild betriebenen »Fohlenstall« verpflichtete. Sein Debüt gab der 17-Jährige am 11. August 1973 beim 0:3 gegen den VfB Stuttgart. Ein Jahr später titelte der *Schalker Kreisel*: »Bernd Thiele geht ran wie ein Dobermann«.[234]

Die Fans nannten den nur 1,76 Meter großen gebürtigen Fehmarner wegen seines harten, kompromisslosen Einsatzes bald »Terrier« oder – noch schlimmer – »Blut-Thiele«. Was zum Bild des Verteidigers jener Jahre passt, das die *Süddeutsche Zeitung* in ihrer Serie »50 Jahre Bundesliga« zeichnet: »Es gab seriöse Treter, plumpe Grobiane und hinterhältige Typen, deren einstudierte Automatismen dergestalt waren, dass sie Gegenspielern im Getümmel dahin griffen, wo es selbst Stürmern, die dahin gehen, wo's weh tut, besonders weh tut, (…) die den Stürmern schon beim Warmmachen auf die Zehen gestiegen sind, (…) Gesellen, die ihren Job als sorgfältige Aneinanderreihung von Kampfhandlungen verstanden haben.«[235]

Auch Thiele hatte das ganze Einschüchterungsarsenal des mit allen Wassern gewaschenen Abwehrspielers drauf, wenn er seine Kontrahenten beispielsweise schon vor dem Anpfiff auf der zum Rasen führenden Rolltreppe des Parkstadions verbal auf das einstimmte, was sie erwartete. Thiele bestritt 162 Bundesligaspiele für Schalke, Höhepunkt war 1977 der Gewinn der Vizemeisterschaft mit nur einem Punkt Rückstand auf Borussia Mönchengladbach. Ohne jemals »Rot« gesehen zu haben, hält der »blau-weiße Terrier« mit 40 gelben Karten bis heute den Vereinsrekord.

Den Bundesligarekord für »Gelbe« in einer einzigen Saison hält bis heute ein anderer Schalker: Tomasz Hajto. Der »Holzer der Herzen« (SZ) brachte es in der Saison 2001/02 auf 115 Fouls und 16 Gelbe Karten. Als der gebürtige Pole sich ein Jahr später auf das Schmuggeln von Zigaretten verlegte, sah er allerdings »Rot«: Ein Gericht verurteilte den zweifachen DFB-Pokal-Gewinner mit Schalke (2001 und 2002) zu einer Geldstrafe von 43.500 Euro. Da half kein Grätschen mehr.

74. GRUND

Weil Norbert Nigbur einer der ersten Popstars der Bundesliga war

Seine Koteletten waren beeindruckend, seine blonde Mähne wild, seine Paraden spektakulär. Und mit 25 parierten Strafstößen hält er bis heute den Bundesligarekord: Norbert Nigbur, von 1966 bis 1976 und von 1979 bis 1983 Torwart bei Königsblau – so lange wie keiner vor oder nach ihm. Zu Schalke kam er als 18-Jähriger vor Beginn der Bundesliga-Saison 1966/67: »Mein Vater war 5000-prozentiger Schalker, da war es keine Frage, wohin ich wechseln sollte.

Da wurde gar nicht gefragt, sondern unterschrieben. Ich durfte das damals noch nicht, da ich noch nicht 21 Jahre alt war.«[236]

In Schalke verdrängte er schnell Stammkeeper Jupp Elting: »Die ersten drei Spiele in der Saison 1966/67 gingen alle in die Hose. Da auch Elting eine unglückliche Figur machte, bin ich ins Team gerückt.«[237]

Nigbur, der eigentlich Trabrennfahrer hatte werden wollen und bei Heßler 06 als Mittelstürmer angefangen hatte, avancierte rasch zum Rückhalt des Schalker »Dreamteams«, das 1972 an der Meisterschaft vorbeischrammte. Dass Schalke im selben Jahr den DFB-Pokal holte, war auch Nigburs Verdienst, der seinem Club mit drei gehaltenen Elfern und einem verwandelten Strafstoß im Elfmeterschießen beim Halbfinal-Rückspiel gegen den 1. FC Köln den Weg ins Finale ebnete. Mit seiner extrovertierten Art, seinem Aussehen, das ihn zum Mädchenschwarm machte, seinem ausgeprägten Selbstvertrauen und seiner auf Effekte bedachten Spielweise passte Nigbur wunderbar in eine Zeit, als Spieler wie Günter Netzer von Intellektuellen zu Ikonen stilisiert wurden, die der verstaubten bundesrepublikanischen Gesellschaft mit modernem Fußball »aus der Tiefe des Raumes« den Mief der Fünfziger- und Sechzigerjahre austreiben sollten.

»NN«, wie er sich selber nannte, war der geborene Showman, das Tor war seine »Bühne«, der Strafraum eher der Orchestergraben, wo er sich weit weniger wohlfühlte. Auf der Linie aber war er beinahe unschlagbar. Dass es ihn auch auf die wirkliche Bühne zog, mag dem Zeitgeist der frühen Siebziger geschuldet sein, als Jugendmagazine wie *Bravo* neben Schauspielern auch Fußballer zu »Popstars« erkoren. Nigbur: »Der Produzent Jack White kam auf mich zu und machte eine Platte mit mir. Die Erlöse gingen alle an die Krebsstiftung, da meine Mutter auch von der Krankheit betroffen war.«[238]

Der Zweck schien die Mittel zu heiligen. Die holprigen Reime grenzen jedenfalls fast schon an Körperverletzung. Reim dich, oder ich fress dich, dachte sich wohl der Texter, als er die folgende

Titelzeile zu Papier brachte: *Wenn Schalke 04 nicht wär (wär das Parkstadion immer leer)*. Die B-Seite der ersten Single beließ es bei einem harmlosen *Oh Fata Morgana*. 1979 verirrte sich der Schalker Keeper erneut ins Tonstudio. *44 Beine* hieß seine zweite Single, der aber kein durchschlagender Erfolg beschieden war. Wie auch, wenn »NN« trällerte: »Ich trage die Eins auf meinem Trikot, / nur zwischen den Pfohohosten bin ich richtig frohoh.« Wäre er lieber dort geblieben. Auf der B-Seite wagte er sich tief ins finsterste Schlagerland: »In der Wohnung geht ein Licht an, / und ich dachte, ein Gedicht, Mann!« heißt es in *Darum weißt du nichts von mir*. Aber Schlagerland war abgebrannt. Nach dem Siegeszug des Punk ab Mitte der Siebziger hatte diese Art von Ruhrpott-Machismo keine Chance mehr.

Ein großer Torwart bleibt »NN« allemal, vielleicht der größte, den Schalke je hatte. Und der heute 65-Jährige war immer Schalker mit Leib und Seele. Dass er den Verein zweimal verließ, hatte andere Gründe: »Ich galt als großmäulig, aber heute gibt es viel zu wenige solcher Typen.«[239] 1976 wechselte Nigbur nach einem Krach mit Trainer Max Merkel zu Hertha BSC, und 1983 folgte nach einem Zerwürfnis mit Manager Rudi Assauer der zweite, diesmal endgültige Abschied von Blau-Weiß. Nein, stromlinienförmig war Norbert Nigbur nie, aber auf der Linie eine Macht.

75. GRUND

Weil Schalke auch »Peitschenschwinger« Max Merkel überstand

»Mit Merkel ganz nach oben«, titelte der *kicker* am 5. April 1975. Die Verhandlungen mit dem österreichischen Star-Trainer stünden kurz vor »ihrem Abschluß«. Ivica Horvat, der die Schalker seit 1971 trainierte, »will dann freiwillig gehen«. Horvat trainierte die

Mannschaft seit 1971, hatte mit Schalke 1972 den DFB-Pokal und die Vizemeisterschaft geholt und anschließend mit einer infolge des Bundesliga-Skandals geschwächten »Notelf« den Klassenerhalt gesichert. Als in der Rückrunde der Saison 1973/74 sämtliche »Skandalsünder« wieder spielberechtigt waren und Schalke in Bestbesetzung mit Fischer, Rüssmann, Libuda, Fichtel und Lütkebohmert die Gladbacher Borussen mit einem furiosen 2:0 vom Platz fegte, woraufhin Horvat dem Team attestierte, »wie ein Weltmeister« zu spielen, wuchsen die Erwartungen auf Schalke einmal wieder ins Unermessliche.

Am Ende reichte es nur zu einem enttäuschenden siebten Platz. Aber der Geist war aus der Flasche, und als in der Folgesaison am sechsten Spieltag zum ersten Mal seit 1970 wieder ein Sieg in München gegen die Bayern gelang, waren die Blau-Weißen für Günter Siebert schon wieder »Titelanwärter«. Als es dann abermals nur für Rang sieben reichte, verlor der Präsident die Geduld. Der bereits verlängerte Vertrag mit Horvat wurde aufgelöst und Max Merkel als neuer Trainer verpflichtet. Den hatte allerdings nicht Siebert durchgesetzt, sondern eine interne Opposition um Vorstandsmitglied Wittinghofer und Mannschaftsbetreuer Ede Lichterfeld, der sogar 10.000 Mark aus eigener Tasche hinblätterte, um die Trainerlegende nach Gelsenkirchen zu lotsen.[240] Und zum Dank von Merkel kurz nach seinem Amtsantritt durch Charly Neumann ersetzt wurde.

Merkel hatte zuletzt 1972 mit Atlético Madrid die Copa del Rey und ein Jahr später auch die spanische Meisterschaft gewonnen, galt aber als »erbarmungsloser Peitschenschwinger«.[241] Weswegen er bereits zweimal entlassen worden war, 1966 von 1860 München und 1969 vom 1. FC Nürnberg.

Auf Schalke führte er sich gleich mit ein paar markigen Sprüchen ein: »Schalke hat nicht nur das beste Stadion, das beste Publikum, sondern auch Fußballer wie Sand am Meer« und »Eine deutsche Nationalelf ohne Spieler von Schalke 04 ist wie ein Gebiss ohne Zähne.« Solche Töne waren Balsam für die wunde Schalker Seele.

Die anfängliche Begeisterung über den Wiener Sprücheklopfer, der Schalke endlich zur ersehnten Meisterschaft führen sollte, verflog jedoch rasch, als sich eine sportliche Berg- und Talfahrt abzeichnete und Merkel mit seinen Kasernenhof-Methoden und persönlichen Angriffen unter der Gürtellinie (»Ehe der Abramczik in der Nationalelf spielt, singe ich in der Mailänder Scala«) die Mannschaft gegen sich aufbrachte. Vielleicht war sein Erfolgsrezept doch zu schlicht: »Wenn alle marschieren und das machen, was ich möchte, dann schaffen wir das auch.« Eine Fußballmannschaft ist nun mal keine Kampfkompanie. Nach 23 Spieltagen hatte Merkels Führer-befiehl-wir-folgen-Prinzip den Schalkern acht Siege, acht Unentschieden und sieben Niederlagen eingebracht. Damit war die Schale in unerreichbare Ferne gerückt.

Als der Wiener zu allem Überfluss auch noch ankündigte, Schalke zum Saisonende zu verlassen, zog Siebert, der sich inzwischen gegen seine internen Widersacher durchgesetzt hatte, die Reißleine und feuerte den ungeliebten Coach am 9. März 1976: »Wenn Herr Merkel öffentlich sagt, dass die Mannschaft nicht mehr im oberen Drittel mitspielen könnte, dann ist er nicht mehr der richtige Mann für uns. Außerdem hat er lange genug auf der Würde der Spieler herumgetreten. Er hat ihnen das Selbstvertrauen genommen und einen Keil durch die Mannschaft getrieben.«[242] Merkel nahm's gelassen: »Eigentlich habe ich nichts anderes erwartet. Urlaub ist auch schön. Jetzt werde ich erst einmal zum Zahnarzt gehen.« Und tönte: »Das Schönste an Gelsenkirchen war schon immer die Autobahn nach München.«[243] Stellvertretend für die Mannschaft machte Erwin Kremers aus seinem Herzen keine Mördergrube: »Der Merkel war wirklich eine verhängnisvolle Trainerverpflichtung. Der kam zu einer Zeit, als man mit Spielern nicht mehr wie mit Soldaten umspringen konnte. Seine Sprüche waren auch nicht witzig. Wenn man so was beim ersten Mal hört, kann man vielleicht lächeln, beim zweiten Mal ist es schon nervig und beim dritten Mal kann man sauer werden.«[244]

Das Training übernahm Ex-Spieler Friedel Rausch. Mit ihm rauschten die Schalker in der Saison 1976/77 dann nur knapp an der Schale vorbei – mit einem Punkt Rückstand auf Borussia Mönchengladbach.

76. GRUND

Weil Olaf Thon zwar ein fußballerisches Naturtalent, aber auch ein König der Stilblüten war

Sportlich wird sein Name für immer mit dem legendären DFB-Pokal-Halbfinale gegen Bayern München am 2. Mai 1984 verbunden bleiben, bei dem er die (damals zweitklassigen) Schalker durch die Treffer zum 2:2, 3:3 und 6:6 (!) dreimal ins Spiel zurückbrachte. An jenem Mittwochabend im Parkstadion nahm der kometenhafte Aufstieg des gerade 18-Jährigen aus dem Stadtteil Beckhausen seinen Anfang.

Olaf Thon war ein fußballerisches Naturtalent, und als 20 Jahre später, im Schalker Jubiläumsjahr 2004, am Rathausturm in Gelsenkirchen-Buer vier Riesenposter mit den besten Schalker Spielern aller Zeiten aufgezogen wurden, da prangte sein Konterfei neben denen der unsterblichen blau-weißen Legenden Ernst Kuzorra, Berni Klodt und »Stan« Libuda.

So sehr Thon zeit seiner Karriere auf dem Rasen glänzte, so sehr geriet er ins Trudeln, sobald er sich aufs mediale Parkett wagte, was er mit wachsender Berühmtheit immer öfter tat, ob als Kommentator bei Länderspielen oder als Gast im *aktuellen sportstudio*. In ihrer Mischung aus altklugem Pathos und lässiger Weltgewandtheit schrammten seine gestelzten Phrasen oft haarscharf an der Peinlichkeitsgrenze vorbei. Die *11 Freunde* haben einmal seine schönsten Stilblüten zusammengestellt.[245]

Ob über seine Landsleute an Rhein und Ruhr (»Ich glaube, die besonderen Merkmale der Ruhrgebietsmenschen sind ihre Offenheit und ihr Fleiß. Nach einem anstrengenden Arbeitstag trifft man sich abends bei einem Glas Bier oder unternimmt irgendwas«), moderne Trainingsmethoden (»Rehhagel spielt im Training Acht gegen Acht, danach Acht gegen Acht und dann wieder Acht gegen Acht. Aber er gewinnt seine Spiele«) oder fast schon philosophische Fragen (»Man hetzt die Leute auf mit Tatsachen, die nicht der Wahrheit entsprechen«) – der »Professor«, wie man ihn seinerzeit etwas despektierlich nannte, hatte zu jedem Thema etwas zu sagen. Und nicht selten fühlte man sich bei seinen weitschweifigen Antworten auf schlichte Fragen an die inhaltsleere Rhetorik mancher Politprofis erinnert: »Ja gut, ich sag mal so: Woran hat's gelegen, dass wir heute verlieren? Das ist natürlich die Frage, und ich sag einfach mal: Das fragt man sich nachher natürlich immer!« Loriot lässt grüßen!

Und natürlich schämte man sich immer auch ein bisschen, dass da einer aus der eigenen Geburtsstadt sich vor einem Millionenpublikum derart lächerlich machte. Und man schämte sich für ihn, wenn er versuchte, sich möglichst gewählt auszudrücken, ohne zu merken, wie schräg ihm dabei Wortwahl, Vergleiche und Metaphern gerieten: »Als Libero«, erklärte er einmal, »kann man meckern, ruhig sein und dirigieren. Ich bin also so eine Art Karajan.« Auweia! Hätte er doch einfach geredet, wie ihm der Schnabel gewachsen war. Was er gelegentlich durchaus tat. »Mensch, mir ist kalt jetzt! Ehrlich! Boah!«, gab er einmal zurück, als er nach Spielschluss keine Lust auf Reporterfragen hatte. In solchen Momenten kam er dann wieder durch, der einfache Junge aus Gelsenkirchen-Beckhausen, der es auf die ganz große Fußballbühne geschafft hatte und dabei doch immer eines geblieben war: ein echter Schalker.

77. GRUND

Weil ein »Kampfschwein« königsblaue Geschichte schrieb

»10 Eurofighter und 1 Kampfschwein« lautet die Textzeile zu einer Karikatur, welche die Mannschaften von Inter Mailand und Schalke 04 beim Einlaufen zum UEFA Cup-Finale 1997 zeigt. Ob zum Hin- oder Rückspiel, bleibt offen. Das ist auch nicht das Entscheidende. Entscheidend ist die Lücke in der Reihe der Schalker hinter Torhüter Jens Lehmann, die ein Spieler hinterlässt. Ein Spieler? Nein, ein Wildschwein, das wie Daniel Düsentrieb mit grimmig-entschlossenem Lächeln an allen vorbeisaust. Aber nicht irgendein Wildschwein. Es ist »Willi, das Kampfschwein«. So nennen die blau-weißen Fans den Belgier Marc Wilmots, der seit Beginn der Saison 1996/97 im offensiven Mittelfeld der Schalker agierte.

Von Standard Lüttich, einem anderen Traditionsclub, kommend, war Wilmots ein Spieler, der bestens zum Image des »Malocherclubs« Schalke passte. Zweikampfstark, zäh, hart gegen den Gegenspieler und sich selbst, ein typischer »Klopper«, wie man ihn im Ruhrpott liebte, dabei von unbändiger Willenskraft, ein unermüdlicher Wühler, der niemals aufgab, verkörperte der Bauernsohn aus dem flämischen Dongelberg perfekt die königsblauen Primärtugenden: »Schon nach ein paar Spielen war klar, dass er wegen seiner höchst auffälligen und bemerkenswerten Spielweise das Zeug hatte, die höheren Weihen des Publikums zu empfangen.«[246] Das ihn mit dem Ehrennamen »Kampfschwein« auch postwendend in den königsblauen Adelsstand erhob. Und Wilmots enttäuschte die Fans nicht. In der ansonsten verkorksten Saison 1996/97 wurde er zur zentralen Figur der »Eurofighter«, die für Schalke 04 den ersten internationalen Titel in der 93-jährigen Vereinsgeschichte holten. Ohne seine physische Präsenz auf dem Platz, ohne seine sechs Treffer hätte Schalke das »Wunder von San Siro« nicht geschafft: zwei

Tore in der ersten Runde gegen Roda J.C. Kerkrade; das 2:0 im Hinspiel gegen den FC Valencia; den entscheidenden Treffer zum 2:0 im Rückspiel gegen CD Teneriffa, der Schalke ins Finale beförderte; sein Tor zum 1:0-Sieg im ersten Finale gegen Inter Mailand; und die absolute Krönung, sein verwandelter Elfer im Mailänder Elfmeter-Krimi zum 4:1-Endstand, der Schalke den »Pott« und dem Torschützen die königsblaue Unsterblichkeit sicherte.

»Ich hatte, als ich antrat, noch nicht den großen Druck. Wir lagen zwei Treffer vorn, und Johan [de Kock] war noch hinter mir. Viel schlechter fühlte ich mich, als Iván Zamorano das 1:0 schoss. Fünf Minuten vor Schluss – meine Beine waren plötzlich tot. Doch jetzt sind wir wieder europäisch! Ein wichtiger Tag für Schalke, ein schönes Jahr für mich.«[247] Drei Jahre blieb Wilmots noch auf Schalke, bevor er zu Girondins Bordeaux wechselte. (Unausgesprochener) Grund war ein Transfer, der auch dem blau-weißen Anhang zunächst sauer aufstieß: Ausgerechnet vom Erzfeind aus der verbotenen Stadt kam ein Spieler, dessen wenig körperbetonte Spielweise so gar nicht zum Schalker Arbeitsfußball und zu »Kampfschwein Willi« passte und der deswegen jahrelang auf Schalke als »Andrea Möller«, als »Heulsuse« geschmäht worden war. Die »Heulsuse« und das »Kampfschwein« – eine unmögliche Kombination.

Aber Wilmots kehrte nach einem Jahr zurück – und holte mit den Schalkern *und* mit Andreas Möller am 11. Mai 2002 durch einen 4:2-Sieg über Bayer Leverkusen auch noch den DFB-Pokal, bevor er am 15. Mai 2003 seine Spielerkarriere in Schalke beendete.

Ein Engagement als Trainer blieb aufgrund der Verpflichtung von Jupp Heynckes für die neue Saison 2003/04 Episode, und Wilmots ging zurück nach Belgien. Schalke-Manager Rudi Assauer hatte ihm einmal das vielleicht größte Kompliment gemacht, das man einem Schalker machen kann: »Marc handelt immer nach dem Motto: heute operiert, morgen spielen. Am liebsten würde er noch mit einem offenen Wadenbeinbruch auf den Platz rennen.« Ein Kampfschwein eben.[248]

78. GRUND

Weil es auf Schalke nicht nur Blaue und Weiße, sondern auch Schwarze gibt

Wie zum Beispiel Gerald Asamoah oder »Asa«, wie die Schalker ihn liebevoll nennen. Der gebürtige Ghanaer kam 1999 von Hannover 96 zu Schalke, wo er sich als unermüdlicher »Wühler« im gegnerischen Strafraum schnell in die Herzen der Fans spielte. Auch wenn Schalke längst kein Arbeiterclub mehr ist, werden die alten Malocher-Tugenden Härte und Kampfgeist hier nach wie vor höher geschätzt als filigrane Schönspielerei. Aber nicht nur seine Spielweise, auch sein fröhliches, offenes Naturell machte »Asa« schnell zum Liebling des blau-weißen Anhangs. 2001 eingebürgert, verfügt der Stürmer zudem über eine gehörige Portion Selbstironie. »Ich bin von allen Nationalspielern bisher der schwärzeste«, meinte Asamoah nach seinem Länderspieldebüt am 29. Mai 2001 gegen die Slowakei.

Nicht zuletzt dank der Arbeit der 1992 als »Schalker gegen Rassismus« gegründeten Schalker Fan-Initiative e. V. stieß Asamoah in Schalke auf keinerlei rassistische Vorbehalte. Dass der zweite Schwarzafrikaner im königsblauen Dress, Victor Agali, damals weit hinter Asamoahs Sympathiewerten zurückblieb, lag nicht an der Hautfarbe, sondern an Agalis Ruf als »Chancentod«. Zudem galt er als arrogant, eine Eigenschaft, die auf Schalke noch schlechter ankommt als mangelnde Torgefährlichkeit. Auf vielen Fußballplätzen der Republik, besonders im »Osten«, sah die Sache anders aus. Affenlaute aus den Fanblöcken waren noch die harmloseste Form der rassistischen Anfeindung. Ob Roman Weidenfeller Asamoah beim Derby Dortmund - Schalke am 18. August 2007 tatsächlich als »schwarzes Schwein« oder »nur« als »schwules Schwein« beschimpft hatte, ließ sich im Nachhinein nicht mehr klären und ist letztlich auch unerheblich. Die Frage ist, ob der BVB-Keeper einen Spieler *weißer* Hautfarbe derart verächtlich tituliert hätte. Das Gericht verurteilte Weidenfeller jedenfalls nach § 9 der Rechts- und Verfahrensordnung des DFB zu einer Sperre von drei Spielen und 10.000 Euro Geldbuße. Der Paragraf regelt Diskriminierungen »in Bezug auf Rasse, Hautfarbe, Sprache, Religion oder Herkunft«.[249]

Die Schalker liebten »Asa« dafür umso mehr. Und der revanchierte sich auf dem Platz. Unvergessen sein kurioses Tor in der Saison 2001/02 gegen Bayer Leverkusen, als er nach Ballverlust an Torwart Butt im gegnerischen Strafraum lauernd abwartete, bis Butt den Ball an seinen Verteidiger weiterspielte, den rollenden Ball dann abfing und cool einnetzte! Dabei hatte zunächst alles nach einem frühen Karriere-Ende für den 19-Jährigen ausgesehen, bei dem nach einem Zusammenbruch im Anschluss an ein Spiel für seinen damaligen Verein Hannover 96 eine schwere Herzerkrankung diagnostiziert worden war. Erst eine Operation in den USA ermöglichte ihm die Fortsetzung seines Sports. Die von ihm 2007 in Erinnerung an seine eigenen Krankengeschichte gegründete »Gerald Asamoah Stiftung für herzkranke Kinder« passt zum positiven Bild dieses stets lächelnden blau-weißen Sympathieträgers.

Asamoah und Agali waren nicht die ersten »Schwatten« in Königsblau. Diese Ehre gebührt Willi Koslowski, Rechtsaußen der Meisterelf von 1958 und einer der letzten echten Bergleute in dem ehemaligen »Püttverein«. Der nicht wegen seines Knappenbriefs, sondern wegen seiner dunklen Haare »der Schwatte« genannte Koslowski erzielte am 24. August 1963 beim 2:0-Auftaktsieg über den VfB Stuttgart das erste Schalker Bundesligator. Asamoah wird nicht das letzte erzielen. Unter dem neuen starken Mann auf Schalke Felix Magath 2010 an den FC St. Pauli ausgeliehen, kehrte »Asa« nicht mehr nach Gelsenkirchen zurück. 2011 wurde sein Vertrag aufgelöst, und Asamoah wechselte ein halbes Jahr nach dem Abstieg der Paulianer im Januar 2012 zur SpVgg Greuther Fürth, wo sein Vertrag am 30. Juni 2013 ausgelaufen ist.

Doch wer geglaubt hatte, »Asa« würde *nie* mehr nach Gelsenkirchen zurückkehren, der wurde am 16. Juli 2013 eines Besseren belehrt, als Schalke-Boss Clemens Tönnies auf einer Pressekonferenz die Rückkehr des verlorenen Sohnes bekannt gab. Mit einem Dreijahresvertrag versehen, wird Asamoah künftig in der Regionalliga-Mannschaft der »Knappen« spielen und im Marketing-Bereich tätig sein. »Ich war in den letzten Jahren nie wirklich weg, mir war klar, dass ich immer Schalker bin. Ich habe mir viele Gedanken gemacht, dass es mit dem Profifußball vorbei ist – doch es ist an der Zeit, diesen Schritt zu gehen«, bekannte ein weinender Asamoah an der Schulter eines sichtlich gerührten Tönnies. Ein königsblaues Sommermärchen.

79. GRUND

Weil Originale wie Charly Neumann heute Seltenheitswert haben

Als die Schalker Mannschaft am 13. Spieltag der Bundesliga-Saison 2008/09 mit dem Schriftzug »Charly« auf dem Trikot in der Leverkusener Bay Arena aufläuft, dann nicht, weil die Königsblauen einen neuen Sponsor haben, sondern weil vier Tage zuvor, am 11. November 2008, eine blau-weiße Institution gestorben ist: Karl-Heinz Neumann, gelernter Bäcker, Gastronom, seit 1950 Schalke-Mitglied, seit 1976 Jugendleiter, danach mit einer Unterbrechung in den Achtzigern Mannschaftsbetreuer, 1986 Bewerber um das Präsidentenamt, auf das er ein Jahr später zugunsten der Wiederwahl von Günter Siebert verzichtete.

Doch »Charly«, wie alle ihn nannten, war mehr, nicht nur der 129 Kilo Lebendgewicht wegen, die er einmal beim öffentlichen Wiegen auf die Waage brachte (»Mann, Charly! Wenn du nicht endlich abspeckst, kippst du uns irgendwann um«). Er war jahrzehntelang die gute Seele des Vereins, sein größter Fan und populärer als die meisten Präsidenten und Spieler, in seinen Emotionen zwischen himmelhochjauchzend und zu Tode betrübt ebenso extrem wie in seinen Aktionen, so wenn er unfreiwillig den Schmierenkomödianten gab. »Haltet den Mann im schwarzen Trenchcoat! Der hat mehrere Stimmzettel eingeworfen!«, brüllte er auf einer Mitgliederversammlung im Oktober 1993 kurz vor Mitternacht ins Mikro und torpedierte damit die Wahl des Verwaltungsrates.[250] 1981 heulte er nach der 0:2-Niederlage gegen den 1. FC Kaiserslautern am vorletzten Spieltag, die den Schalker Abstieg besiegelte, Rotz und Wasser – einmal vor Trauer, und weil die Fernsehkameras da nicht auf ihn gerichtet waren, »heulte er auf Knopfdruck halt noch einmal«.[251]

Manchen war Charly zu mächtig, wie Rudi Assauer, der ihn bei seinem ersten Amtsantritt als Manager 1981 kurzzeitig feuerte, andere wollten sich von ihm nicht die Schau stehlen lassen, wie Günter Eichberg, der ihn als Präsident überredete, auf seinen Sitz im Verwaltungsrat zu verzichten (Neumann: »Da war er noch nicht der ›Sonnenkönig‹, kannte ihn kein Schwein. Alle Autogramm-Jäger stürzten sich auf mich«). Wie auch immer, für die Fans war Charly einer der ihren. Er drückte aus, was sie empfanden, und spendete, wenn's sein musste, Trost im Namen des Vereins (»Wir steigen wieder auf, ährlich!«). Und auch die Clubführung machte irgendwann ihren Frieden mit ihm. Aber da war Neumann schon längst ein Relikt aus einer Zeit, als der Fußball noch nicht von Medien und Kommerz bestimmt wurde. »Früher habe ich alles gemacht: Hotels gebucht, Reisen organisiert, Essen bestellt. Heute ist der Verein dermaßen professionell, dass ich vor allem als guter Geist dabei bin«, meinte er 2003 ein wenig resignierend.[252] Im selben Jahr wurde Neumann Mitglied des Ehrenpräsidiums, 2006 wurde eine Brücke an der Veltins-Arena nach ihm benannt. Am 28. Juni 2009 wurde er posthum in die »Ehrenkabine« gewählt, als erstes Mitglied, das für den Verein weder als Spieler noch als Trainer aktiv gewesen war.

Im Nachruf des SPIEGEL 47/2008 heißt es: »Offiziell hatte er kein Amt und keine Macht, dennoch war er ›Mister Schalke‹. Der schwergewichtige Mannschaftsbetreuer (...) wurde zur Kultfigur der Szene, er war Liebling der Medien und zu seinen Glanzzeiten omnipräsent. Seine inszenierten Diäten, Charlys ›Hungertage‹, sind Legende. Als er im Rausch nach dem Bundesligaaufstieg den Gelsenkirchener Hauptbahnhof in den Clubfarben blau-weiß anstrich, kam er in Polizeigewahrsam; als er nach dem Abstieg auf Bestellung heulte, kam er natürlich ins Fernsehen (...).«[253]

Charly Neumann verkörperte zeitlebens die emotionale Seite eines Vereins, für den Emotionen immer schon mindestens genauso wichtig waren wie Trophäen und Titel. Und die heute auf Schalke fast den gleichen Seltenheitswert haben.

80. GRUND

Weil die Schalker unter Felix Magath zwar nicht den Gipfel der Bundesliga, dafür aber den »Mount Magath« erklommen

Eigentlich steht er ja auf dem Wolfsburger Trainingsgelände, der »Mount Magath«, ein künstlich angelegter Berg mit zwei Treppen, den der Meistercoach in seiner ersten Amtszeit beim VfL Wolfsburg in der Saison 2007/09 errichten ließ und der bei den Profis schnell seinen zweiten Spitznamen weghatte: »Hügel der Leiden«. Konditionell auf Vordermann gebracht, holten die Wolfsburger immerhin gleich in ihrer zweiten Saison unter »Quälix« die Schale in die VW-Stadt.

Der hatte zu diesem Zeitpunkt längst beim nächsten Verein angeheuert, dem neunten seit 1992: Bereits am 6. Mai 2009 hatte Magath bekanntgegeben, zum 1. Juli zu Schalke 04 zu wechseln. Die Königsblauen hatten sich wenige Wochen zuvor von ihrem Cheftrainer Fred Rutten getrennt. Die Saison unter dem Niederländer war bis dato eine einzige Enttäuschung gewesen, auch die von Rutten mitgebrachten Neuzugänge Orlando Engelhaar und Jefferson Farfán hatten sich bislang als millionenschwere Flops erwiesen. Als auf das dreifache Aus in der Champions League-Qualifikation, im UEFA Cup und im DFB-Pokal (0:1 gegen Zweitligist Mainz 05) zwei Niederlagen gegen Wolfsburg (3:4) und Hamburg (1:2) folgten, hatte Ruttens letztes Stündlein auf Schalke geschlagen. Magath galt als Heilsbringer, der endlich die »schalenlose« königsblaue Leidenszeit beenden sollte. Und der versprach auch vollmundig: »Ich will Titel gewinnen, das ist immer mein Anspruch, natürlich auch auf Schalke«, setzte sich aber zugleich ein Zeitlimit: »Wenn es innerhalb von vier Jahren nicht klappt, dann Gute Nacht, auf Wiedersehen.«[254] Aufsichtsratschef Clemens Tönnies stieß auf der Mitgliederversammlung ins gleiche Horn: »Wir werden diese Schale holen, das hat Felix uns für die nächsten vier Jahre versprochen.«[255]

Magath zauberte in der Folge reihenweise neue Spieler aus dem Hut – und das »bei einem Verein, bei dem seit Monaten aus Geldnot über nichts anderes als Spielerverkäufe gesprochen wird. Und alles fragt sich: Wie hat er das wieder hinbekommen?«[256] Magaths »junge Wilde« waren inzwischen Tabellenzweiter, und der Chefcoach war für viele königsblaue Fans mehr »Magier als Fußballlehrer«.[257] Obwohl seine Trainingsmethoden und Art der Menschenführung vielen Beobachtern reichlich antiquiert vorkamen: »manchmal autoritär, manchmal altväterlich, die Spieler nicht vordringlich als erwachsene Partner, als hoch bezahlte leitende Angestellte wahrnehmend, sondern als Erziehungspflichtige, die man mit ein paar freien Stunden belohnt oder mit ein paar Magathschen Trainingsmethoden bestraft wie Kinder, die es zu führen gilt.«[258]

Auch die hochbezahlten Schalker Kicker hatten längst Bekanntschaft mit ihrem »Mount Magath« gemacht: 111 Stufen auf der Gegengeraden des alten Parkstadions: »Am Freitag quälte Felix Magath seine Spieler die Gegengerade des Parkstadions herauf – und das gleich mehrmals. (…) Von 11.30 bis 12.00 Uhr dauerte die Spezialeinheit im Schatten des Mariott-Hotels, in dem Magath zurzeit wohnt. Vermutlich kam ihm die Idee mit dem Parkstadion beim Blick aus einem der Fenster des Hochhauses.«[259]

Mancher Fan konnte beim Anblick der keuchenden Profis seine klammheimliche Freude nicht verhehlen: »diese treppen bin ich auch immer rauf und runtergelaufen um bier zu holen jetzt wissen die mal wie anstrengt sowas ist«.[260]

Am Ende reichte es zwar »nur« zur Vizemeisterschaft, aber die Fans feierten den neuen Coach, weil er aus einer »in wesentlichen Elementen eigentlich unzureichend besetzten Mannschaft«[261] einen Titelaspiranten geformt hatte.

Was Magath in seiner ersten Saison auf Schalke den Spitznamen »Magier« einbrachte, brach ihm in der nächsten das Genick: Durch den Verkauf von Heiko Westermann, Marcelo Bordon und Rafael »Rafina« Ferreira wurde die erfolgreichste Abwehr der Liga auseinandergerissen. Insgesamt wurden aus Kostengründen, und weil Magath den alten Kader für nicht mehr entwicklungsfähig hielt, 14 Spieler verkauft und 16 neue gekauft. Sensationellster Coup war sicherlich die Verpflichtung des spanischen Weltstars Raúl Gonzáles Blanco. Zugleich wurden aber Spieler verpflichtet, »deren Verwendungszweck schwer zu erkennen war«,[262] sodass der arg verschuldete Club (135,2 Millionen Euro im Dezember 2010) nach anderthalb Jahren Magath-Herrschaft in der Winterpause 2010/11 mit einem aufgeblähten Kader und fast 100 Millionen Euro Personalkosten dastand. Nach der Verpflichtung der abgehalfterten Stars Angelos Charisteas und Ali Karimi mutierte Magath für die Medien vom »Magier« zum »Ramschkönig«,[263] und der Supporters Club schrieb wegen der umstrittenen Transferpolitik einen Offenen Brief an den Aufsichtsrat und verlangte, den »Irrsinn der letzten Tage« zu stoppen. »Die Interessensvertretung passiver Schalke-Mitglieder fürchtet um die Identität des Vereins und fordert einen sofortigen Kurswechsel.«[264]

Zugleich rückte die Schale in immer weitere Ferne. Dem Erreichen des Viertelfinales in der Champions League stand der drohende Absturz in den Tabellenkeller der Bundesliga gegenüber. Am 16. März 2011 hatte Tönnies genug und entband Magath mit sofortiger Wirkung seiner Aufgaben. Der kündigte zwei Tage später von sich aus und kehrte nach Wolfsburg zurück. Der »Mount Magath« war Geschichte. Die Meisterschaft leider ebenfalls. Den Fans blieb die Schadenfreude: Am 9. April unterlagen Magaths »Wölfe« den Schalkern unter ihrem neuen alten Trainer Ralf Rangnik mit 0:1.

8. KAPITEL

KULTE TREIBEN MITUNTER SELTSAME BLÜTEN

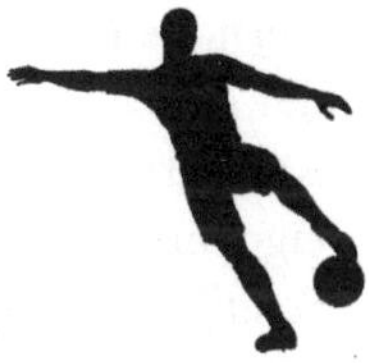

81. GRUND

Weil die Kremers-Zwillinge als »Die Kremers« unter die Schlagerstars gingen und von ihrem Liedchen *Das Mädchen meiner Träume* 50.000 Exemplare verkauft wurden

Sie waren der Schwarm aller Schwiegermütter – wenn die langen Haare nicht gewesen wären. Trotzdem sahen sie irgendwie nett und sauber aus, wie sie da adrett frisiert vom Cover ihrer ersten Single *Das Mädchen meiner Träume* lächelten. Dass die B-Seite den tiefsinnigen Titel *Mo-Di-Mi-Do* trug, mochten Musikkritiker bemäkeln, den wahren Fan focht das nicht an. Immerhin 50.000 Mal ging die erste musikalische Darbietung der beiden gebürtigen Mönchengladbacher, die seit 1971 für Schalke kickten, 1974 über den Ladentisch. Die von Leo Leandros, dem Vater des Schlagersternchens Vicky, produzierte Single schaffte es bis auf Platz drei der deutschen Charts. Aus den Kremers-Zwillingen wurden »Die Kremers«, und Königsblau hatte auf einmal drei Popstars in den eigenen Reihen, denn Keeper Norbert Nigbur wandelte mit *Wenn Schalke 04 nicht wär (wär das Parkstadion immer leer)* ebenfalls auf Schlager-Abwegen.

Wer heute Schlager von vorgestern allzu schnell zu »Kult« erklärt, sollte sich Textzeilen wie diese in Erinnerung rufen: »Weit ist die Welt, doch nirgends halt ich's lange aus, / wo ich auch bin, ich sehne mich zurück nach Haus. / Da wohnt das Mädchen meiner Träume, das mir so gut gefällt, / sie ist für mich die Schönste auf der Welt.«

Das war die ideologische Gegenoffensive zum gesellschaftspolitischen Aufbruch der sozialliberalen Ära. Der Schalke-Kult machte es möglich. Und spätestens auf dem Platz hatte es sich dann auch mit der Nettigkeit der Zwillinge. Als Erwin Kremers in der letzten Spielminute des letzten Spieltages der Saison 1973/74 beim Stand von 0:4 gegen den 1. FC Kaiserslautern Schiedsrichter Max Klauser ein herzhaftes »Halt's Maul, du blöde Sau« entgegenschleuderte,[265] war für ihn nicht nur die Partie gelaufen, sondern auch die Karriere in der DFB-Auswahl, wo solche Töne von Bundestrainer Helmut Schön weit weniger toleriert wurden als die – nicht minder schrägen – der Nationalmannschaftskollegen, die 1974 ebenfalls ins Tonstudio gingen, um den offiziellen WM-Song aufzunehmen. Der Showmaster Wim Thoelke später zu folgender genialer Ansage hinriss: »Sie, meine Damen und Herren, hören jetzt eines der bedeutendsten Chorwerke der modernen profanen Chorliteratur, das Schicksalslied der Profis ›Fußball ist unser Leben‹. AB!«[266]

»Die Kremers« ließen noch eine zweite Single auf die königsblaue Fußball-Schlager-Fangemeinde los, auf der sie forderten: *Tanze nur mit mir, schönes Mädchen*, um sich auf der B-Seite dann mit *Kein Adio, kein Goodbye* endgültig aus der Schlagerwelt zu verabschieden. Denn weitere Lieder folgten nicht mehr.

Nachdem sie ihr musikalisches Pulver verschossen hatten, blieben »Die Kremers« den Königsblauen als Fußballer zum Glück erhalten – Erwin als Linksaußen bis 1979, als er seine Karriere verletzungsbedingt vorzeitig beenden musste, und der vier Minuten jüngere Helmut als Abwehrspieler bis 1980, danach dreimal als Manager, einmal als Trainer und als zweiter Spieler nach Fritz Szepan 1994 für drei Monate als Präsident. Unvergessen sein Spruch, mit dem er auf der Schalker Hauptversammlung im September 1994 die nötigen Stimmen hinter sich brachte und der ihm angeblich von Bruder Erwin eingeflüstert worden war: »Zu meiner Zeit haben wir uns vor Spielen gegen Dortmund nicht einmal umgezogen.«[267] Diese klassische Kremers-Sentenz harrt bis heute der Vertonung …

82. GRUND

Weil Ernst Kuzorra zweimal beerdigt werden musste, damit sich der verspätete »Sonnenkönig« Günter Eichberg neben dem Sarg fotografieren lassen konnte

Doppelt genäht hält besser. Das dachte sich wohl auch Schalkes Präsident Günter Eichberg, als auf seinen Wunsch hin der Leichenzug für den am Neujahrstag 1990 verstorbenen Ernst Kuzorra wiederholt werden musste. Der Grund: Eichberg war während seines Bahamas-Urlaubs vom Tod des Schalke-Idols überrascht worden und traf erst drei Stunden nach der Beisetzung in Gelsenkirchen ein, als die Trauergemeinde schon bei Kaffee und Streuselkuchen im Hans-Sachs-Haus saß.

Weil er auf den letzten Autobahnkilometern im Stau gesteckt habe, sagen die einen, weil sich die Landung des Fliegers wegen Eis und Schnee verzögert habe, sagen die anderen. Wie auch immer, der stets auf Medienpräsenz bedachte Eichberg wollte unbedingt Fotos von sich am Grab von Schalkes größtem Spieler. Also erhielt Schalke-Faktotum und Mannschaftsbetreuer Charly Neumann den Auftrag, eine zweite Trauerfeier zu inszenieren, komplett mit Trauernden, Kranzniederlegung, Reportern und TV-Kameras und natürlich mit Schalke-Boss Eichberg als Hauptdarsteller. Charly Neumann nahm teil. Eichbergs Vize Herbert Schmitz. Sogar Gelsenkirchens Ex-Oberbürgermeister Kurt Bartlewski machte mit.

Und so pilgerte zwei Tage später noch einmal eine Prozession zu dem frischen Grab auf dem Friedhof Rosenhügel in Schalke, knapp einen Kilometer Luftlinie von der Glückauf-Kampfbahn entfernt. Eichberg legte einen Kranz nieder, blickte bekümmert in die Kameras – um kurze Zeit später schon wieder übers ganze Gesicht zu strahlen. »›Sonnenkönig‹ Eichberg war überglücklich, dass er ›sein Foto‹ hatte. BILD erschien am nächsten Tag mit der Schlagzeile: ›Das gibt es nur bei Königsblau – Kuzorra zweimal beerdigt!‹«[268]

83. GRUND

Weil es niemals eine originellere Liebeserklärung für einen Fußballer gegeben hat als das Ebbe-Sand-Lied

Als eine Bekannte von mir ihr drittes Kind bekam, wieder einen Jungen, nannten die glücklichen Eltern, beide glühende Schalke-Fans, ihn »Ebbe«.

Die mit blau-weißen Personalien weniger Vertrauten dürften, wenn sie den Namen »Ebbe« hören, eher an die Nordsee oder ihr Portemonnaie denken, jeder wahre Schalker jedoch bekommt leuchtende Augen beim Klang dieses Namens.

Ebbe Sand kam 1999 vom dänischen Spitzenclub Brøndby IF, mit dem er dreimal Dänischer Meister und zweimal nationaler Pokalsieger geworden war. Für Schalke spielte er bis 2006 und schoss in 270 Spielen 102 Tore für die Königsblauen. Noch torgefährlicher im Schalker Dress war seit Einführung der Bundesliga nur Klaus Fischer, der es in 343 Einsätzen auf 223 Treffer brachte.

Mit Émile Mpenza bildete Sand ein perfektes Sturm-Duo, das allein in der Saison 2000/01 35 Treffer erzielte – in jener Saison, an deren Ende auch Ebbe Sand am 19. Mai 2001 heiße Tränen vergoss, als die verhassten Geld-schießt-Tore-Bayern den Schalkern in allerletzter Sekunde die schon sicher geglaubte Meisterschale entrissen. »Ich war vier Minuten Meister. Das war schön!«, tröstete Sand sich. Mit »seinen« Schalkern Deutscher Meister zu werden – das war sein großer Traum gewesen, am Ende musste er sich mit zwei DFB-Pokal-Siegen und der »Meisterschaft der Herzen« begnügen.

Seine ungeheuchelte Sympathie für Königsblau machte Ebbe Sand für die Fans zum »Schalker«, eine Ehre, die nicht jedem Legionär in Blau-Weiß zuteil wird. So groß war die Sympathie für den Dänen, dass sie ihm sogar ein Lied widmeten – eine Ehre, die bislang keinem anderen Schalker Spieler zuteil wurde. Wer sich noch an das Disco-Quartett Boney M. aus den Siebzigern und dessen Hit *Hooray, hooray, it's Holi-Holiday* erinnert, der kann die folgenden Strophen mitsingen, wie es die Nordkurve »ihrem« Ebbe zu Ehren bei jedem Heimspiel stimmgewaltig tat: *Wer baut die größte Burg am Strand? – Ebbe, Ebbe Sand!*

Wer hat den besten Schuss im Land? – Ebbe, Ebbe Sand!
Ebbe Sand, Ebbe Sand – Ebbe, Ebbe Sand
Ebbe Sand, Ebbe Sand – Ebbe, Ebbe Sand
Wer isst die Pizza ohne Rand? – Ebbe, Ebbe Sand!
Wen mag man auch im Sauerland? – Ebbe, Ebbe Sand!
Wer wäscht sein Trikot mit der Hand?
Wer hat zu Haus 'nen Veltins-Stand?
Wer isst zum Frühstück Kräuterschmand?
Wer kriegt auf Dosen Flaschenpfand?
Wer hat die Abwehr umgerannt?
Wer hat am Knie ein Gummiband?
Na, wer wohl? – Ebbe, Ebbe Sand!

Eine witzigere Liebeserklärung an einen Fußballer hat es wohl nie gegeben. Und wenn man sich dazu die Szenen seiner Tore ansieht, kann man frohen Mutes hinzufügen:

Bei wem gerät man außer Rand und Band?
Bei Ebbe Sand, bei Ebbe Sand.

84. GRUND

Weil nach dem Finalsieg 2002 der DFB-Pokal die Feierlichkeiten mit den Fans nur arg lädiert überstand und Rudi Assauer sogleich ankündigte, den »Pott« im nächsten Jahr noch einmal gewinnen zu wollen, um ihn wieder zu demolieren

Das Malheur passierte auf dem Triumphzug vom Gelsenkirchener Hauptbahnhof zur Arena. Auf der Kurt-Schumacher-Straße rutschte Schalke-Manager Assauer im Siegestaumel der 6,25 Kilogramm schwere »Pott« aus der Hand und krachte vom Tieflader auf den Asphalt. Edelsteine aus dem Pokal kullerten übers Straßenpflaster, die Trophäe war anschließend, so der Befund der *Frankfurter Allgemeinen Zeitung*, »verzogen, verbogen und verbeult«.[269] Einen Tag zuvor, am 11. Mai 2002, hatten die Königsblauen den DFB-Pokal mit einem 4:2 über Bayer Leverkusen erfolgreich verteidigt, eine dritte Feier würde der »schiefe Pott von Schalke« aber kaum überstehen.

Fünf Monate dauerte die Reparatur des Pokals und kostete 34.000 Euro, die der DFB Schalke in Rechnung stellte. Woraufhin Assauer drohte, ihn gleich noch einmal gewinnen zu wollen: »Dann haben wir die Möglichkeit, ihn wieder kaputt zu hauen. Den geraden Pokal wollen die Fans bei uns im Museum sowieso nicht sehen.«[270] Was bekanntlich nicht klappte, da Schalke im Dezember 2002 schon im Achtelfinale mit 4:5 im Elfmeterschießen gegen Bayern München ausschied.

Tödlich beleidigt ob des respektlosen Umgangs mit seinem Werk war dessen Schöpfer, der Goldschmied Wilhelm Nagel: »Mit Rudi Assauer will ich nie mehr reden, 38 Jahre lang ist nichts passiert und dann das. Als ich den Pokal das erste Mal gesehen habe, musste ich weinen. (…) Ich wusste gar nicht, was ich zuerst machen sollte. Ich habe die alten Zeichnungen von damals hervor gekramt.«[271]

Den restaurierten Pokal übergab der 75-Jährige in der Frankfurter DFB-Zentrale mit weißen Handschuhen. »Eine Distanz zu dieser Trophäe ist hilfreich. Ich hoffe, dass ihr jetzt ein gewisser Respekt entgegen gebracht wird.«

Dass der »Pott« im Jahr darauf nicht zum dritten Mal in Folge in Schalker Hände geriet, dürfte ihm Genugtuung und Beruhigung zugleich gewesen sein. Aber wahrscheinlich hätte er es gar nicht mitbekommen, denn ein großer Fan war Nagel nie gewesen, schon 1964 nicht, als er vom damaligen DFB-Chef Peco Bauwens den Auftrag zur Schaffung einer Trophäe erhielt: »Ich hatte bis dahin nur einmal bei einem wichtigen Spiel in Köln geschaut: Da sind nach dem Spiel die Fußballer mit einer Vase vor 40.000 Zuschauern eine Ehrenrunde gelaufen. Da hat nur noch die Blume in der Vase gefehlt.«

Sollten die Schalker irgendwann in der Zukunft doch noch den achten Meistertitel holen, sollten sie beim anschließenden Triumphzug statt der kostbaren Meisterschale vielleicht besser eine Blumenvase schwenken, um jedem Ärger aus dem Weg zu gehen.

85. GRUND

Weil Fußballer als Werbe-Ikonen selten so gut und witzig waren wie Rudi Assauer und Simone Thomalla in den Veltins-Spots

Wer erinnert sich nicht mit Grausen an den TV-Spot, mit dem der junge Franz Beckenbauer einst Werbung für Knorr-Tütensuppen machte. Zu einem flimmerigen Spielausschnitt tönte es aus dem Off: »Da braucht man Kraft und Nerven. Oft genug hat Franz Beckenbauer die bewiesen. Kraft holt er sich zu Hause, bei einer herzhaften Mahlzeit, mit einer Fleischklößchensuppe von Knorr, die so kräftig schmeckt.« Schnitt auf den jungen Franz, wie er seine Suppe löffelt und mit rollendem R seinen einstudierten Text aufsagt: »Kraft in den Teller, KnoRRRR auf den Tisch.«[272]

Das war weder witzig noch originell, sondern einfach nur peinlich. Es war Fernsehwerbung aus den Kindertagen des Fernsehens – und des Profifußballs. Und Franz Beckenbauer war nicht der einzige Fußballer, der damals abseits des Spielfeldes seltsam linkisch und unbeholfen wirkte, ganz im Gegensatz zu den heutigen Jungprofis, die parallel zu ihrer sportlichen Ausbildung von Beginn ihrer Karriere an auch auf Medienwirksamkeit getrimmt werden.

Wie anders Werbung heute geht, demonstrierten ab 2003 die Schauspielerin Simone Thomalla und ihr damaliger Lebensgefährte, Schalke-Manager Rudi Assauer, in mehreren Werbespots der Veltins-Brauerei, für die beide 2006 mit der Goldenen Kamera ausgezeichnet wurden. Die kurzen Spielszenen zeigen die beiden im ganz normalen Beziehungsalltag. Bei den Dialogen denkt Mann unwillkürlich »typisch Frau« und Frau denkt »typisch Mann«. Sie gibt das attraktive Weibchen in High Heels, das seine Reize ausspielen will, er kokettiert mit seinem Macho-Image als »Stumpen-Rudi«, dem nichts über ein frisches Veltins geht. Einmal reden beide herrlich aneinander vorbei, wenn sie im Schlafzimmer vor dem Spiegel seine Meinung zu ihrem Outfit erfahren will und er in der Küche auch brav seine Kommentare abgibt – nur dass er das perfekt gezapfte Pils in seiner Hand meint. Ein anderes Mal kassiert er auf einer Party eine charmante Zurechtweisung, wenn er, ein Veltins in der Hand, einer fremden Frau hinterherblickt: »Nur gucken – nicht anfassen.« Woraufhin er sich, als sie kurz darauf nach seinem Pils greifen möchte, trocken mit den gleichen Worten revanchiert und sein Bier selber genießt.

Diese Spots hatten so gar nichts von der biederen Plumpheit der Sechzigerjahre-Werbung, die Protagonisten agierten locker und stets mit einem Augenzwinkern. Mit Fußball hatte das Ganze nur insoweit zu tun, als der frühere BVB-Profi Assauer für Schalke tätig war und Veltins die Königsblauen sponserte. Was in Fußballdeutschland natürlich jedes Kind wusste. Zu Beckenbauers Zeiten mussten die Zuschauer erst durch Spielausschnitte und Kommentare darüber aufgeklärt werden, wer da gleich mehr oder weniger telegen die Suppe auslöffeln würde. Denn einzig darum ging es damals: die Marke Knorr mit allen Mitteln in die Köpfe der Leute zu hämmern.

Veltins-Marketingdirektor Herbert Sollich verfolgte einen ganz anderen Ansatz: »Wir möchten den Weg der spaßmachenden Spots fortsetzen, um der Monotonie in den Werbeblöcken einen augenfälligen Kontrapunkt entgegen zu setzen. Der Spot liefert den glaubwürdigen Beweis, dass die Marke Veltins eben mitten aus dem Leben kommt.«[273] Und auf die Holzhammer-Methode samt pädagogischem Zeigefinger aus der Werbesteinzeit verzichtet. Nicht Belehren, sondern Unterhalten lautete die Devise der Veltins-Spots, die Marke selber rückte dabei eher beiläufig ins Bild. »Die Handlung garantiert auf Anhieb genüssliche Unterhaltung, die sich von der üblichen Bierwerbung abhebt. Es ist eben eine Szene wie im richtigen Leben – jeder kann die Situation nachfühlen«, ergänzte Simone Thomalla.[274]

Insgesamt vier Spots drehte das Paar zusammen, bevor sich die privaten Wege der beiden Ende 2008 trennten und Bruce Willis den Part von Simone Thomalla übernahm – im Spot, nicht im richtigen Leben!

86. GRUND

Weil Schalke als erster Bundesligaverein seine eigene Bibel herausgegeben hat

»Eigentlich ist Fußball in erster Linie ein Sport«, schreibt Maike Buß in einem Sammelband über »Gefühl, Vernunft und Religion im Fußball«.[275] Die Betonung liegt auf »eigentlich« und »in erster Linie«. Denn wahr ist auch: »Die Passion ist Konfession: entweder wird der künftige Anhänger hineingeboren und auf die Vereinsfarben getauft – oder die Fan-Identität wurde im Bekenntnisakt des Erwachsenen erworben. Konversion ist möglich, aber selten, denn der Fan integriert das Bekenntnis in den Lebenslauf und gibt die Passion an die nächste Generation weiter.«[276]

So abgedroschen es auch klingen mag, aber wohl nirgends wird Fußball als Religion intensiver gelebt als auf Schalke. Nirgends ist die Passion größer, das Bekenntnis zum eigenen Verein bedingungsloser, wird der Kult um den eigenen Club intensiver *als Kultus* gelebt. Was lag da näher, als dass »eine der größten Religionsgemeinschaften der Welt« (*Schalke Unser*) endlich auch *das* Kult-Buch schlechthin in einer vereinseigenen Ausgabe herausbrachte.

Das dachte sich zumindest Eckhard Stolz, Mitbegründer und Vorsitzender des Fanclubs »Mit Gott auf Schalke«, in dessen Satzung »die Förderung des geistlichen und kulturellen Lebens, um den Glauben an Gott in einer säkularisierten Zeit wieder neu zugänglich zu machen«, festgeschrieben ist.[277]

Sozusagen zum Aufwärmen gab der gläubige Schalker zunächst im Jahr 2007 zusammen mit dem Journalisten David Kadel das Buch *Mit Gott auf Schalke. 50 Jahre Warten auf Erlösung* heraus, in dem Spieler wie Marcelo Bordon oder Rafinha von ihren religiösen Erfahrungen und Erlebnissen berichten.

Ein Jahr später erschien dann die *Schalke-Bibel* – »die komplette Heilige Schrift in Knappenblau«, wie ein großes Nachrichtenmagazin spöttisch kommentierte.[278] Das blau-weiße »Buch der Bücher« mit dem S04-Emblem auf dem Einband enthält auf 1680 Seiten neben dem Alten und Neuen Testament Berichte und Bekenntnisse von Spielern und Funktionären des Vereins. So erzählt Kevin Kurányi in »Kevin allein zu Haus«, wie sein Glaube ihm half, die Enttäuschung über die Nichtberücksichtigung für den WM-Kader 2006 zu verarbeiten. Gerald Asamoah kommt ebenso zu Wort wie Andreas Müller oder Josef Schnusenberg – und ein gewisser Fritz Pawelzik. »Der hat dem legendären Ernst Kuzorra die Tasche getragen«, weiß Herausgeber Stolz zu berichten: »Nach Schalke kommen, dat war so, wie für'n Katholiken nach Rom kommen!«, gesteht der 80-jährige Rentner aus Herne-Sodingen in seinem gleichnamigen Beitrag.[279]

»Es gibt wohl keinen deutschen Sportverein, bei dem Glaube, Hoffnung, Urvertrauen so stark ausgeprägt sind wie bei Schalke«, schrieb die *Frankfurter Allgemeine Zeitung* aus Anlass des Erscheinens der *Schalke-Bibel.*[280] Und wenn der Glaube tatsächlich Berge versetzt, wird es irgendwann klappen mit der achten Deutschen Meisterschaft.

Immerhin – ein Anfang ist gemacht, denn:

Am Anfang schuf Gott Himmel und Erde.
Und die Erde war wüst und leer,
und es war finster auf der Tiefe.
Und Gott sprach: Es werde blau und weiß!
Und es ward blau und weiß.
Und Gott sah, dass Blau und Weiß gut waren.
Da schied Gott das Blaue und Weiße von der Finsternis
und nannte das Licht SCHALKE 04.
Da ward aus Abend und Morgen der erste Tag.

87. GRUND

Weil Schalke 04 als einziger Fußballverein in einem Musical verewigt wurde

Ein Geburtstagsgeschenk der besonderen Art – und etwas, das kein anderer Fußballverein vorweisen kann – bekommt der FC Schalke 04 zum 100. Vereinsjubiläum: ein eigenes Musical. *NULLVIER – Keiner kommt an Gott vorbei* wird am 9. Mai 2004 im Gelsenkirchener Musiktheater im Revier uraufgeführt. Im Publikum: der 83-jährige, schwerkranke Paul Matzkowski, der von 1948 bis 1958 zunächst als Stürmer und später als Mittelläufer 212 Einsätze für

Königsblau bestritt. Von seinem Sohn Bernd stammen die Songtexte für *NULLVIER*. Er erinnert sich: »Grob gesagt, geht es in dem Stück um einen alten Schalker, der sterbenskrank ist und den lieben Gott bittet, ihn noch ein bisschen leben zu lassen. Er will noch wissen, ob Schalke den Klassenerhalt schafft, das ist die äußere Story. Das Spannende für mich war, dass dieser alte Mann in dem Stück zur Generation meines Vaters gehört. Kurz vor der Premiere waren wir noch bei ihm in der Kur (...) und rieten ihm ab, nach Gelsenkirchen zu kommen. Aber er wollte unbedingt (...). Mit größter Mühe schaffte er es über den blauen Teppich und schaute sich dann die drei Stunden an und war völlig enthusiastisch. (...) Vielleicht hat er auf der Bühne seine eigene Geschichte erlebt. Mit einem Bein im Grab, den lieben Gott um Aufschub bittend für diesen Verein, für seinen S04.«[281]

Die »innere« Story ist – wie meist bei Musicals – ziemlich trivial: Nachwuchsspieler soll abstiegsgefährdeten Verein retten, verliebt sich aber ausgerechnet jetzt, derweil der etablierte Star des Clubs Intrigen gegen den jungen Hoffnungsträger spinnt und die wahren Fans unverdrossen von den goldenen Zeiten träumen. Die Schauplätze sind stilecht: Friseursalon, Disco, Kiosk, Trainingsplatz, Tattoo-Studio, dazu das Gelsenkirchener Barock-Wohnzimmer des »Alten«. Am überzeugendsten ist *NULLVIER* – für ein Musical kaum verwunderlich –, wenn die von Enjott Schneider *(Schlafes Bruder, Herbstmilch)* komponierte Musik die Handlung(en) in den Hintergrund drängt. Dabei wechseln sich große Shownummern wie »Schalker Markt« ab mit gefühligen Balladen (»Dem Himmel so nah«), Fußball-Reminiszenzen (»Der ideale Spieler«) und lokalem Ulk (»Etepetete«). Und wenn die Frauen aus dem Friseursalon »Insel der Schönheit« gemeinsam mit den Spielerfrauen »Steh auf, wenn du Schalker bist« anstimmen, kommt für einen kurzen Moment beinahe Arena-Feeling auf.

Dass Gott dem »Alten« die erbetene Verlängerung gewährt und sich am Ende selber eine Dauerkarte für die nächste Saison besorgen will, ist eine wunderbare Umkehrung des titelgebenden Spruchs, mit dem die Zeugen Jehovas Ende der Sechzigerjahre in Gelsenkirchen für ihre Zeltmission warben und den ein Schalke-Fan um den Zusatz ergänzte: »Außer ›Stan‹ Libuda«. Von dem »Alten« ermahnt (»Du musst auch mehr an mich glauben«), kommt auch Gottvater am Ende zu der Einsicht: »An Schalke 04 kommt keiner vorbei.«

Hätte er die mal drei Jahre früher gehabt – mag Rudi Assauer am 19. Mai 2001 gedacht haben, als er, noch unter Schock angesichts der soeben entgangenen Meisterschaft, gestand: »Ab heute glaube ich nicht mehr an den Fußball-Gott.«[282]

88. GRUND

Weil kein anderer deutscher Fußballverein es bislang zu Leinwandehren gebracht hat

Wobei dahingestellt sein mag, ob es unbedingt eine »Ehre« ist, in Filmen wie den folgenden verewigt zu werden. »Saufen, Prügeln, Vögeln und Fußballspielen – am Samstag haben die Menschen in der Nordkurve nur ihr Vergnügen im Kopf. Es geht um Lust um jeden Preis, um Kampf mit allen Mitteln – Intrige, Betrug, Erpressung«, heißt es beispielsweise in der Produktionsmitteilung für den Streifen *Nordkurve* von Adolf Winkelmann (1992).[283] Um Fußball geht es nur mittelbar, das Spiel dient als Staffage für ein Panorama menschlicher Emotionen, oder besser: Abgründe. Winkelmann: »Fußball im Kino interessiert mich nicht. Wer Fußball sehen will, geht auf den Platz … Im Kino interessiert mich der Mythos Fußball.«[284] Der in *Nordkurve* allerdings arg alkoholisiert wirkt.

Was bei dem Versuch herauskommt, das Geschehen auf dem Rasen selbst zum Thema zu machen, konnte man vor Jahren in *Das Wunder von Bern* (Deutschland 2003) besichtigen. Statt Originalszenen des legendären Endspiels zu verwenden, wurden die Schlüsselszenen des deutschen 3:2-WM-Triumphes von Schauspielern in einem digitalisierten Wankdorf-Stadion vor einer ebenfalls digitalisierten Kulisse mehr schlecht als recht nachgespielt. Grauenhaft!

Diese Art von Fußballfilm ist Schalke 04 zum Glück bis heute erspart geblieben. Leider ist aber auch *Nordkurve* nicht viel mehr als eine klischeebefrachtete Ruhrgebietsklamotte (saufende Fans, prügelnde Hooligans, miese Vereinsfunktionäre, schmierige Spielervermittler, willige Frauen usw., siehe oben), angereichert um Szenen eines fiktiven Fußballspiels. Königsblau sei Dank tragen Fans und Spieler in dem Film Schwarz-Gelb, und das Stadion ist unschwer als Spielstätte von Lüdenscheid-Nord zu erkennen. Dennoch lassen »nicht nur der Titel, auch die dargestellten Typen« keinen Zweifel daran, »dass Drehbuchautor Michael Klaus aus Gelsenkirchen den Verein seiner Heimatstadt vor Augen gehabt hat«.[285] Warum ein solches Machwerk, welches das Schalker Allerheiligste, die titelgebende Nordkurve, ins Stadion des Erzrivalen verpflanzt, für die Filmzeitschrift *cinema* auch noch »einer der zehn besten Sportfilme weltweit« ist,[286] bleibt rätselhaft. »Realität kurz vor dem Kabarett« *(Frankfurter Rundschau)* trifft es da schon eher, während ein anderes Blatt seinen Lesern schlicht riet: »Das Revier im Samstagsfieber: bitte weiträumig umfahren.«[287]

Der nächste Versuch, Königsblau ein filmisches Denkmal zu setzen, *Fußball ist unser Leben* von 1999 (Regie: Tomy Wigand), ist leider auch nichts anderes als klischeehafter Ruhrpott-Klamauk, allerdings insoweit witzig, weil der Streifen sich selbst nicht ganz ernst nimmt. Diesmal geht es tatsächlich explizit um Schalke 04. Im Mittelpunkt stehen die Mitglieder des Fanclubs »Dios Knappen Gelsenkirchen«, deren Leben sich ausschließlich um »ihren« Verein dreht. Mit dem Ex-Profi Yves Eigenrauch und Mannschaftsbetreuer Charly Neumann kommen diesmal sogar ein paar »echte« Schalker in Kurzauftritten zu Wort. »Und noch 'ne ›Proleten‹-Komödie mit dramatischen Zügen. Die Perücke von Uwe Ochsenknecht ist genauso hingebastelt wie viele nervige Details der Story«, urteilte der Online-TV-Führer *Prisma*.

Weniger prollig, dafür umso schnulziger geht es zu, wenn man weiter in die Vergangenheit zurückgeht. Im ersten Fußballfilm überhaupt, Rudolf A. Stemmles *Das große Spiel* von 1942, kämpft mit »Gloria 03« ein Verein um die Deutsche Meisterschaft, dessen Mittelstürmer ein ins Ruhrgebiet eingewanderter Bergmann (!) ist. In dem Film-Verein ist unschwer der FC Schalke 04 zu erkennen – vor allem wegen der einmontierten Originalszenen aus dem Schalker Meisterschaftsfinale von 1941. Wobei die Film-Dramaturgie die Wirklichkeit nachträglich im königsblauen Sinne korrigiert: Gloria 03 schafft, was die Schalker, die in jenem Jahr überraschend Rapid Wien mit 3:4 unterlagen, nicht schafften, und holt den Meistertitel. Allerdings krankt auch dieser »Fußballfilm« daran, dass Schauspieler nun mal keine Fußballer sind und in den nachgestellten Spielszenen entsprechend hölzern agieren.

Dieses Problem hatte Charly Neumann 20 Jahre später nicht. In Bernhard Wickis *Das Wunder des Malachias* stand er in Gelsenkirchen als Brezelverkäufer, Playboy und Journalist vor der Kamera – kein Problem für den gelernten Bäcker und begnadeten Selbstdarsteller. Mit Schalke hatte der Film allerdings nur insoweit zu tun, als die Drehorte – unter anderem das Hans-Sachs-Haus und das gerade fertiggestellte Musiktheater – ebenfalls in Gelsenkirchen lagen.

Warum man Schalke wegen all dieser mittelmäßigen bis schlechten Filme lieben muss? Weil es um die Qualität der Filme gar nicht geht, sondern darum, dass von allen Fußballvereinen offenbar einzig Schalke als filmwürdig angesehen wird. Weil Schalke eben immer schon für mehr stand als nur für ein Spiel, bei dem 22 Mann um einen Ball kämpfen. Das Spiel selbst wird immer unverfilmbar bleiben.

89. GRUND

Weil die Kapelle in der Arena AufSchalke ein einzigartiger Ort ist

»Wenn Menschen in unserer Stadt in Not sind, wenden sie sich entweder an die Kirche oder an Schalke 04«, sagte Schalke-Geschäftsführer Peter Peters im Jahr 2001 aus Anlass der Einweihung der Kapelle in der neuen Schalker Spielstätte. Pfarrer Norbert Filthaus von der evangelischen Christus-Kirchengemeinde Buer, der als Nachfolger von Hans-Joachim Dohm seit 2008 die Gesamtverantwortung für den von beiden Konfessionen genutzten Gottesdienstraum trägt, stellt allerdings auch klar: »Fußball ist für mich keine Religion. Der Beitrag von Kirche und Glauben auf Schalke darf keinen magischen Touch kriegen. Ich darf mir im Gebet zwar wünschen, dass Schalke Meister wird, es darf aber keinen beschwörenden Charakter annehmen.«[288]

Dass Fans hier um Tore und Siege beten, ist ausdrücklich nicht erwünscht. Deshalb ist die Kapelle an Spieltagen Trainern und Mannschaften vorbehalten. Sie soll weder »Vereinskapelle« noch »magische Zauberbude« sein, auf dass es nicht heißt: »Schalke unser im Himmel / verteidigt werde dein Name / dein Sieg komme / wie zu Hause so auch auswärts …«[289]

Ausdrücklich unberücksichtigt blieben daher seinerzeit bei der Ausschreibung Entwürfe, die durch Form- oder Farbgebung einen direkten Bezug zum Standort der Kapelle herzustellen suchten, sei es durch ein Foto der »Eurofighter« als Altarbild, sei es durch die blau-weißen Vereinsfarben. Entstanden ist so ein von dem Asbacher Künstler Alexander Jokisch in schlichtem Schwarz-Weiß gehaltener Sakral-Raum, dessen Zeichnungen im Eingangsbereich zwar den »Zweikampf« thematisieren, der sich aber ansonsten jeglicher fußballerischen Anklänge enthält. Gottes Haus auf Schalke ist »keine Vereinskapelle«, sondern ein Andachtsraum, in dem »die Kirche uneingeschränktes Hausrecht« besitzt.[290] Dohm, der frühere Straßenfußballer aus dem benachbarten Wattenscheid, der »99 Prozent der Schalker Heimspiele« besucht[291], betont die ausschließlich seelsorgerische Funktion der Arenakapelle: »Ich bin durch die Arbeit in der Arena zu der Erkenntnis gekommen, dass Kirche aus ihrer parochialen Struktur immer wieder auf- und ausbrechen muss, um auch den Menschen zu begegnen, die letztlich den Kontakt zur Kirche nicht abgebrochen haben, aber auch umgekehrt die Gemeinde nicht kennen, in der sie wohnen.«[292] Und von Letzteren dürfte es nicht nur in der Arena mehr als genug geben.

Die Kapelle auf Schalke ist nach wie vor ein einzigartiger Ort, aber einzigartig ist sie längst nicht mehr. Stand für den Schalker Andachtsraum seinerzeit die Marienkapelle des FC Barcelona im Camp Nou Pate, so gibt es inzwischen auch im Berliner Olympiastadion und in der Frankfurter Commerzbank-Arena Stadionkapellen[293] – Orte der Besinnung und fußballfreie Zonen »mitten im Trubel von Kommerz und Hektik«.[294]

9. KAPITEL

AUCH DAS NOCH …

90. GRUND

Weil die Schalker früher so gut waren, dass sie rund um die Uhr bewacht werden mussten, um nicht von anderen Vereinen abgeworben zu werden

In der Frühzeit des Fußballs waren langfristige Verträge und Ablösesummen noch unbekannt. Spieler wechselten den Verein, wenn ihnen ein attraktives Angebot gemacht wurde, in den entbehrungsreichen Jahren nach dem Ersten Weltkrieg in der Regel eine feste Arbeitsstelle, Kost und Logis. Auch die Brüder Fred und Hans Ballmann waren mit solchen Versprechungen nach Gelsenkirchen gelockt worden. Der Schalker Fred Kühne hatte die beiden gebürtigen Dortmunder, die seit 1897 in Großbritannien lebten, arbeiteten und kickten, während der Kriegsgefangenschaft in einem englischen Internierungslager kennengelernt.

Die »Ballmänner« machten die Schalker mit dem schottischen Flachpassspiel bekannt, das in den Folgejahren zum Schalker Kreisel verfeinert wurde. Der Verein hatte von Anfang an ein wachsames Auge auf die beiden, da auch andere Gelsenkirchener Clubs Wind von den »englischen« Neuzugängen bekommen hatten. Um jeglichen Abwerbeversuchen vorzubeugen, verschaffte man ihnen gleich nach ihrer Ankunft Arbeitsplätze als Monteure in der Herdfabrik Küppersbusch und Schlafplätze als Kostgänger beim Vereinsvorsitzenden Fritz »Papa« Unkel. Und sie erhielten fortan täglich »Begleitschutz« auf dem Weg zwischen ihrer Wohnung in der Olgastraße im Osten von Schalke und ihrer Arbeitsstätte. Diese Aufgabe übernahm Thomas Student. Der 23-jährige Defensivspieler war der erste Kapitän der jungen Schalker Mannschaft und gehörte 1915 zu den Gründungsmitgliedern der »zweiten« Westfalia. Nach dem Ersten Weltkrieg sorgte er dafür, dass wieder eine spielfähige Schalker Mannschaft entstand, und seiner Initiative war es zu verdanken, dass das Spielfeld an der Grenzstraße wieder hergerichtet wurde.

Auf dem Platz war Student das, was man heute einen Führungsspieler nennen würde. Er führte Schalke 1926 in die höchste Spielklasse, die Ruhrgauliga, und zur ersten Ruhrbezirksmeisterschaft. »Sein seemännisches ›Wahrschau‹-Gebrüll an seine Kameraden, wenn er freies Schussfeld brauchte, war weniger Achtung- oder Hilfeschrei, sondern Kampfruf und Kampfbegeisterung, die mitreißen sollte und mitriss«, hieß es 1957 in den Schalker *Vereinsnachrichten*.[295] 1928 ersetzte ihn der im selben Jahr von Union Gelsenkirchen gekommene Walter Badorek in der Abwehrreihe. Die Kapitänsbinde übernahm Ernst Kuzorra. Der hatte ein Jahr zuvor ein Angebot des Dortmunder SC 1895 erhalten, »das mit einer lukrativen Anstellung bei einer Dortmunder Brauerei gekoppelt war«.[296] Der Schalker Star lehnte ab, und der dem Verein verbundene jüdische Metzger Leo Sauer finanzierte ihm daraufhin den Führerschein und stellte ihn als Fahrer ein, um ihn an den Verein zu binden.[297] Kuzorra blieb Schalker.

91. GRUND

Weil es ein Märchen ist, dass Schalker keine Titel gewinnen können

Sage noch einer, Schalker könnten keine Titel gewinnen. Im Gegenteil: Nicht nur das Team holt immer mal wieder die eine oder andere Trophäe und deklassiert dabei auch gerne mal einen Gegner, wie zuletzt den MSV Duisburg beim souveränen 5:0 im DFB-Pokalfinale 2011. Nein, auch einzelne Spieler und sogar Funktionäre heimsen gelegentlich Auszeichnungen ein, die es zwar an Renommee nicht mit dem »Pott« oder gar der Schale – dem heiligen Gral der Schalker – aufnehmen können, dies aber mitunter durch Skurrilität wettmachen. So konnte zuletzt Klaas-Jan Huntelaar für seine 29 in der Saison 2011/12 erzielten Treffer die *kicker*-Torjägerkanone entgegennehmen. Sicher wäre ihm die Meisterschale lieber gewesen, aber was nicht ist, kann ja noch werden, hat der Holländer doch seinen zum Saisonende auslaufenden Vertrag kurz vor Weihnachten 2012 bis zum Jahr 2015 verlängert.

Sucht man nach wahrhaft skurrilen Auszeichnungen, muss man tief in die Vergangenheit eintauchen, bis in die für die Königsblauen trüben Achtziger, als drei Bundesliga-Abstiege den Verein beinahe zur ewigen Fahrstuhlmannschaft degradiert hätten, wäre der dritte Aufstieg nach der Saison 1991/92 nicht der letzte gewesen. Titelmäßig waren es – abgesehen von zwei Zweitliga-»Meisterschaften« – maue Zeiten. Die nach dem letztmaligen Gewinn des DFB-Pokals 1972 ein Vierteljahrhundert andauerten. Bis die »Eurofighter« 1997 sensationell den UEFA Cup an den Schalker Markt holten.

Aber: Kleinvieh macht auch Mist. Und so konnte sich 1986 – Schalke hatte seine zweite Erstliga-Saison nach dem Wiederaufstieg 1984 soeben als Zehntplatzierter beendet – immerhin ein Spieler an einem Titel erfreuen: Stürmer Klaus Täuber wurde nach einer Umfrage unter Abwehrspielern vom *stern* zum »größten Klopper der Liga« gekürt. Der drei Jahre zuvor vom Zweitligisten Stuttgarter Kickers zu Schalke gekommene Stürmer, den Gegenspieler wegen seines robusten Einsatzes (aber auch, weil er am selben Tag Geburtstag hatte wie Box-Legende Muhammad Ali) »Boxer« nannten, war ganz und gar nicht beleidigt: »Für den Mittelfranken (…) war die Pole Position in einer vom *stern* durchgeführten Umfrage ein glänzendes Zeugnis seiner Arbeit: ›Mein Spitzname sagt schon einiges über meine Charaktereigenschaften aus.‹«[298]

Damals kickte übrigens der gesamte Nachwuchs der Familie Täuber für die Königsblauen: Jürgen, der Älteste, in der Saison 1980/81, von 1983 bis 1987 Klaus, der zum sofortigen Schalker Wiederaufstieg 1984 19 Treffer beisteuerte, und von 1985 bis 1987 Stephan, der Jüngste, der allerdings nach acht – torlosen – blau-weißen Einsätzen zu Hertha BSC in die Berliner Oberliga wechselte. Einen ganz besonderen Rekord hält Klaus Täuber gemeinsam mit seinen

Brüdern übrigens bis heute: Niemals davor oder danach hat es in der Bundesliga ein spielendes Brüder-Trio gegeben – und das auch noch in einem Verein!

Dass Olaf Thon als »Abtrünniger« just in jenen Jahren zwei Deutsche Meisterschaften mit dem »falschen« Verein holte (1989 und 1990 mit den Bayern) und als Nationalspieler 1990 in Italien auch noch Weltmeister wurde, sei hier nur am Rande erwähnt.

Lang ist's her. Heutzutage gewinnen auf Schalke nicht nur Spieler Titel. So nahm Rudi Assauer 2003 in einem Hamburger Hotel von dem Nettetaler Samt- und Cord-Produzenten Niedieck die Auszeichnung »Cord-Mann 2003« entgegen. Was selbst der *Frankfurter Allgemeinen Sonntagszeitung* in einem Artikel über soeben vom Schalke-Manager getätigte Spielerkäufe unter der Überschrift »Neue Kicker statt alter Knigge« ein Lob wert war: »Als Dreßman macht Rudi Assauer eine gute Figur.«[299]

Da können einem die Fans von Lüdenscheid-Nord nur leidtun. Deren Trainer Jürgen Klopp wurde 2012 vom *kicker* einfach nur zum »Mann des Jahres« gewählt. Wer sich mit seinem Team andauernd derart in »Schale« schmeißt, muss sich nicht wundern.

92. GRUND

Weil der berühmteste Versprecher der deutschen Sportberichterstattung bis heute unvergessen ist

»Schalke 05 gegen … äh … jetzt hab ich's vergessen … Standard Lüttich, Standard Lüttich (…). Die ganz ernsthaften Fußballfans können jetzt wieder aus ihrer Ohnmacht erwachen. Ich hab's vorhin sogar selbst gemerkt, dass ich Schalke 05 gesagt habe und nicht Schalke 04 … äh … deshalb bin ich auch gleich dann über Standard Lüttich gestolpert. Wenn, muss man das ja dann auch komplett machen. Ich bitte das doch, da um Nachsehen.«

Carmen Thomas[300]

Sie war die erste Frau, die eine Sportsendung im deutschen Fernsehen moderierte: Carmen Thomas. Seit 3. Februar 1973 führte die 26-jährige Journalistin, die bis dahin durch TV-Dokumentationen über Tabu-Themen wie Selbstmord und Abtreibung auf sich aufmerksam gemacht hatte, durch das *aktuelle sportstudio* des ZDF. »Das war das Allerheiligste. Dort wünschte sich die Mehrheit der Männer eine ›weiberfreie Zone‹«, erinnerte sich Thomas 40 Jahre später in einem Interview.[301] Und ausgerechnet in dieser »Männerbastion schlechthin« leistete sie sich in ihrer fünften Sendung am 21. Juli 1973 jenen historischen Versprecher, auf den sie seitdem millionenfach angesprochen worden ist: »Schalke kennen ja sogar Leute, die nicht wissen, dass Fußball mit einem Ball gespielt wird. Eigentlich war das 05 leicht nachvollziehbar. Ich habe einen Satz mit einer 5 gesagt. 5 Vereine spielten in der Totorunde. Das 5. und letzte Spiel im Parkstadion. Lauter Fünfen umgaben mich, es war meine 5. Sendung. Und dann hatte ich den Gegner ›Standard Lüttich‹ vergessen, musste auf den Zettel gucken, und da kam die 5 vom Satzanfang wieder.«[302]

Unter anderem die BILD-Zeitung forderte damals in einer massiven Kampagne (»Carmen Thomas im ZDF-Sportstudio gescheitert«) ihren Rausschmiss – allerdings mit 14 Tagen Verspätung und verbunden mit einem scheinheiligen Kommentar auf Seite zwei, der dem ZDF Kleinlichkeit vorwarf, weil der Sender die Zusammenarbeit mit seiner Moderatorin wegen eines Zahlendrehers beenden wolle. Tatsächlich tat das ZDF genau das Gegenteil und ließ sie weitermachen. Thomas: »Ein Zuschauer hat das einzig Richtige dazu gesagt: ›Wenn Sie es nicht selbst gesagt hätten, hätte es eine Werbeagentur für Sie erfinden müssen.‹ – ›Schalke 05‹ ist zu einer unkaputtbaren Marke geworden.«[303]

Den Versprecher wurde Carmen Thomas zeitlebens nicht mehr los, wie sie gegenüber *Schalke Unser* bekannte: »Eine Geschichte war, als ich mir ein Visum bei der Botschaft von Tansania in Bonn besorgen wollte. Bei dem tiefschwarzen Pförtner dachte ich so bei mir, ob ich ihn überhaupt auf Deutsch ansprechen kann. Doch noch bevor ich den Mund aufmachen konnte, lächelte er mich mit einer Perlenkette von ca. 54 Zähnen strahlend an und sagte: ›Ooh, Schalke 05‹. Das war schon unerwartet komisch.«[304]

Hätte sie damals »VFB Bochum« gesagt oder »1. FC Stuttgart«, niemand hätte sich wahrscheinlich derart darüber aufgeregt. Schalke war einfach ein anderes Kaliber – »eine heilige Kuh«, wie sie selbst es gegenüber *Schalke Unser* formulierte. Bei der sie sich mehr als 30 Jahre später, am 28. August 2004, vor dem Heimspiel der Schalker gegen Hansa Rostock, offiziell entschuldigte.

Als Sat.1.-Kommentator Wolff-Christoph Fuss sieben Jahre später bei Schalkes 5:2-Gala im Champions League-Viertelfinal-Hinspiel gegen Inter Mailand im Begeisterungsrausch plötzlich von »S05« sprach, wird es sich kaum um einen Versprecher gehandelt haben – eher um eine ironische Reminiszenz an eine Pionierin der deutschen Sportberichterstattung.

93. GRUND

Weil man auf Schalke auch in finanzieller Bedrängnis um originelle Ideen nie verlegen ist

Als es Ende 2011 um eine mögliche Verlängerung des Vertrages von Raúl auf Schalke ging, schlug Ex-Präsident Günter Siebert die vorübergehende Erhöhung der Eintrittspreise um einen sogenannten »Raúl-Euro« vor, um den Verbleib des spanischen Stürmerstars zu finanzieren. »Oskar« wusste, wovon er sprach: »Schalke sollte sich überlegen, eine ähnliche Aktion zu starten, wie wir es damals bei Hannes Bongartz gemacht haben. Raúl ist ein Segen für Schalke und muss unbedingt gehalten werden. Er ist ein Vorbild und bei den Fans hoch angesehen«, äußerte Siebert gegenüber der Nachrichtenagentur dapd.[305]

Der frühere Schalke-Boss hatte 1974 die »Bongartz-Mark« eingeführt, um die für damalige Verhältnisse rekordverdächtige Ablösesumme von 750.000 Mark für den bei Wattenscheid 09 spielenden Mittelfeldspieler stemmen zu können. Auf jede Stehplatzkarte wurde eine Mark aufgeschlagen, der Preis für Tribünentickets wurde um zwei Mark angehoben. 590.000 Mark kamen auf diese Weise am Ende zusammen.

In einem Interview mit dem Online-Portal *Auf'm Platz* erinnerte sich Hannes Bongartz, der von 1974 bis 1978 für Königsblau kickte, an den Schalke-Transfer: »Oscar Siebert hatte immer solche lustigen Ideen auf Lager gehabt. Noch heute, wenn ich durch Gelsenkirchen laufe, sprechen mich die älteren Herren an und sagen zu mir, dass sie von mir noch 2 Mark bekommen.«[306]

Dass es auch umgekehrt ging, bewies 1989 Club-Boss Günter Eichberg. So wurde in der Zweitligasaison 1988/89 das letzte Heimspiel gegen Blau-Weiß 90 Berlin für 160.000 Mark an Mazda verkauft, die Tickets kosteten nur noch die Hälfte, am 12. Juni 1989 füllten 66.000 das Parkstadion, und der »Sonnenkönig« blickte mit Wohlgefallen auf sein Reich.

Weil Eichberg auch künftig aus Heimspielen Volksfeste machen wollte, wurden für die Folgesaison kurzerhand die Eintrittspreise um bis zu 60 Prozent gesenkt, und eine Stehplatz-Dauerkarte war schon für 95 Mark zu haben: »Ob uns ein Sponsor hilft oder nicht, wir führen unsere angekündigte Preisermäßigung durch.«[307] Es fand sich ein Sponsor – »Müller-Milch« –, und der Zuschauerschnitt stieg in der Saison 1989/90 um fast 10.000 auf 23.074.

Der millionenschwere Klinikbetreiber konnte aber auch anders, als ihm – und dem Club – gegen Ende seiner »Herrschaft« auf Schalke das Wasser bis zum Hals stand und der Jahresbeitrag mal eben um 40 Prozent erhöht wurde. Auch dafür fand der gnadenlose Populist auf dem königsblauen Thron eine griffige Formel: »Eine Schachtel Zigaretten weniger im Monat für Schalke!«[308]

Wohl dem, der um Ideen nie verlegen ist.

94. GRUND

Weil Schalke zur Not auch ohne Torwart auskommt

Würd' gar nicht auffallen, wenn der nicht auf'm Platz stünde! Wem wäre ein solcher Gedanke nicht schon mal gekommen beim Anblick manches müde über den Rasen schleichenden Kickers? Nun, am 14. September 1974 in der Partie zwischen dem VfL Bochum und Schalke 04 fiel es nicht mal den Spielern auf, dass nach der Halbzeitpause das Tor der Schalker verwaist war. Die Königsblauen hatten glatt ihren Keeper in den Katakomben des Ruhr-Stadions vergessen. Im Magazin *11 Freunde* erinnerte sich Norbert Nigbur später, wie Ron Ulrich protokollierte: »Das Drama fing in der ersten Halbzeit an. Ich wurde am Knöchel getroffen. ›Okay‹, dachte ich, ›warte du mal ab, in der zweiten Hälfte gibt es die Retourkutsche!‹ Mein Plan war, noch die fünf Minuten bis zur Pause weiterzumachen und mich dann behandeln zu lassen.

Im Bochumer Kabinentrakt war unser Bereich in drei Räume geteilt: Im ersten konnte man sich umziehen, im zweiten warmmachen, und im dritten waren die Duschen. In der Halbzeit sagte unser Betreuer Ede Lichterfeld zu mir, ich solle in den dritten Raum gehen. Dort hatte er Eisbeutel hingelegt, damit ich meinen Knöchel kühlen konnte. Ede wollte mir Bescheid sagen, wenn die Pause vorbei wäre, denn damals gab es noch nicht einmal Uhren in den Kabinen. Also saß ich da und wartete.

Von der Mannschaftsbesprechung im anderen Raum bekam ich nichts mit, weil die Türen verschlossen waren. Es dauerte und dauerte, und irgendwann dachte ich mir: ›Kann doch nicht wahr sein!‹ Also ging ich in die zweite Kabine, um unseren Betreuer zu suchen. Doch er war nicht mehr da! Auch in der ersten Kabine war niemand.

Ich stürzte raus auf den Flur, in Richtung Spielfeld, da kam mir ein Schokoladeneis-Verkäufer mit einem Bauchladen entgegen.

Er sagte nur ganz lapidar zu mir: ›Jetzt müssen Sie sich aber beeilen, Herr Nigbur, das Spiel läuft schon wieder.‹ Und tatsächlich vernahm ich auf dem Weg nach draußen schon das Raunen und Pfeifen der Zuschauer.

Das Stadion war ausverkauft. Die Leute standen ganz nah dran, und den Weg von den Umkleidekabinen zum Spielfeld stellten Polizisten zu. Als ich gen Rasen stürmte, stand ein Polizist mit dem Rücken zu mir. Er schaute gespannt aufs Spielfeld, ich tippte ihm auf die Schulter und sagte: ›Ich muss da mal durch!‹ Seine Antwort: ›Das kann jeder sagen!‹ Ich tippte ihm wieder auf die Schulter und sagte, dass ich der Torwart sei. Wiederum ohne Erfolg. Er entgegnete nur: ›Ja, wir sind alle Torwart!‹ Erst beim dritten Versuch drehte er sich um und verstand, dass ich es ernst gemeint hatte, und ließ mich durch.

Als ich aufs Feld kam, lief das Spiel schon fünf Minuten. Doch keiner hatte bemerkt, dass ich nicht im Tor stand. Weder meine Abwehrspieler noch der Schiedsrichter! Unfassbar!«[309]

Zum Glück für die Schalker hatten auch die Bochumer nichts gemerkt. Nicht ein einziges Mal schossen sie in diesen fünf Minuten auf das Tor der Gäste. Erst in der 58. Spielminute gelang Kacor der Siegtreffer zum 2:1 für die Bochumer. Aber da stand Nigbur schon wieder zwischen den Pfosten. Und mal ehrlich: Auf ein leeres Tor zu schießen macht ja auch keinen Spaß!

95. GRUND

Weil nach dem Schalker Wiederaufstieg 1982 eine ganze Liga trauerte, während die blau-weiße Aufstiegsfeier aus dem Ruder lief

Als nach einem 4:0 gegen Abstiegskandidat Wormatia Worms am drittletzten Spieltag der Saison 1981/82 die Rückkehr der Schalker ins Fußball-Oberhaus perfekt war, weil Wattenscheid 09 den hartnäckigsten Verfolger Kickers Offenbach mit 4:1 aus dem Aufstiegsrennen geworfen hatte, teilten nicht alle die Begeisterung des königsblauen Anhangs, dass Schalke der Zweitklassigkeit schon nach einem Jahr wieder entronnen war.

Den Clubs der 2. Liga kam mit Schalke 04 das Zugpferd abhanden, das für volle Häuser gesorgt hatte. Rot-Weiss Essen, der SC Freiburg und Fortuna Köln hatten Saisonrekorde verbucht, für Wattenscheid 09, das die Schalker vor 15.000 Zuschauern im Lohrheide-Stadion mit 3:0 abgefertigt hatten, war es das »Spiel des Jahrhunderts« gewesen, und in Hannover war die Kartenversorgung zusammengebrochen. Aber bei den Zweitligisten herrschte nicht nur Trauer: »Den Schalkern dürfte man keine Karten für ihre Auswärtsspiele mehr zuschicken«, zitierte der *kicker* Zweitliga-Terminplaner Willi Boxheimer unter Verweis auf Ausschreitungen von Schalke-Fans beim Spiel gegen Kickers Offenbach am vorletzten Spieltag, die der Bundesliga »einen Vorgeschmack gaben, was sie in der neuen Saison erwartet«.[310]

Die Schalker ließen sich indes die Feierlaune nicht verderben, und am letzten Spieltag stieg nach einem mäßigen 3:3 gegen die SpVgg Fürth die große Aufstiegsparty. Der *kicker* berichtete: »Schon ab 14 Uhr drängelten sich die Fanclubs mit Hunderten von blauweißen Luftballons, Riesenfahrrädern für 18 Personen und Motorradbeiwagen (…). Nach vier Windhundrennen, einem Umzug von sieben Musikkapellen und den Fanclubs leitete der Massenstart von Brieftauben zum Singen mit Gotthilf Fischer über. Das aber klappte nicht so wie zu Weihnachten.«[311] Nun ja, das mit den Windhunden klappte auch nicht so, wie sich das ein paar Offizielle wohl vorgestellt hatten. Die *11 Freunde* konnten eine gewisse Schadenfreunde nicht verhehlen: »Die Idee war gut, doch die Welt war noch nicht bereit: Die Hunde verfingen sich nach kurzer Zeit in den Tornetzen. Das Gejaule soll bis nach Dortmund zu hören gewesen sein.[312]

Letzteres ist nicht überliefert, so wenig wie man weiß, ob die armen Tiere aus den Netzen befreit wurden, bevor diese samt Torstangen von euphorisierten Fans abmontiert wurden. Deren Begeisterung nicht nur dem gelungenen Wiederaufstieg ihres Vereins geschuldet war, sondern leider auch dem übermäßigen Genuss alkoholischer Getränke. Die abmontierten Tore waren die eine, die Prügeleien vor der Haupttribüne des Parkstadions die andere – weit weniger entschuldbare – Begleiterscheinung einer Feier, von der selbst ansonsten der Vorsitzende des Bayerischen Fußballverbandes, Ernst Knoesel, gegenüber dem *kicker* zugeben musste: »So etwas ist einmalig!«[313]

96. GRUND

Weil nur auf Schalke die Spieler per Rolltreppe auf den Platz fahren konnten

Niemand, der zum ersten Mal die neue Arena AufSchalke betrat, weinte dem maroden Parkstadion auch nur eine Träne nach. Kaum einer, der nicht Erinnerungen an Schlechtwetterspiele hatte, nach denen er oder sie durchgefroren oder durchnässt aus dem weiten Rund flüchtete. So richtig wohlgefühlt hatte sich eigentlich niemand in der zugigen, ungeschützten Betonschüssel. Die Spieler nicht, und auch nicht die Fans. Die Arena hingegen stand für die schöne, neue Fußballwelt. Eine Welt, in der an alles gedacht war …

An fast alles. Denn etwas hatten die Architekten vergessen … die Rolltreppe! Nicht dass die Zuschauer im Parkstadion ihre Plätze über Rolltreppen erreicht hätten – das wäre zu viel des Komforts gewesen. Nein, wer künftig zu Fuß gehen musste, waren die Spieler! Und die hatten es früher eindeutig bequemer gehabt. Denn im Parkstadion hatte es etwas gegeben, das einmalig im europäischen Fußball war: eine Rolltreppe, welche die Spieler vom höher gelegenen Kabinentrakt hinunter zum Spielfeld beförderte. Schätzungsweise 15 Sekunden dauerte es, bis die Mannschaften am Fuß der Laufbahn standen.

Die Spieler vermissten die Rolltreppe, hätten sie gern auch in der Arena gehabt, doch Rudi Assauer lehnte ab. Und den Fans fehlte sie auch: »Die Rolltreppe: Das war das ungehörte Geräusch von Metall auf Metall, von Stollen auf fahrenden Treppen. Das war das Einfahren der Knappen und ihrer Gegner in die Grube, in das weite Rund, auf die Wahrheit des Platzes. Das waren angespannte Gesichter, flackernde Augen vielleicht, Halt suchend und armgestützt in den nervösen Sekunden davor. Das waren unbeholfene Gespräche mit den Rivalen. Das war im Zweifel gebeugter Rücken oder stolzgeschwellte Brust danach. Das war das Eintauchen in tosenden Lärm und das Verschwinden aus tosenden Lärm. Das war das Gleiten der Gladiatoren, geschlagen oder gefeiert. (…) Diese Rolltreppe, dieses einmalige Symbol, sie wird fehlen. Wird mir sehr fehlen. Es gab sie nirgends sonst. Und sie zu verpflanzen wie einst Christiaan Barnard das erste menschliche Herz – das hätte mich glücklich gemacht.«[314]

Eine Rolltreppe als Symbol für die zahllosen Schalker Berg- und Talfahrten durch erste und zweite Liga. Oder für den Fußball schlechthin? Oder gar für das ewige Auf und Ab des Lebens?

97. GRUND

Weil der Aberwitz nirgendwo so herrlich regiert wie auf Schalke

Schönes Beispiel: Die »Sven-Schaeffner-Treppe« an einer entlegenen Stelle von Parkplatz P. Sven Schaeffner, ein Mitarbeiter der Agentur TEAM, die 2004 im Auftrag der UEFA das Champions League-Finale in der Schalker Arena organisierte, fand, dass dort unbedingt ein Aufgang hin müsse, um den Zuschauern den Anstieg vom Parkplatz zum Stadion über einen rutschigen Abhang zu ersparen. Schaeffner war so ziemlich der Einzige, der das fand, vermutlich auch wegen der veranschlagten Kosten von 10.000 Euro. »Doch Schaeffner gab nicht auf«, wie *Schalke Unser* in Heft 54 vom Mai 2007 berichtete, »und führte einen heldenhaften Kampf. Schlussendlich setzte er sich durch und die Treppe wurde errichtet.« Dass der »schnöde Betonklotz« in diesem abgelegenen Bereich eigentlich völlig sinnlos war, »ging in einem Wust aus Anträgen und Stempeln offenbar unter.«[315]

Wer sich später über diesen »sinnfreien Bürokratenwahnsinn« wunderte, erfuhr auf einer an der Treppe angebrachten Tafel immerhin, wer dafür verantwortlich war: »Diese Treppe wurde auf Wunsch von Sven Schaeffner UEFA/TEAM anlässlich des Champions League-Finale errichtet.« Als das Schild 2007 geklaut wurde, mokierte sich *Schalke Unser*: »Welch trostlose Vorstellung, wahrlich keine artgerechte Sven-Schaeffner-Schild-Haltung«.[316] Die Öffentlichkeitsabteilung des Clubs informierte den Bauherrn. Der reagierte betroffen, fügte sich aber ins Unabänderliche: »Man muss mit Rückschlägen leben können.«[317]

Da hat Schalke schon ganz andere Rückschläge weggesteckt, denen ebenso aberwitzige Aktionen vorausgegangen waren, die den Verein aber ungleich teurer zu stehen kamen. Beispielsweise 1966 den Kauf des jugoslawischen Nationalspielers Žarko Nikolić, der die in der Vorsaison knapp dem Abstieg entronnene Mannschaft verstärken sollte, dann aber derart schwach spielte, dass Gerüchte aufkamen, man habe den »falschen« Nikolić eingekauft, der »echte« spiele in Holland. Der 27-Jährige brachte es auf ganze elf Einsätze im königsblauen Dress, bevor er in seine Heimatstadt Novi Sad zurückkehrte.

Ein anderer spektakulärer Transfer kam gar nicht erst zustande. Als es 1975 um den Ankauf des Brasilianers Francisco Marinho ging, wollte Präsident Günter Siebert die Stimmung unter dem blau-weißen Anhang per Zuschauerumfrage im Parkstadion ermitteln. Allerdings verschwanden die Urnen mit den Stimmzetteln in der Nacht nach der Abstimmung auf mysteriöse Weise. Als es hieß, sie seien auf dem Müll gelandet, fuhr »Oskar« höchstpersönlich zur Kippe in Gelsenkirchen-Erle, um nachzusehen, und stellte fest: »Die meisten Zettel, die wir gefunden haben, trugen das Kreuz bei Ja.«[318] Doch Schatzmeister Hans Lehmann legte sein Veto ein – und Schalke sparte 1,5 Millionen Mark Ablöse.

Solche Sparzwänge existierten für Günter Eichberg nicht. Den Transfer von Radomil Mihajlović zur Saison 1990/91 regelte der »Sonnenkönig« nach Gutsherrenart, indem er den Bosnier aufforderte: »Ich gehe jetzt raus. Wenn ich wiederkomme, haben Sie bitte eine Summe in diesen Vertrag eingesetzt.« Der war begeistert von so viel betrieblicher Mitbestimmung und trug ein: »500.000 Mark Garantiegehalt, 1,6 Millionen Handgeld, mietfreies Haus mit Einrichtung, Mercedes«.[319] Eichberg hatte keine Einwände. Und rundete auch gleich noch die von Manager Helmut Kremers zuvor mit den Bayern ausgehandelte Ablösesumme von 2,5 Millionen Mark auf drei Millionen auf. Großmannssucht in Reinkultur. Mihajlović erzielte für seinen neuen Arbeitgeber in 58 Einsätzen zwölf Tore. Das machte – umgerechnet auf die Ablösesumme – 250.000 Mark pro Tor. Aberwitz in Reinkultur.

98. GRUND

Weil in Gelsenkirchen sogar Straßenbahnen nach Schalke-Spielern benannt wurden

NICHT AUF DIE SITZBANK KOTZEN! So ausdrücklich war es von den Bochum-Gelsenkirchener Straßenbahnbetrieben zwar nie verlangt worden, was im Umkehrschluss aber nicht bedeutete, dass es erlaubt war, bevor die BOGESTRA zusammen mit dem Schalker Fan-Club-Verband und dem Schalker Fan-Projekt 1994 die Aktion »Mit uns nicht! Spieler und Fans gegen Zerstörung« ins Leben rief.

Denn allzu oft blieb es nicht beim Kotzen. Auf immerhin 500.000 Mark beliefen sich die Schäden, die 1994 in den Bahnen angerichtet wurden, mit denen Fans zu und von den Schalker Heimspielen befördert wurden. Randale und Vandalismus gingen so weit, dass sich immer mehr Fahrerinnen und Fahrer weigerten, an Bundesliga-Spieltagen Dienst zu tun,[320] wenn schwer alkoholisierte Kuttenträger im Siegestaumel oder auch vor lauter Verliererschmerz mal wieder eine Bahn in ihre Einzelteile zerlegt hatten.

Die Idee war ebenso einfach wie genial: Schalke-Spieler übernahmen ab der Rückrunde der Saison 1994/95 Patenschaften für einzelnen Straßenbahnen, die an Spieltagen auf dem Weg zum Parkstadion und zurück eingesetzt wurden. Zum Auftakt der Aktion, die am 25. Februar 1995 mit dem Schalker Heimspiel gegen den MSV Duisburg begann, wurden an den Haltestellen und in den Bahnen zusätzlich 5000 Plakate aufgehängt und 50.000 Handzettel verteilt. Und Youri Mulder posierte werbewirksam mit BOGESTRA-Mütze in »seiner« – »Youri Mulder Bahn«.

Die *11 Freunde* zogen eine positive Bilanz: »Fortan herrschte Frieden auf den Gleisen. Wer wollte schon Olaf Thon die Fensterscheiben rausprügeln oder Youri Mulder auf die Rückbank kotzen?«[321] Aktuell (2013) kurvt zwar noch keine »Julian-Draxler-Bahn« durch Gelsenkirchen, aber immerhin eine »Gazprom-Bahn«. Ob der nicht unumstrittene russische Sponsor der Königsblauen langfristig eine ähnliche Rücksichtnahme von Seiten der Fans erfahren wird wie seinerzeit die Spieler-Bahnen, bleibt abzuwarten.

99. GRUND

Weil es so was »nur bei uns« auf Schalke gibt

»Das gibt es nur bei uns in Gelsenkirchen«, sang einst der Kabarettist Georg Kreisler und zog sich damit Anfang der Sechzigerjahre des vorigen Jahrhunderts prompt den Unmut der Stadtoberen zu, die ihre Emscherperle zu Unrecht als »urgemütliches Grubengasparadies« verunglimpft sahen. Aber wie hatte – ebenfalls in den Sechzigern – Bob Dylan gesungen: »The Times They Are A-Changin'«, die Zeiten ändern sich, und heute nimmt in Gelsenkirchen niemand mehr »mit heiterem Gesang … Kohlen in Empfang«.

Erfolgsmeldungen des FC Schalke 04 hingegen durchaus. Vielleicht sogar mit noch heitererer Miene. Zumindest wenn es sich bei der Meldung um die Vertragsverlängerung eines Spielers handelt, der nicht nur in seiner Geburtsstadt als eines der größten Talente des deutschen Fußballs seit Franz Beckenbauer gilt. Und wenn sie mit einer PR-Aktion in die Welt posaunt werden, wie sie nur auf Schalke möglich ist, wo, wie Präsident Günter Siebert einmal bemerkte, dass nur ein Flutlichtmast eingeweiht werden muss, »und schon kommen 2000 Fans«.[322]

So fuhren am Donnerstag, dem 9. Mai 2013, auf dem Gelsenkirchener Neumarkt mehrere Kleinlaster mit riesigen Werbeplakaten an den Seiten vor, auf denen Schalkes 19-jähriger Mittelfeldspieler Julian Draxler im neuen Auswärtstrikot des Clubs zu sehen war. Eine Aufschrift verkündete: »Mit Stolz und Leidenschaft bis 2018«. Schon den ganzen Nachmittag waren die Wagen kreuz und quer durchs Ruhrgebiet (!) gekurvt, um die frohe Kunde von der Vertragsverlängerung des Ausnahmetalents unter die »Gläubigen« zu bringen. Einer wagte sich sogar in die verbotene Stadt …

Draxler, über dessen eventuelle Abwanderung nach Dortmund manche Medien wochenlang spekuliert hatten, nachdem der Wechsel des anderen deutschen Supertalents, Mario Götze, vom BVB zum FC Bayern zur nächsten Saison ruchbar geworden war, hatte bereits nach dem Ligaspiel gegen Borussia Mönchengladbach am 29. April klargestellt, »zu hundert Prozent« in der kommenden Saison nicht für Lüdenscheid-Nord spielen zu wollen. Um allerdings einzuschränken: »Ich bin nicht derjenige, der sagt, dass ich für immer Schalker sein werde. Aber ich bin sehr verbunden mit dem Club. Mein Traumziel ist ein Riesen-Verein in Europa.«[323] Wer könnte es einem 19-Jährigen mit dem fußballerischen Potenzial eines Julian Draxler verdenken. Denn wie hatte schon Georg Kreisler gesungen:

Breite Straßen voller Sonnenschein
Und alle Häuser laden dich zum Gastmahl ein
Frohe Mienen zeigt hier jedermann
Weil man nur hier zufrieden sein kann!
(…)
Doch ich selber fahr' bestimmt nie wieder hin –
Weil ich bereits ein uralter Gelsenkirchener bin!

10. KAPITEL

DIE ELF WICHTIGSTEN PERSÖNLICHKEITEN IN DER SCHALKER VEREINSGESCHICHTE

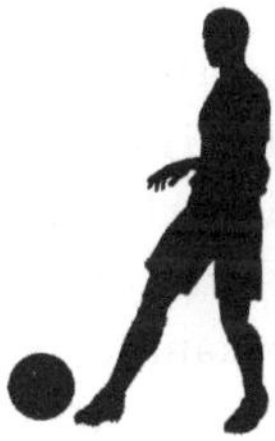

100. GRUND

Fritz Unkel: Weil Schalke ohne ihn ein unbedeutender Vorortclub geblieben wäre

Als die Fußballer des Turn- und Sportvereins Schalke 1877 im Zuge der von der Deutschen Turnerschaft verfügten »reinlichen Scheidung« zwischen Turnern und Sportlern am 5. Januar 1924 einen eigenständigen Fußballclub gründen, der den Namen FC Schalke 04 erhält, wählen sie den bisherigen Gesamtvorsitzenden des Schalker Turnvereins, Fritz Unkel, zu ihrem Vorsitzenden. Der ehemalige Kohlenhändler ist der Sohn eines Betriebsführers der Zeche Consolidation und inzwischen dort Magazinverwalter.

Dass der begeisterte Turner und angesehene Zechenangestellte Unkel bereit ist, sich mit einer Gruppe halbwüchsiger Arbeiter und Lehrlinge auf das Abenteuer einer Sportart einzulassen, die von den Turnern als »Fußlümmelei« verachtet wird, mag unter anderem daran liegen, dass die Schalker Kicker von Anfang an eine Zielstrebigkeit und einen Ehrgeiz an den Tag legen, die sie von anderen unbekannten Vorortclubs unterscheiden und die auch außenstehende Beobachter beeindrucken.

Beschränkten sich die wohnort- und berufsbedingten Verbindungen der Schalker Fußballer bislang auf die unteren Ebenen der Zechenhierarchie, verfügen sie nun in Unkel über einen Vorsitzenden mit besten Beziehungen zur Zechenleitung. Die dieser jetzt nutzt, um die infrastrukturellen Voraussetzungen für den Aufstieg des jungen Clubs zu schaffen: »Leichtere Arbeitsplätze und gelegentliche Freistellungen für die Schalker Spieler. Material und ein paar helfende Hände für Reparaturen und Anlagenausbau oder ein Gelände für die Errichtung eines neuen Platzes? Für eine Zeche mit mehreren Tausend Beschäftigten kein Problem.«[324] Unabdingbare Voraussetzung für den weiteren sportlichen Erfolg ist eine geeignete Spielstätte. Nach dem Schalker Aufstieg in die Ruhrgauliga 1926 erweist sich der alte Platz an der Grenzstraße bald als zu klein, bei wichtigen Spielen muss die Mannschaft ins größere Jahnstadion in Heßler oder gar nach Bochum, Essen oder Dortmund ausweichen.

Unkel sorgt dafür, dass die Zeche hilft. Consol verpachtet dem Verein gegen ein geringes Entgelt 50.000 Quadratmeter Baugrund in Schalke-Nord, und die Baupläne werden in der Bauabteilung der Mannesmann-Röhrenwerke, zu denen die Gewerkschaft Consolidation seit 1923 gehört, angefertigt. Der Name des neuen Stadions, »Kampfbahn Glückauf«, ist ein Bekenntnis »zu der bewährten Verbundenheit des Vereins zu der heimischen Industrie, vor allem dem Bergbau«.[325] Die sportlichen Erfolge der Knappen lassen künftig auch die Schalker Industrie in hellerem Licht erstrahlen.

In den folgenden Jahrzehnten bleibt Unkel die unumstrittene Autorität im Verein, den er nach dem Motto »Elf Freunde müsst ihr sein« mit ruhiger Hand führt. Für die Vereinsmitglieder ist er wegen seiner väterlichen, ruhigen Art »Papa« Unkel, für den Verein der Wegbereiter seiner größten Erfolge in den kommenden Jahrzehnten. Am 6. August 1939 legt Unkel den Vereinsvorsitz nieder, am 4. November 1944 stirbt er im Alter von 79 Jahren. Im Chaos der letzten Kriegsmonate ist eine würdevolle Beisetzung unmöglich. Für ein paar Brotlaibe schieben russische Kriegsgefangene den Sarg auf einer Kohlenkarre zum Friedhof: »Es war ein sehr trauriger Marsch. Zwischen brennenden Häusern und völlig zerstörten Ruinen bahnten wir uns den Weg zum Friedhof«, erinnerte sich Unkels Enkelin Beate.[326]

Mit Unkel stirbt der Mann, der gemeinsam mit Ernst Kuzorra und Fritz Szepan den Grundstein dafür legte, dass aus einem unbedeutenden Vorortclub die womöglich »beste Vereinsmannschaft aller Zeiten« und der Mythos Schalke wurde.

101. GRUND

Ernst Kuzorra: Weil er den Mythos Schalke verkörpert wie kein zweiter

»Kuzorra war Schalke, und Schalke war Kuzorra. Das war für die Fußballfreunde schon in den 1920er Jahren weniger eine schöne Redewendung, vielmehr eine unumstößliche Gewissheit.« So das Fazit von Jürgen Boebers-Süßmann.[327] Mit seinem kongenialen Sturmpartner Fritz Szepan ab Mitte der Zwanzigerjahre das Herz des Schalker Kreisels, war Ernst Kuzorra zeitlebens zugleich die Seele des Vereins. Man könnte daher auch sagen: Ohne Kuzorra kein Schalke, und ohne Schalke kein Kuzorra. So wie Schalke ohne Persönlichkeiten wie Unkel oder Kuzorra wahrscheinlich ein Arbeiterclub unter vielen geblieben und heute längst in der Versenkung verschwunden wäre, so wären Kuzorras außerordentliche fußballerische und menschliche Qualitäten im sozio-kulturellen Umfeld eines bürgerlichen Vereins womöglich für immer unentdeckt geblieben. So aber wurde Anfang der Zwanzigerjahre durch ein glückliches Zusammentreffen der Grundstein für eine der größten Fußballerkarrieren und für den Aufstieg eines kleinen Vorortvereins zur beherrschenden Kraft im deutschen Fußball der Dreißigerjahre gelegt.

Kuzorra war als Mannschaftskapitän nicht nur der Chef auf dem Platz, er bestimmte auch Aufstellung und Taktik, war Talentsucher, verpflichtete neue Spieler und kümmerte sich um die Prämienregelung. Als die Schalker nach dem Krieg für sogenannte Kartoffelspiele durch die Provinz reisten (eine Auswahl aus Bochum-Langendreer geriet dabei einmal mit 0:24 unter die Räder, wobei Kuzorra allein 14 Treffer erzielte), übernahm der Kapitän anschließend zusammen mit seinem Schwager persönlich die Verteilung der Kartoffelsäcke: »Glaubt man dem Lästermaul Max Merkel und seinen Lebenserinnerungen, dann ging das so: Kuzorra und Szepan setzten sich in ein Zimmer. Dann riefen sie einen Spieler nach dem anderen herein.

Zu jedem, der hereinkam, sagte einer der Schwäger: ›Pass auf, mein Junge, wir haben da Kartoffeln bekommen, und die wollen wir gerecht verteilen. Einen Sack bekommst du, einen der Kuzorra resp. Szepan und einen bekomme ich.‹ Dann kam der nächste Spieler und wieder der nächste. (…) Am Ende hatten 15 Spieler je einen Sack Kartoffeln, aber der Szepan und der Kuzorra (…) hatten miteinander 30 Säcke.«[328]

Solche Geschichten mögen stimmen oder auch nicht – zur Legendenbildung um den größten Schalker Spieler aller Zeiten trugen sie allemal bei. Und die Zahl solcher Anekdoten um das Schalker Idol ist Legion. Und ihr Wahrheitsgehalt ist auch gar nicht entscheidend. Entscheidend ist, dass sie überhaupt entstehen konnten, zeigen sie doch, welche Bedeutung Kuzorra zeitlebens für den Verein hatte und für den Mythos Schalke noch immer hat. Diese Bedeutung erschöpfte sich nie in seinen rein sportlichen Qualitäten als gefürchteter Stürmer mit untrüglichem Torinstinkt – angeblich gehen mehr als 1000 Tore auf sein Konto –, sondern umfasste sämtliche Funktionen, die er im Laufe seiner Karriere in »seinem« Verein wahrnahm. Dass der FC Schalke 04 »als Inbegriff des Vereins der kleinen Leute, des Underdogs, der sich gegen alle Widerstände behauptete«,[329] zum Mythos werden konnte, verdankte er auch Ernst Kuzorra, der diesen Mythos verkörperte wie kein Zweiter.

Die Gelsenkirchener lieben ihn dafür bis heute. Als er am 1. Januar 1990 im Alter von 84 Jahren starb, war die halbe Stadt auf den Beinen, um Abschied zu nehmen von »Clemens«, wie Kuzorra wegen der drei Schalker »Ernsts« (Kalwitzki, Poertgen, Kuzorra) von seinen Mitspielern gerufen wurde. Ich selber habe ihn noch heute in lebhafter Erinnerung, wie er samstags bei den Heimspielen der Schalker auf der Haupttribüne der Glückauf-Kampfbahn seinen Platz einnahm – stets in Anzug oder Mantel und mit der obligatorischen Zigarre im Mundwinkel.

102. GRUND

Fritz Szepan: Weil er ein genialer Stratege auf dem Platz war

»Der Ball wird getrieben in der Kombination, das heißt: hin und zurück, nach vorn, zur Seite. Die Hauptsache ist, dass der Ball in der Mannschaft bleibt. Das ist an und für sich das Kreisel-Spiel. Der Ball muss laufen; unser Spiel lief maschinenmäßig wie eine Uhr. Von hinten raus wurde gespielt, wir vorne bewegten uns, aus der Abwehr heraus wurde das Spiel schon gemacht.« *Fritz Szepan*[330]

Mit diesen Worten hat der Schalker Halbstürmer einmal die Spielweise beschrieben, die den Knappen binnen acht Jahren sechs Deutsche Meisterschaften und einen deutschen Pokalsieg einbrachte.

Szepan wird in der Regel in einem Atemzug mit Ernst Kuzorra genannt, weil dieses Duo das Schalker Spiel in der königsblauen Glanzzeit vor dem Zweiten Weltkrieg dominierte. Aber auch ohne seinen kongenialen Sturmpartner und Schwager war Szepan in jeder Hinsicht ein Ausnahmefußballer. 34 Einsätze in der Nationalelf, davon 30 als Kapitän sprechen für sich.

»Szepan war Lenker und Stratege auf dem Fußballplatz, konnte begnadete Dribblings hinlegen und verfügte über großartige Übersicht. Wie niemand vor ihm war er in der Lage, ein Spiel ›zu lesen‹ und zu antizipieren, wo die Bälle landen würden. Sein Stellungsspiel war herausragend, seine Technik außergewöhnlich und seine Fähigkeit zum ›tödlichen Pass‹ reichsweit gefürchtet.«[331]

Sein nach eigenen Worten »bestes Spiel« im Dress der deutschen Nationalelf absolvierte er am 14. Oktober in Glasgow gegen Schottland. Zwar ging die Freundschaftspartie mit 0:2 verloren, aber das schottische Publikum feierte mit »Snowball! Snowball!«-Rufen Szepan und seine Schalker Mannschaftskameraden Rudi Gellesch und »Ala« Urban, die an diesem Tag – wenn auch torlos – »›schottischen

Flachpass‹ in Vollendung« präsentierten.[332] Im »reifen« Fußballalter von 43 Jahren ließ er sein Können noch einmal aufblitzen – im November 1950 beim Abschiedsspiel im Schalker Dress gegen Atlético Mineiro Belo Horizonte vor 30.000 Zuschauern in der Glückauf-Kampfbahn, als er »einmal drei Brasilianer stehen lässt, elegant auf Sandmann gibt und direkt wieder in Schussposition läuft«.[333]

Dem Verein blieb er – ebenso wie Kuzorra – auch nach dem Ende seiner aktiven Laufbahn verbunden: von 1949 bis 1954 als Trainer und von 1963 bis 1967 als Präsident. Der größte Erfolg gelang ihm dazwischen allerdings mit dem Nachbarclub Rot-Weiss Essen, den er 1955 zu seiner ersten und bislang einzigen Deutschen Meisterschaft führte.

Außerhalb des grünen Rasens bewies Szepan ein weniger glückliches Händchen. Nachdem er sich erfolglos in mehreren Berufen, unter anderem als Gastwirt und Tankstellenpächter, versucht hatte, gelangte er 1938 auf moralisch fragwürdige Weise in den Besitz eines jüdischen Textilgeschäfts, was ihm den berechtigten Vorwurf einbrachte, von der NS-»Arisierung« profitiert zu haben. Szepan war seit 1937 NSDAP-Mitglied, wie seine Mannschaftskameraden Kuzorra, Flotho, Nattkämper, Dargaschweski und Bornemann auch. Spätestens seit 1939 gehörten alle Spieler der SA an. Daraus eine Affinität zum NS-Regime oder gar eine Billigung von dessen Rassen- und Vernichtungspolitik ableiten zu wollen ginge jedoch zu weit. Eintritten in NS-Organisationen lagen die unterschiedlichsten persönlichen Motive zugrunde. Damit soll mangelndes politisches Bewusstsein keinesfalls entschuldigt werden. Aber ebenso wenig angebracht sind moralisierende Vorwürfe aus der sicheren Distanz späterer Jahre.

»Die Schalker Vereinsfamilie bestand nicht gerade aus überzeugten Regimegegnern, aber eben auch nicht aus fanatischen Ideologen. Die Schalker Akteure ordneten sich damit in den ›Mainstream‹ kleinbürgerlichen Denkens während der ›braunen‹ Jahre ein.«[334] Und da machte der Ausnahmefußballer Fritz Szepan keine Ausnahme.

103. GRUND

Hans Schmidt: Weil er das fast unschlagbare »Dreamteam« der Dreißigerjahre schuf

»Wir haben uns Witze erzählt und Volkslieder gesungen, und jeder, der dabei war, hatte das Gefühl, dass wir eine große Familie sind.«

Hans Schmidt [335]

Die große Familie war der FC Schalke 04, und der Witzeerzähler und Sänger war der ehemalige Fürther und Nürnberger Nationalspieler Hans »Bumbes« Schmidt. Nach einer ersten Trainerstation bei Rot-Weiss Essen stieß Schmidt am 15. August 1933 zur Schalker Vereinsfamilie. Als der gebürtige Franke sie fünf Jahre später wieder verließ, war er mit den Königsblauen dreimal Deutscher Meister, einmal Vizemeister und einmal deutscher Pokalsieger geworden. Von den Gaumeisterschaften in Serie ganz zu schweigen. Damit ist Schmidt bis heute der erfolgreichste Trainer in der Schalker Vereinsgeschichte.

Zu seinem Spitznamen, der in Westfalen durch Lautverschiebung zu »Bumbas« wurde, kam der gebürtige Franke, weil ihn als Jugendlicher ein kräftigerer Gegenspieler einmal so stark anrempelte, dass er durch die Luft flog, woraufhin ein Zuschauer rief: »Schauts ner den klann Bumbes oh!« – »Bumbes« ist fränkisch und bedeutet »Furz«.[336]

Als Schmidt an den Schalker Markt kam, hatten die Königsblauen soeben ihr erstes Meisterschaftsfinale mit 0:3 gegen Fortuna Düsseldorf verloren. Die Vereinsführung gab Schmidts Vorgänger Kurt Otto die Schuld, weil der »die Mannschaft nicht richtig im Griff« gehabt habe. Dem Neuen hingegen traute man die »nötige Autorität« zu, »um Ausnahmekönner wie Kuzorra und Szepan zu führen« und »aus einer Ansammlung von Talenten ein Kollektiv« zu formen.[337] Wozu Schmidt erstmals auch Spieler von außerhalb zur Verfügung standen: Adolf »Ala« Urban kehrte vom Arbeiterverein Schalke 30 zu den Knappen zurück, von Kray 04 kam Walter Berg, aus Nürnberg, nach einem Zwischenspiel beim ETB Schwarz-Weiß, Ernst Poertgen, und von der Ückendorfer Union wechselte Ernst Kalwitzki an den Schalker Markt.

Technisch und spielerisch konnte der »Schleifer« den Schalkern nicht mehr viel beibringen, aber er stellte die Mannschaft auf entscheidenden Positionen um (Szepan wurde Mittelläufer, Kalwitzki rückte auf rechts, und Rechtsfuß Urban spielte fortan Linksaußen). Und er vermittelte ihnen – für damalige Verhältnisse höchst professionell – in täglichen Trainingseinheiten die nötige Ausdauer, taktische Disziplin und Konsequenz.

Das Schalker Kreiselspiel wurde unter Schmidts Anleitung nicht nur genauer, schneller und kraftvoller, sondern auch zu einem regelrechten System ausgebaut: »War es bis dahin eher eine Aneinanderreihung von Doppelpässen, so wurde es nun, ausgedehnt auf drei und vier Nebenspieler, zu einer ausgefeilten Taktik.«[338] Verteidiger Hans Bornemann meinte, Schmidt habe Schalke »härter, selbstbewusster und siegessicherer« gemacht.[339]

Das Fachblatt *Fußball* machte noch einen anderen Grund für den Erfolg des Franken im Ruhrpott ausfindig: »Er besitzt das Vertrauen eines jeden seiner Schützlinge (...). Ein selten ›feiner Kerl‹, dessen Humor und bayerische Art in Gelsenkirchen stürmisch gefällt, zumal er sein Metier durchaus versteht (und nebenbei Kuzorras bester Zigarren-Kunde ist).«[340]

Vermutlich war es eine Kombination aus all diesen Faktoren, die das von Schmidt geschaffene »Dreamteam« fast unschlagbar machte: In den acht Jahren zwischen dem Gewinn der ersten und der sechsten Deutschen Meisterschaft (1934–42) kassierte Dauerwestfalenmeister Schalke 04 in der Gauliga Westfalen nur fünf (!) Niederlagen und holte fünfmal ungeschlagen den West-Titel, dazu kamen gerade mal neun Niederlagen in sämtlichen Endrundenspielen zur Deutschen Meisterschaft. Eine Traumbilanz.

104. GRUND

Ernst Kalwitzki: Weil er einer der größten Stürmer war, die Schalke jemals hatte

Er war in der »goldenen Ära« der Schalker die königsblaue Torfabrik, »ein Wirbelwind, ein Goalgetter, einer, der Gelegenheiten roch, sie blitzschnell ausnutzte, und der vor dem Tor kaltblütig vollstreckte«.[341] 66 Endrundenspiele zur Deutschen Meisterschaft bestritt Ernst Kalwitzki für den FC Schalke 04 – in denen er 54 Treffer erzielte. Nur Fritz Szepan traf in den Endrundenspielen öfter, nämlich 55 Mal. Dazu kommen 28 Tore in 36 Pokalspielen und noch einmal 113 Treffer in 143 Gauligaspielen bis 1943. Macht summa summarum 195 Tore in 245 Spielen für Königsblau. Klaus Fischer, von 1970 bis 1981 Schalkes gefährlichster Torjäger, brachte in 343 Partien für Schalke das Runde »nur« 223 Mal ins Eckige.

Sein schönstes Tor gelang »Kalli«, wie er schon als Jugendlicher genannt wurde, am 21. Juni 1940 im Meisterschaftsfinale gegen den Dresdner SC – ein Lupfer à la Raúl über den zu weit vor seinem Gehäuse stehenden DSC-Keeper Willibald Kreß hinweg. Mit dem Tor des Tages sicherte Kalwitzki den Schalkern den fünften Meistertitel in sechs Jahren.

Den absoluten Final-Torrekord markierte Kalwitzki im Rekordfinale gegen Admira Wien 1939. Von den neun Schalker Toren an diesem 18. Juni gingen fünf auf »Kallis« Konto. Zwei weitere Kalwitzki-Treffer wurden wegen Abseits nicht anerkannt. Dabei spielte der Schalker gar nicht auf seiner gewohnten Position auf der rechten Außenbahn, sondern war in die Mittelstürmerposition gerückt und nahm im Spielverlauf sogar die halblinke Position von Kapitän Kuzorra ein – was die von dem Schalker Angriffswirbel an diesem Tag restlos überforderten Wiener vollends in Verwirrung stürzte.

In den Meisterschaftsendspielen 1937 und 1942 erzielte Kalwitzki zwar nur jeweils ein Tor – aber es waren in beiden Begegnungen die spielentscheidenden Treffer. Sein vorentscheidendes 2:0 in der 81. Minute der Partie gegen den 1. FC Nürnberg sicherte den Schalkern den zweiten Deutschen Meistertitel, und sein früher Treffer zum 1:0 in der 14. Minute des Endspiels gegen Vienna Wien fünf Jahre später sorgte für die nötige Beruhigung der Nerven seiner Mitspieler; als Szepan drei Minuten vor der Pause auf 2:0 erhöhte, hatten die Knappen auch die sechste Deutsche Meisterschaft unter Dach und Fach.

Für Kalwitzki war es der letzte Titel, den er mit Schalke holte. Nach dem Dresdner Finale wurde er mit 31 Jahren zur Wehrmacht eingezogen und kam an der Ostfront zum Einsatz, wie seine Mannschaftskameraden Adolf Urban und Bernhard Füller. Im Gegensatz zu den beiden, die im Mai bzw. Juni 1943 in Russland fielen, hatte er »Glück«: Mit einem Kniedurchschuss und einem Oberschenkelsteckschuss kam er Ende 1944 in ein Lazarett nach Deutschland und anschließend in eine Genesungskompanie. Für ihn war der Krieg vorbei – die Fußballerkarriere aber auch, zumindest die große in der ersten Mannschaft von Schalke 04. Die »kleine«, die er danach einschlug, führte ihn als Spieler zu Rhenania Köln und Preußisch Oldendorf in die Kreis- und Bezirksklasse, bevor er nach einer Episode als Trainer von Wattenscheid 09 1956 an die Stätte seiner alten Erfolge zurückkehrte – in die Glückauf-Kampfbahn. Bis 1974 war er dort als Platzwart tätig und wohnte sogar im Stadion, in einer kleinen Wohnung unter der Stehtribüne.

Am 3. Februar 1991 starb Ernst »Kalli« Kalwitzki mit 81 Jahren in Bremen – »einer der größten Stürmer, die Schalke je hervorgebracht hat« und »einer der wichtigsten Schalker Spieler aller Zeiten«.[342]

105. GRUND

Bernhard Klodt: Weil er das Gesicht der Schalker Meisterelf von 1958 ist

Bernie mit der Schale. Jeder Schalker kennt dieses Foto. Aufgenommen nach dem 3:0-Endspielsieg gegen den Hamburger SV am 18. Mai 1958, zeigt es den Schalker Mannschaftskapitän, wie er die Meisterschale in die Höhe reckt. Seitdem hat nie wieder ein Schalker die begehrteste Trophäe des deutschen Fußballs in Händen gehalten. Bis heute. Die Schale, so Jürgen Boebers-Süßmann, sei Bernie Klodts »Vermächtnis und gleichzeitig Schalkes größtes Versprechen«.[343]

»Die Heimkehr Bernie Klodts (…) gestaltete sich zu einem wahren Triumphzug. Die Begeisterung der Gelsenkirchener Fußballfreunde kannte keine Grenzen. (…) Bürgermeister Zöllig sprach dem wackeren Streiter auf dem grünen Rasen den Dank der Stadtvertretung und Stadtverwaltung aus und überreichte ihm als äußeres Zeichen der Anerkennung eine Ehrengabe der Stadt. Der auf der Höhe seines Ruhms stehende und dabei doch so bescheidene Bernie Klodt dankte mit bewegten Worten für die Ehrung, die ihm (…) zuteil wurde.«

Mit diesen pathetischen Worten wurde allerdings nicht der Kapitän der Schalker Meisterelf des Jahres 1958 willkommen geheißen. Vielmehr handelt es sich um den Kommentar zu einem Ereignis, das schon vier Jahre zurücklag. Er stammt aus dem offiziellen Gelsenkirchener Stadtfilm für das Jahr 1954. Damals kehrte Klodt als »zwölfter Weltmeister« aus Bern zurück, wo Deutschland die hoch favorisierten Ungarn im Endspiel besiegt hatte. In dem er gar nicht auf dem Rasen gestanden hatte, weil Trainer Sepp Herberger Helmut Rahn den Vorzug gab, und der Essener erzielte dann auch das Siegtor zum 3:2. Klodt grämte sich keineswegs deswegen: »Es ist doch ganz egal, wer eingesetzt wird. Die Hauptsache ist doch, wir haben gewonnen.«[344]

Er sei »zu still und bescheiden«, wurde dem aus Gelsenkirchen-Bismarck gebürtigen Schalker Kapitän deswegen mitunter vorgehalten, dabei war es gerade »seine Ausgeglichenheit und wohltuende Unaufgeregtheit, die dem jungen Schalker Meisterkollektiv 1958 den entscheidenden Halt gab«.[345] Und die wohl mit dafür verantwortlich war, dass Abwerbeversuche anderer Vereine, darunter 1954 ein lukratives Angebot aus Frankreich (»Eine tolle Summe, aber kein Grund, an meinen Abgang von Schalke zu denken«), bei dem bodenständigen Klodt nicht verfingen.

Dass er Schalke tatsächlich einmal für zwei Jahre den Rücken kehrte, hatte einen anderen Grund, und der hieß Ernst Kuzorra. Weil der Altmeister den Jungspund angeblich nach einer mäßigen Leistung als »Omma« tituliert hatte, wechselte der 21-jährige Außenstürmer 1948 zum Lokalrivalen STV Horst-Emscher, der damals im Begriff stand, Schalke 04 als Nummer eins in Gelsenkirchen abzulösen. In der Saison 1948/49 belegten die wegen ihrer schneidigen Spielweise sogenannten »Emscher-Husaren« mit Klodt und »Fredy« Kelbassa als perfektem Sturm-Duo den dritten Platz in der Oberliga West, während die Königsblauen auf Abstiegsrang zwölf sich erst in der Relegation den Klassenerhalt sichern konnten. Das Fachblatt *Fußball* schrieb damals über Klodt: »Sein eminent schneller Antritt, seine vollendete Ballführung in vollem Lauf, raumgreifender Schritt, dynamitene Schusskraft in beiden Füßen, das instinktmäßige Erfassen und Ausnutzen von Torgelegenheiten sowie ein zentimetergenaues Flankenspiel sind die eine absoluten Klassespieler auszeichnenden Fähigkeiten.«[346]

1950 kehrte Klodt an den Schalker Markt zurück; der Stern der Horster »Spiel- und Turnvereinigung« begann zu sinken, als die meisten Stammspieler von der finanzkräftigeren Dortmunder Borussia weggekauft wurden. Mit dem Oberliga-Abstieg 1954 endete die kurze Dominanz der Blau-Schwarzen aus Gelsenkirchen-Horst über die Blau-Weißen aus Gelsenkirchen-Schalke. Bernie Klodt absolvierte insgesamt 401 Spiele für Schalke, in denen er 163 Tore erzielte, bevor er mit Einführung der Bundesliga seine Karriere beendete. Auch die Kneipe, die er in all den Jahren am Schalker Markt betrieben hatte, gab er auf und wurde Vertreter einer Essener Brauerei.

Im Jahr 2004 sah man sein Bild mit der Schale am Buer'schen Rathausturm neben den Bildern von Ernst Kuzorra, Reinhard Libuda und Olaf Thon. »Bernie« erlebte das 100. Vereinsjubiläum nicht mehr. Seit einem Schlaganfall an den Rollstuhl gefesselt, war er schon 1996, noch keine 70 Jahre alt, an seinem Altersruhesitz Garmisch-Partenkirchen gestorben.

106. GRUND

Reinhard »Stan« Libuda: Weil er ein Künstler im königsblauen Dress war

Sein wichtigstes Tor schoss er nicht für den FC Schalke 04 – sondern für die deutsche Nationalmannschaft: den 3:2-Siegtreffer in der 79. Minute des WM-Qualifikationsspiels gegen Schottland am 22. Oktober 1969 im Hamburger Volksparkstadion. Damit hatte die Nationalelf das Ticket für die WM in Mexiko 1970 in der Tasche.

Wo er am 7. Juni 1970 sein größtes Spiel absolvierte: das Vorrundenspiel im Stadion von León gegen Bulgarien. Nur 6000 Zuschauer, darunter 3000 mitgereiste deutsche Fans, erlebten Libuda in der Form seines Lebens als Schützen des 1:1-Ausgleichs aus spitzem Winkel, als zweifachen Torvorbereiter und als quirligen Rechtsaußen, der die bulgarische Abwehr mit seinen verwirrenden Dribblings 90 Minuten lang zur Verzweiflung trieb. Das 5:2 der deutschen Mannschaft war in erster Linie sein Sieg. »Diesen Mann kann man nur mit einer Flinte erlegen«, meinte der bulgarische Trainer nach dem Spiel.[347]

Sein berühmtestes Tor schoss er ebenfalls nicht für Schalke – sondern ausgerechnet für den Erzrivalen aus der verbotenen Stadt:

den 2:1-Siegtreffer in der 16. Minute der Verlängerung des Endspiels im Europapokal der Pokalsieger am 5. Mai 1966 im Glasgower Hampden Park gegen den FC Liverpool. Zum ersten Mal hatte eine deutsche Vereinsmannschaft einen europäischen Pokalwettbewerb gewonnen. Sein größter königsblauer Triumph ist mit keinem Tor verbunden – sondern mit einem Foto. Es zeigt »den Stan« in blauer Trainingsjacke, wie er nach dem Schalker 5:0-Sieg im DFB-Pokalfinale gegen den 1. FC Kaiserlautern am 1. Juli 1972 im Niedersachsen-Stadion von Hannover den »Pott« in die Höhe reckt.

»Er war ein Künstler, ein Genie. Keiner, der Libuda spielen sah, kam daran vorbei, sein Fan zu werden«, schwärmte Fußballerkollege Erwin Kostedde.[348] Für die *Westdeutsche Allgemeine Zeitung* war er schlicht der »Garrincha vom Schalker Markt«. Es war der Stan-Matthews-Trick – rechts antäuschen, Hakenschlag, links vorbeiziehen –, der ihm den Spitznamen »Stan« eintrug. Doch wenn er seine Gegenspieler reihenweise narrte, brauste sein richtiger Name durch die Glückauf-Kampfbahn wie Donnerhall: »LIII-BUUU-DAAA! LIII-BUUU-DAAA!« Da konnten Trainer ihre Verteidiger noch so oft ermahnen: »Nur dem Ball folgen, nicht dem Mann!«, es nutzte nichts, Libuda täuschte perfekt an, und schon war er entwischt: »Den Ball eng am Fuß, die Dribblings präzise, dann zischten die Flanken in den Strafraum.«[349]

254 Spiele bestritt »der Stan« für Schalke, in denen er 35 Tore erzielte. Die Zahl seiner Torvorlagen dürfte in die Hunderte gehen. Unterbrochen von zwei Abstechern zu anderen Vereinen – zum BVB (1965–68) und wegen seiner Verwicklung in den Bundesliga-Skandal und der vom DFB gegen ihn verhängten Sperre zu Racing Straßburg (1972–73) –, trug Libuda von 1961 bis 1976 den königsblauen Dress. Der FC Schalke 04 war »sein« Verein, hier hatte er mit 17 Jahren seinen ersten Profivertrag unterschrieben, und hier beendete er 16 Jahre später seine Karriere.

Legendär wie seine Dribblings sind einige Anekdoten über »den Stan«, die zeigen, wie wenig weltgewandt der auf dem Platz so gewandte Stürmer war. »I am the white ring« antwortete er vor dem Europapokalspiel gegen die Shamrock Rovers 1969 auf die Frage des Schiedsrichters nach seiner Position – statt »I am the right wing«, wie Trainer Rudi Gutendorf es ihm bei der Vorbereitung eingeschärft hatte. Heute sprechen Fußballer englisch, haben Berater und Manager, und brabbeln in jedes Mikro, das ihnen unter die Nase gehalten wird. Libuda beließ es beim Fußballspielen und überließ das Reden anderen. Sich vorteilhaft in Szene zu setzen war nicht sein Ding. Als ein paar Schuljungen ihn einmal nach dem Training um ein Autogramm baten, zog er einen Packen Autogrammkarten aus der Tasche, signierte eine und drückte den Rest den anderen in die Hand. »Hier, könnt ihr euch selbst abschreiben.«[350]

In seinem Element war er nur auf dem Platz, »der Stan« mit der Nummer Sieben, wohl der beste Rechtsaußen, den Deutschland jemals hatte. Als ich ihn zum ersten Mal spielen sah, war ich elf Jahre alt. Es war der 5. Mai 1966. Die TV-Live-Übertragung des Endspiels um den Europapokal der Pokalsieger war das erste Fußballspiel, das ich in voller Länge sah. Ebenso im Gedächtnis geblieben wie Libudas 30-Meter-Treffer in der 106. Minute ist mir der trockene Kommentar im nüchternen Stil der Zeit: »Jetzt hat Held seine Möglichkeit und trifft nur den Kopf von Lawler. Libudas Ball senkt sich … ins Tor … ins Tor … ins Tor. Es ist unglaublich. Libudas Ball senkt sich ins Tor.«[351]

Am 10. Oktober 2013 wäre Reinhard »Stan« Libuda 70 Jahre alt geworden. Er wurde nur 52. Ein weiterer königsblauer Stern, der viel zu früh erlosch.

107. GRUND

Klaus Fischer: Weil der »Ruhrpott-Bayer« die spektakulärsten Tore schoss

Beispielsweise am 27. September 1975 im Spiel Schalke 04 gegen den Karlsruher SC, als er in der 14. Minute per Fallrückzieher zum 2:0 traf. Die Partie endete 2:2, der akrobatische Treffer von Klaus Fischer wurde zum »Tor des Jahres 1975« gewählt. Und der Fallrückzieher wurde zu seinem Markenzeichen.

Auch sein schönstes Tor erzielte Schalkes Mittelstürmer auf diese spektakuläre Art, zwei Jahre später, am 16. November 1977, beim deutschen 4:1-Sieg über die Schweiz. Es war der Treffer zum 4:1-Endstand. Der ebenfalls zum »Tor des Jahres«, später zum »Tor des Jahrzehnts«, schließlich noch zum »Tor des Vierteljahrhunderts« gewählt wurde. Nur zum »Tor des Jahrhunderts« schaffte er es nicht. Diese Ehre wurde Helmut Rahns 3:2-Siegtor im WM-Endspiel 1954 gegen Ungarn zuteil. »Zu Recht, wegen der historischen Bedeutung«, tröstete sich Fischer.[352] 1979 erzielte Fischer abermals per Fallrückzieher ein Tor, wieder in einem Länderspiel, diesmal gegen die UdSSR. Aber wegen gefährlichen Spiels wurde der Treffer nicht anerkannt.

Drei Jahre später gelang ihm der wichtigste Fallrückzieher seiner Laufbahn, im WM-Halbfinale 1982 gegen Frankreich. In der Verlängerung lag Deutschland nach 98 Minuten 1:3 hinten, bevor Karl-Heinz Rummenigge in der 102. Minute den Anschlusstreffer erzielte. Und Fischer sechs Minuten später den Ausgleich – per Fallrückzieher. Die Franzosen waren konsterniert, und die Deutschen retteten sich ins Elfmeterschießen, das sie mit 5:4 für sich entschieden. Auch Fischers Treffer zum 3:3 wurde »Tor des Jahres«. In dieser Sparte ist er bis heute Rekordhalter, vor Günter Netzer, Karl-Heinz Rummenigge, Lothar Matthäus und Gerd Müller mit je zwei Auszeichnungen. Mit dem »Bomber der Nation« verbindet

Fischer noch ein anderer Rekord: »Gerd Müller und ich haben jeweils 86 Mal das wichtige 1:0 geschossen«, erzählt Fischer.[353]

Sein Fallrückzieher im Bundesliga-Spiel gegen den KSC war nur einer von 223 Treffern, die der aus Kreuzstraßl in Bayern gebürtige Fischer in 343 Einsätzen für Königsblau erzielte. Mit 182 Bundesligatoren für Schalke 04 hält er bis heute den Vereinsrekord; in der ewigen Torschützenliste der Bundeliga belegt er mit insgesamt 268 Treffern hinter Gerd Müller (365) den zweiten Platz. In der Nationalmannschaft war er aufgrund seiner Verwicklung in den Bundesliga-Skandal ein Spätberufener. Erst als Franz Beckenbauer sich beim DFB und bei Bundestrainer Helmut Schön für ihn als Nachfolger von Gerd Müller stark machte, durfte Schalkes Top-Torjäger am 27. April 1977 beim 5:0-Sieg gegen Nordirland zum ersten Mal das Adlertrikot überstreifen. Er tat es bis 1982 noch 44 Mal und erzielte dabei 32 Tore. Auf die Frage, ob er seine Spezialität, den Fallrückzieher, regelrecht geübt habe, antwortete Fischer im Jahr 2012: »Nein, nie. Manchmal standen beim Training ein paar Fans, die wollten ein Fallrückzieher-Tor von mir sehen. Dann habe ich zu Rüdiger Abramczik gesagt: ›Abi, flank mal rein.‹«[354]

Flanke Abi, Fallrückzieher Fischer – das war es, worauf die Fans in der Glückauf-Kampfbahn in den späten Siebzigern warteten. Das Zusammenspiel des »Flankengotts aus dem Kohlenpott« mit dem »Ruhrpott-Bayern« funktionierte perfekt. Zusammen mit Linksaußen Erwin Kremers bildete das Trio »eine der besten Sturmformationen in der Geschichte des FC Schalke 04«.[355]

Die Entstehung seines schönsten Tores hat Klaus Fischer in seinen Lebenserinnerungen *Fallrückzieher und mehr* in aller Ausführlichkeit für die Nachwelt festgehalten: »Abi Abramczik stürmte über den rechten Flügel und flankte aus vollem Lauf. Ich sprintete parallel in den Strafraum, die Flanke kam hoch, so hoch, dass ich sie mit dem Kopf nicht erreichen konnte. Ruck, zuck, instinktiv sprang ich ab. Lag waagerecht in der Luft, traf den Ball mit dem rechten Fuß über dem Kopf und hämmerte ihn in die Maschen.«[356]

1980 nach einem Schienbeinbruch fast zehn Monate außer Gefecht gesetzt, kämpfte er sich zurück, verließ Schalke dann aber nach der Abstiegssaison 1980/81, um seine internationale Karriere nicht zu gefährden. Die »Fischer raus! Judas raus!«-Rufe des enttäuschten Schalker Anhangs taten dem »Fischä«, wie sie ihn nannten, nach eigenem Bekunden »unendlich weh«, ihm, der im Herzen immer ein Schalker geblieben ist – bis heute.

108. GRUND

Olaf Thon: Weil in ihm noch einmal der Mythos vom Fußballhelden aus dem Volk lebendig wurde

Die Zeit der Helden war auf Schalke schon lange vorbei. An die glorreiche Ära, als die Königsblauen den Fußball in Deutschland beherrschten, erinnerten sich nur noch ein paar Alte. Zwei Abstiege innerhalb von zwei Jahren waren selbst für einen Traditionsclub ein bisschen viel. Die Gegenwart war nicht königsblau, sondern grau. Der Mythos Schalke schien dem Untergang geweiht.

Bis zum 2. Mai 1984. An diesem kalten, diesigen Mittwochabend erhält der verblassende Mythos überraschend neuen Glanz.

Es läuft die 123. Minute des DFB-Pokal-Halbfinales zwischen Schalke 04 und Bayern München. »Komm, Olaf, noch ein Angriff«, ruft Schiedsrichter Wolf-Günter Wiesel dem jungen Schalker mit der Nummer 10 zu. Es steht 6:5 für die Roten, und offenbar hat sich auch der Mann in Schwarz von der Dramatik der Partie anstecken lassen. Freistoß Schalke, Thon und mit der Nummer 7 Bernd Dierßen gehen zum Ball. Thon läuft an, dreht ab, Dierßen läuft an, schießt. Getümmel im Bayern-Strafraum, das Leder wird rausgeköpft, landet bei Thon, der sich an den Sechzehner geschlichen hat und die Kugel volley an dem verdutzten Jean-Marie Pfaff vorbei oben rechts unter die Latte drischt. 6:6! Ausgleich! Abpfiff.

Im Parkstadion herrscht Ausnahmezustand. Der David aus dem Kohlenpott hat dem Goliath aus dem bayerischen Paradies ein Bein gestellt. Und die Fans haben einen neuen Helden, den dreifachen Torschützen dieses Pokalabends: Olaf Thon. Geboren in Gelsenkirchen-Beckhausen. Der Vater Bergmann und Platzwart bei der STV Horst-Emscher. Der Sohn gerade 18 geworden und eines der größten Talente des deutschen Fußballs.

Mit Thon geht an jenem Abend ein neuer strahlender Stern am trüben Schalker Himmel auf. Noch im selben Jahr gelingt der abermalige Wiederaufstieg, der Jungspund wird zum »einsame[n] Zauberer in einem königsblauen Kollektiv«.[357] Ein Foto zeigt ihn im Schalker Dress mit einem Ball in der Hand vor den Übertageanlagen der Zeche Hugo – ein Bild mit Symbolcharakter. Einer von ganz unten, sagt es. Einer von uns, sagen die Fans. »Olaf Thon« pinselt einer auf eine Hauswand in Gelsenkirchen. So verehrt wurde seit den Zeiten von Szepan und Kuzorra in Schalke keiner mehr. Ein Fußballheld aus dem Volk.

Olaf Thon ist »ein Spielmacher alter Schule (…) in seinem Offensivdrang ein fintenreicher, ideenreicher und damit kaum auszurechnender Könner. Schuss- und kopfballstark war er dazu«.[358] Schon im November 1984 wird er in die Nationalmannschaft berufen. Sein Weg führt steil nach oben, der von Schalke leider in die entgegengesetzte Richtung. Vier Jahre halten die Königsblauen sich diesmal in der ersten Liga, bis sie am Ende der Saison 1987/88 erneut Schlusslicht sind, mit ganzen 23 Punkten aus 34 Spielen!

Thon verlässt Schalke. Was die Fans ihm, dessen Riesentalent in der zweiten Liga verschwendet wäre, ebenso verzeihen wie seinen Wechsel zum FC Bayern. Immerhin spült der Transfer zum Erzrivalen rund drei Millionen Mark in die leeren Schalker Kassen. Dass Thon als Kind vor lauter FC-Bayern-Begeisterung in rotweißer Bettwäsche geschlafen hat, ist längst kein Thema mehr. In seinen vier Schalker Jahren, angefangen mit seinen drei Toren im 84er Pokal-Drama, hat Thon längst bewiesen, dass er im Herzen ein

Schalker ist. Mit den Bayern wird Thon dreimal Deutscher Meister (1989, 1990, 1994), mit der Nationalelf 1990 in Italien Weltmeister. 1991 steigt Schalke zum dritten Mal binnen eines Jahrzehnts wieder auf, drei Jahre später kehrt »der verlorene Sohn« zu Schalke zurück, nachdem er in seiner letzten Bayern-Saison nur 15 Mal zum Einsatz gekommen ist.

Diesmal halten die Schalker die Klasse, und »Thöni« wird als Kapitän zum Anführer der »Eurofighter«, die im Frühsommer 1997 das »Wunder von San Siro« schaffen und mit dem UEFA-Pokal die erste internationale Trophäe an den Schalker Markt holen. Noch zwei DFB-Pokal-Siege (2001 und 2002) feiert der rhetorisch nicht immer sattelfeste »Professor« mit den Königsblauen, bevor wiederholte Verletzungen ihn zur Beendigung seiner Karriere zwingen. Zu seinem Abschiedsspiel geben sich die Roten von der Säbener Straße am Schalker Markt bzw. auf dem Berger Feld in der neuen Arena AufSchalke die Ehre. Schalke verliert 0:1, Thon wird mit den altbekannten »O-laf Thon! O-laf Thon!«-Rufen in den sportlichen Ruhestand verabschiedet.

In seinen insgesamt 16 Jahren auf Schalke bestritt »Thöni« 384 Spiele für die Königsblauen und schoss 75 Tore, die wichtigsten natürlich an jenem legendären Mittwochabend im Parkstadion. O-Ton Thon: »Das Spiel bleibt mit Abstand meine Nummer eins! Danach folgen der UEFA Cup-Sieg von 1997, meine erste Meisterschaft 1989 und dann erst der WM-Titel. Das wechselt sich schon mal ab. Aber das 6:6 bleibt immer ganz vorne.«[359]

109. GRUND

Rudi Assauer: Weil er maßgeblichen Anteil an der sportlichen und finanziellen Konsolidierung des Clubs im neuen Jahrtausend hatte

»›Stumpen-Rudi‹ geht von Bord«, titelte stern.de am 17. Mai 2006, nachdem Schalkes Manager Rudi Assauer am selben Tag mit sofortiger Wirkung von seinem Amt zurückgetreten und einen Auflösungsvertag unterzeichnet hatte. Fans in der Nordkurve reagierten mit dem Transparent »Rudi, ohne Dich ist alles doof« auf den Abgang Assauers, der vor 13 Jahren, als er das Amt des Managers zum zweiten Mal nach 1981 übernommen hatte, mit eher gemischten Gefühlen auf Schalke begrüßt worden war.

In die erste Amtszeit Assauers von Mai 1981 bis Dezember 1986 fielen zwei Aufstiege in die erste Liga und ein Abstieg. »Entweder ich schaffe Schalke, oder Schalke schafft mich«, hatte er zum Einstieg verkündet. Am Ende schaffte Schalke ihn. 5,2 Millionen Mark Schulden wurden in erster Linie Assauer angelastet. Im Dezember 1986 wurde der »Schulden-Macher« beurlaubt, und Charly Neumann holte Ex-Präsident Günter Siebert aus Gran Canaria zurück. Kinder zerschlugen ihre Sparschweine, Omas plünderten den Inhalt ihrer Sparstrümpfe, um Schalke vor dem finanziellen Kollaps zu retten. Als Schalke in der Folgesaison zum dritten Mal abstieg, war auch Sieberts Uhr abgelaufen. Es schlug die Stunde des »Sonnenkönigs«, der den Club zwar in die Erstklassigkeit zurückholte, ihm mit seiner Verschwendungs- und Geltungssucht aber zugleich einen noch größeren Schuldenberg bescherte – und im April 1993 den »Schulden-Macher« zurückholte, der den Karren aus dem Dreck ziehen sollte, während Lotse Eichberg im Oktober 1993 überraschend von Bord ging.

Assauers zweite Amtszeit auf Schalke geriet zur Erfolgsgeschichte. Gemeinsam mit Geschäftsführer Peter Peters und Präsident

Gerd Rehberg verwandelte der »schöne Rudi« »Schalke 04 von einem vor dem Aus stehenden Chaos-Club in ein prosperierendes Fußball-Unternehmen mit allerbesten Zukunftsperspektiven«.[360] Assauer war der »geistige Vater« des neuen Stadions, das der »Sonnenkönig« den Fans einst versprochen hatte und das nun tatsächlich gebaut wurde. Zudem zeigte er ein glückliches Händchen für Neuverpflichtungen (u. a. Youri Mulder, Marc Wilmots), und mit Huub Stevens fand er den passenden Trainer, um sein erklärtes Ziel, Schalke zur »dritten Kraft im deutschen Fußball« zu machen, zu verwirklichen.

Und die Königsblauen kamen tatsächlich in die Spur: Der UEFA-Pokal-Triumph 1997, mit dem der zum Ende der Saison 1994/95 ohnehin schon von 18 auf sieben Millionen Euro abgeschmolzene Schuldenberg aus der Ära Eichberg endgültig abgetragen wurde, zwei DFB-Pokal-Siege, dazu zwei Vizemeisterschaften waren eindrucksvolle sportliche Belege für das endgültige Ende der berüchtigten »Schalker Verhältnisse«, die den Club in den Achtzigerjahren zwar regelmäßig in die Schlagzeilen der Boulevardpresse gebracht, aber kaum jemals zu sportlichen Höhenflügen befähigt hatten. Neue Rekorde bei Mitgliederzahlen und Dauerkarten bestätigten den eingeschlagenen Kurs.

Spätestens nach dem Umzug in die 2001 fertiggestellte Arena AufSchalke war »Rudi Cigar« der »unumstrittene König auf Schalke«[361], der sich in Talkrunden und Interviews als Zigarre rauchender Macho mit Ruhrpott-Charme präsentierte, allerdings auch einen Hang zum selbstverliebten Größenwahn entwickelte, wofür die nach dem Weggang von Stevens 2002 wieder häufigeren Trainerwechsel ein Beleg waren. Der hemdsärmelige Macher duldete offenbar keinen gleichwertigen Partner neben sich. Als trotz erheblicher Investitionen in den Kader auch der sportliche Erfolg ausblieb, begann der Sockel des Königs zu bröckeln.

Das Ende der zweiten Ära Assauer wurde drei Tage nach dem letzten Spieltag der Saison 2005/06 durch einen FOCUS-Artikel eingeleitet. Schalke sei »quasi pleite«, behauptete das Nachrichtenmagazin.[362] Zugleich eröffnete die Essener Staatsanwaltschaft ein Verfahren gegen Assauer und Peters wegen des Verdachts auf Bilanzfälschung. Hintergrund: Bereits im Abriss befindliche Teile des alten Parkstadions tauchten weiterhin als Aktiva in der Bilanz auf, womit die tatsächliche finanzielle Lage des Vereins verschleiert wurde. Als der Schalker Aufsichtsrat daraufhin einstimmig gegen eine weitere Zusammenarbeit mit Assauer votierte, erklärte der 62-Jährige seinen Rücktritt. Schalke hatte Assauer zum zweiten Mal geschafft.

Ironische Randnotiz: Der Mann, der Schalke zweimal rettete und den Schalke zweimal schaffte, ist seit nunmehr 43 Jahren Mitglied des Erzrivalen Borussia Dortmund. Als Spieler gehörte Assauer zu der Mannschaft um Hans Tilkowski, Lothar Emmerich und Reinhard »Stan« Libuda, die 1966 das Endspiel um den Europapokal der Pokalsieger erreichte und am 5. Mai jenes Jahres durch ein 2:1 nach Verlängerung über den FC Liverpool (Siegtor in der 106. Minute durch einen anderen späteren Schalker: »Stan« Libuda) als erste deutsche Vereinsmannschaft einen Europapokal nach Deutschland holte.

Wie viel er selbst von alledem heute noch weiß, ist ungewiss: Ende Januar 2012 wurde bekannt, dass Assauer seit Jahren an Alzheimer leidet. Einen Monat später erschien seine Autobiografie *Wie ausgewechselt. Verblassende Erinnerungen an mein Leben*. In der gleichzeitig ausgestrahlten ZDF-Dokumentation *Rudi Assauer – Ich will mich nicht vergessen* erlebten 2,5 Millionen Zuschauer hautnah, was die mentale Krankheit mit einem Mann anrichtete, der einst geprahlt hatte: »Das Wort ›mental‹ gab es zu meiner Zeit als Spieler gar nicht. Nur eine Zahnpasta, die so ähnlich hieß.«[363] Heute ist »Stumpen-Rudi«, der Mann mit der Zigarre im Mundwinkel, der Sprüche klopfende Macho, der »König von Schalke«, das sein Lebensinhalt war, nur noch eines: ein hilfsbedürftiger Mensch, ein »König ohne Land« im Dämmerzustand des Vergessens.

110. GRUND

Huub Stevens: Weil er der Schalker »Jahrhunderttrainer« ist

Mit insgesamt fast sieben Jahren »Dienstzeit« auf Schalke ist Huub Stevens der einsame Rekordhalter unter den unzähligen Übungsleitern, die Schalke 04 in seiner mehr als hundertjährigen Geschichte verschlissen hat. Dabei ist Jozef Margaretha Stevens, wie der Niederländer mit bürgerlichem Namen heißt, nicht mal der bislang erfolgreichste Coach der Königsblauen. Diese Ehre gebührt nach wie vor Hans »Bumbes« Schmidt, der Schalke von Juli 1933 bis Juli 1938 zu drei Deutschen Meisterschaften und einem Pokalsieg führte.

Aber Stevens ist Schalkes »Jahrhunderttrainer«. Zumindest lautete so das Votum der 10.144 Fans, die sich im Jubiläumsjahr 2004 an der von der Vereinszeitschrift *Schalker Kreisel* initiierten Abstimmung beteiligten. Das menschliche Langzeitgedächtnis ist nun mal nicht sehr ausgeprägt, und dass die Schalker des 21. Jahrhunderts sich eher an den »Knurrer von Kerkrade« erinnerten, dessen 97er UEFA Cup-Triumph mit den »Eurofightern« allen noch frisch in Erinnerung war, als an den fränkischen »Furz« (»Bumbes«) aus königsblauer Vorzeit, ist nur allzu verständlich. Und passte zu der parallel gewählten Schalker »Jahrhundertelf«, in die es mit Ernst Kuzorra und Fritz Szepan gerade mal zwei Spieler aus der »Goldenen Ära« schafften. Dass mit Marc Wilmots auch nur einer der von Stevens trainierten »Eurofighter« in dieser Elf vertreten ist, der Rest hingegen identisch ist mit dem »Dreamteam« von 1972, lässt vermuten, dass die Mehrzahl der Abstimmenden offenbar in den frühen Siebzigern fußballerisch sozialisiert wurde.

Dabei hatte es zunächst gar nicht nach einer »Liebesheirat« zwischen Fans und Trainer ausgesehen. Der Verpflichtung von Stevens war die Entlassung von Jörg Berger auf Druck der Mannschaft vorausgegangen, die beim blau-weißen Anhang für erhebliche Missstimmung sorgte. Doch Stevens erwies sich als wahrer Glücksgriff.

Zwar dümpelte die Mannschaft in der Bundesliga-Saison 1996/97 mehr schlecht als recht vor sich ihn, doch auf der europäischen Bühne führte der Neue, der – Ironie der Geschichte – bis Herbst 1996 Schalkes ersten UEFA Cup-Gegner Roda JC Kerkrade trainiert hatte, Königsblau auf den Gipfel. Der Gewinn des UEFA-Pokals war der erste internationale Titel in der Schalker Vereinsgeschichte und machte die »Eurofighter« mitsamt ihrem Trainer unsterblich.

Mit dem ersehnten achten Deutschen Meistertitel wurde es allerdings auch unter Stevens nichts; am Ende reichte es nur zu jener »Viereinhalb-Minuten-Meisterschaft« im Mai 2001, die ganz Schalke in ein kollektives Tal der Tränen stürzte. Trost spendeten immerhin die beiden DFB-Pokal-Siege 2001 und 2002. Zusammen mit dem UEFA Cup-Triumph, den niemand der spielerisch weniger als kämpferisch überzeugenden Truppe zugetraut hätte, haben sie dem »Jahrhunderttrainer« einen dauerhaften Platz in den königsblauen Vereinsannalen gesichert.

111. GRUND

Die Schalker Jahrhundertelf

Sowohl in der Bundesliga als auch international wird heute meist das 4-2-3-1-System gespielt. Es besteht aus einer Viererkette, zwei defensiven Mittelfeldspielern (Doppelsechs), drei offensiven Mittelfeldspielern und einem Mittelstürmer. Der Hauptgedanke dieses Systems ist es, sich mit kontrolliertem Kurzpassspiel immer weiter in die gegnerische Hälfte vorzuarbeiten und den Gegner extrem unter Druck zu setzen. Es ist das System, das auch Schalke 04 in der Saison 2012/13 gespielt hat.

Die Schalker Meisterelf der Dreißigerjahre orientierte sich am aus England importierten WM-System, dessen W aus dem vorgeschobenen Mittelstürmer, den zurückhängenden linken und rechten Halbstürmern sowie den vorgezogenen linken und rechten Außenstürmern besteht, während der zurückhängende Mittelläufer, die meist defensiv agierenden linken und rechten Verteidiger sowie die offensiver ausgerichteten linken und rechten Außenläufer das M bilden. Das Grundprinzip des Schalker Kreisels war es, den Ball zwischen diesen Positionen hin und her laufen zu lassen, wobei alle Spieler ständig in Bewegung waren, um sich freizulaufen und damit dem ballführenden Spieler eine Abspielmöglichkeit zu bieten. Die nachfolgende Jahrhundertelf wurde nach dem aktuellen 4-2-3-1 System aufgestellt, weil es das aktuell am häufigsten gespielte und den Fans am besten vertraute System ist.

Im Tor steht **Norbert Nigbur** – Popstar, Showman zwischen den Pfosten, Elfmeterkiller und mit 446 Spielen von 1966 bis 1976 und noch einmal von 1979 bis 1983 blau-weißer Rekord-Keeper. In der Viererkette bilden **Rolf Rüssmann**, der zähe Arbeiter mit den »Bügeleisen-Füßen« (Rudi Gutendorf), und »Tanne« **Klaus Fichtel**, Defensivstratege und fußballerisches Naturtalent, die Innenverteidigung, links flankiert von dem kopfballstarken **Otto Schweisfurth**, Stammspieler in der Meisterelf der Dreißigerjahre, und rechts von dem sprungstarken, dabei nur 1,72 Meter großen **Otto »Ötte« Tibulski**, Abwehrdirigent und Motor des Schalker Kreiselspiels. Die Doppelsechs bilden **Olaf Thon**, das fußballerische Ausnahmetalent, perfekt am Ball und mit glänzender Spielübersicht, sowie **Fritz Szepan**, der überragende Stratege und geniale Regisseur mit menschlichem Makel. Im offensiven Mittelfeld agieren der dribbelstarke **Rüdiger Abramczik** auf links und der fintenreiche **Reinhard »Stan« Libuda** auf rechts – pfeilschnelle Techniker, die perfekte Flanken in den gegnerischen Strafraum schicken. In der Mitte bildet der wuchtige **Ernst Kuzorra** das Zentrum der Angriffsachse – technisch brillant, zweikampfstark, schussgewaltig und torgefährlich. Die Sturmspitze besetzt der erfolgreichste Goalgetter im Schalker Dress und Kunsttorschütze **Klaus Fischer**.

Zum 23-köpfigen Kader gehören außerdem die Keeper **Jens Lehmann**, »Eurofighter« und gelegentlich eigenwilliger Selbstdarsteller, und **Hermann Mellage**, von 1930 bis 1937 die unumstrittene Nummer eins im Schalker Tor. Als Abwehrspieler stehen **Hans Bornemann**, Teilnehmer aller acht Meisterschaftsendspiele von 1933 bis 1942, **Günter Brocker**, linker Verteidiger der Meisterelf von 1958 und gefürchtet für seine Vorstöße und Flanken, sowie **Helmut Kremers**, Mitglied des Schalker »Dreamteams« von 1972, zur Verfügung. Die Mittelfeldspieler im Kader sind **Hannes Bongartz**, torgefährlicher Spielmacher und seinerzeit Schalkes Rekordtransfer, **Marc Wilmots** (»Willi, das Kampfschwein«), Rückgrat der »Eurofighter« und Schütze entscheidender Tore, sowie **Julian Draxler**, der Jüngste im Kader und vielleicht das größte Schalker Talent seit Ernst Kuzorra. Den Kader komplettieren im Sturm **Günter Siebert**, unermüdlicher Strafraum-Wühler und Mitglied der Meisterelf von 1958, **Bernhard Klodt**, dribbelstarker, torgefährlicher Außenstürmer und *das* Gesicht der 58er Meistermannschaft, **Ernst »Kalli« Kalwitzki**, kaltblütiger Vollstrecker und mit fünf Toren in einem Finale (1939) bis heute absoluter Rekordhalter, sowie **Raúl Gonzáles Blanco**, der »Señor«, der sich in nur zwei Spielzeiten mit unermüdlichem, vorbildlichem Einsatz und herrlichen Toren in die Herzen der Schalker spielte.

Diese 23 Spieler bilden meine persönliche »Jahrhundertelf«. Jeder von ihnen besitzt bestimmte individuellen Stärken und Vorzüge, die ihn aus meiner Sicht für die Jahrhundertelf qualifizieren. Aber natürlich könnten, abgesehen von unverzichtbaren königsblauen Ikonen wie Kuzorra und Szepan, auch ganz andere Spieler im Kader stehen, von denen jeder ebenfalls auf seine unverwechselbare Weise dazu beigetragen hat, dass der FC Schalke 04 zu dem wurde, was er schon immer war und auch immer bleiben wird: der großartigste Fußballverein der Welt.

Weil Schalke immer für eine Überraschung gut ist

Das war schon zu Schalker Glanzzeiten so, als die erfolgsverwöhnte Mannschaft 1938 und 1941 jeweils das Finale um die »Deutsche« vergeigte und im Tschammer-Pokal regelmäßig an den berühmten »Zwergen« scheiterte (2014 eiferte der inzwischen fünffache DFB-Pokalsieger Schalke den Altvorderen nach und ließ sich von Drittligist Dynamo Dresden gleich in der 1. Hauptrunde 1:2 abfertigen). Das wiederholte sich Jahrzehnte später unter umgekehrten Vorzeichen, als der große FC Bayern, der damals noch nicht ganz so unbesiegbar war wie heute, 1976 völlig unerwartet mit 0:7 aus dem heimischen Olympiastadion geschossen wurde. Auf der internationalen Bühne erlebten Jahrzehnte später die Mailänder gleich zweimal ein unverhofftes Waterloo: 1997 unterlagen sie im UEFA-Pokal-Finale am Ende den »Eurofightern« 1:4 nach Elfmeterschießen, und am 5. April 2011 kassierten sie im Champions League-Viertelfinale ein demütigendes 2:5 auf eigenem Platz, verloren auch das Rückspiel und durften sich die restlichen Spiele der Königsklasse im Fernsehen anschauen.

In jüngster Zeit ist dann auch den Königlichen aus Madrid eine solche unheimliche Begegnung der Schalker Art widerfahren. Just zu einem Zeitpunkt, als auf Schalke nach einer verkorksten Bundesligasaison bis auf den Posten des Platzwarts mal wieder alles zur Disposition stand, als niemand den durch acht einschläfernde Roberto-Di-Matteo-Monate gelähmten Schalkern noch eine sportliche Großtat zutraute – am allerwenigsten die *Galácticos*, die am 11. Mai 2015 offenbar fest entschlossen waren, sich ihre schneeweißen Leibchen nicht im Kampf gegen irgendwelche Underdogs aus einer Stadt mit einem unaussprechlichen Namen schmutzig zu machen –, sorgte Schalke mal wieder für eine Überraschung.

3:4 hieß es am Ende im Estadio Santiago Bernabéu – aus Madrider Sicht! »Schon, aber die waren vor allem erleichtert – am Ende ging denen ganz schön der Stift«, erwiderte der kleine Max Mayer nach dem Spiel auf die Frage eines Reporters, ob der Gegner der Leistung der Gäste denn auch gebührend Anerkennung gezollt habe. Denn ein Tor mehr, und die Schalker wären trotz eines 5:5 nach Hin- und Rückspiel dank der besseren Auswärtstrefferquote (5) in die nächste Runde eingezogen. So aber reichte den Spaniern, die vom eigenen Publikum höhnisch mit wehenden weißen Taschentüchern – der ultimativen Geste der Verachtung der *Madridistas* – in die Kabine verabschiedet wurden, das 2:0 aus dem Hinspiel für den Einzug ins Viertelfinale.

Aber Schalke hatte die Fußballwelt einmal mehr verblüfft – und den eigenen Anhang entzückt. Seelenlose Erfolgsmaschinen wie der FCB liefern ihren Fans mit mathematischer Berechenbarkeit Titel und Trophäen am Fließband. Schalke liefert der königsblauen Gemeinde Überraschungen – nicht immer am Fließband, aber in schöner Regelmäßigkeit. Es ist diese Unberechenbarkeit, dieses Unstete und dann wieder vollkommen Überraschende, was viele Schalker mitunter zur Verzweiflung treibt, andererseits aber genau jene Faszination des Fußballs ausmacht, die Woche für Woche Zigtausende in die Stadien und vor den Fernseher treibt. Weil keiner weiß, wie es diesmal ausgeht. Die Schalker am allerwenigsten – siehe oben. Wenn das kein weiterer Grund ist, Schalke zu lieben, was dann?

KAPITEL 11

DIE BONUSGRÜNDE

Was seitdem geschah

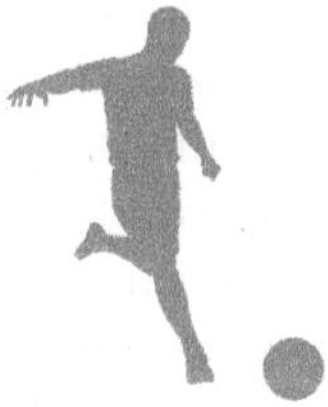

BONUSGRUND 1

Weil das Derby unberechenbar ist

Untergeschoss gegen Beletage. Der Tabellen-Fünfzehnte gegen den Tabellen-Zweiten, der am 31. Spieltag der Saison 2018/19 sage und schreibe 42 Punkte mehr auf dem Konto hat als die gegen Ende dieser Spielzeit haarscharf am Abstieg vorbeischrammenden Schalker. Eigentlich eine klare Sache. Aber in der »Mutter aller Derbys« gelten eigene Gesetze. Was sich nach dem Schlusspfiff wieder einmal bestätigt hat, als elf entgeisterte Dortmunder und ihr wütender Trainer die 2:4-Heimniederlage gegen den Erzfeind aus Gelsenkirchen in Worte zu fassen suchen. »Das ist der größte Skandal im Fußball seit Jahren. Das ist so lächerlich, der Fußball ist peu à peu so lächerlich. Das ist eine große Schande für den Fußball«, ereifert sich Lucien Favre. Was den nicht für überbordende Gefühlsausbrüche bekannten Schweizer Coach derart in Rage brachte, war ein Handelfmeter gegen Abwehrspieler Julian Weigl in der 18. Minute, der die Schalker nach dem von Mario Götze vier Minuten zuvor erzielten 1:0-Führungstreffer unerwartet auf die Siegerstraße führte. »Was sollte jetzt noch schief gehen? Dass vergnügte Dortmunder gegen verzweifelte Schalker gewinnen würden, galt vor dem Spiel ja ohnehin als ausgesprochen wahrscheinlich«, kommentierte die *Süddeutsche Zeitung* in ihrer Montagsausgabe vom 29. April 2019 den frühen Führungstreffer von Götze. Wie sich dann zeigte, eine ganze Menge. Der höchst fragwürdige Handelfmeter nach Videobeweis machte den Anfang, und als die Schalker zehn Minuten später durch einen Kopfball von Salif Sané nach einer Ecke auch noch in Führung gingen, lagen die schwarz-gelben Nerven blank. Deutscher Meister wollten die Dortmunder Ballkünstler schon noch gerne werden, aber nicht in der Kategorie »Meiste Gegentore nach Standards«, in der sie in dieser Saison einen der vorderen Plätze belegten. Dass Daniel Caliguri die Königsblauen in der 62. Minute mit

3:1 klar in Front brachte, gefiel den Schwarzgelben noch weniger. Als dann nach zwei Verzweiflungsgrätschen von Marco Reus und Marius Wolf plötzlich nur noch neun Dortmunder auf dem Platz standen, waren die tabellarischen Kräfteverhältnisse auf den Kopf gestellt. Die Dortmunder machten zwar noch eine Bude, konnten das Desaster aber nicht mehr abwenden, das Breel Embolo vier Minuten vor Schluss mit seinem Treffer zum 4:2-Endstand aus Schalker Sicht komplett machte.

Vier Tore gegen Lüdenscheid-Nord – eine beliebte Ausbeute im Revier-Derby aus Sicht von Herne-West: In den 45 Begegnungen der beiden Lokalrivalen seit dem Jahr 2000 erzielten die Schalker fünf Mal jeweils vier Tore, die ihnen vier Mal zum Sieg reichten (4:0 am 16. Mai 2000; 4:1 am 18. August 2007; 4:3 n. E. am 23. Juli 2011; und 4:2 am 27. April 2019) und einmal, am 25. November 2017, ein spektakuläres Unentschieden erzwangen. Den Borussen gelangen, abgesehen von diesem 4:4-Remis, seit 2000 zweimal vier Tore gegen den Erzrivalen, beim 4:0-Sieg auf eigenem Platz am 26. Spieltag der Saison 2019/20 und beim wenig überraschenden 4:0-Auswärtssieg gegen abstiegsbedrohte Schalker am 21. Februar 2021.

An besagtem 25. November 2017 hatten die Borussen den Sieg ebenfalls bereits sicher geglaubt, als sie zur Halbzeit mit einer satten 4:0-Führung in die Kabine entschwanden. Ich war am Nachmittag dieses 13. Spieltages mit dem Auto unterwegs zur Bandprobe und verfolgte das sich abzeichnende königsblaue Debakel frustriert im Radio. Beim Stand von 4:0 für Schwarzgelb schaltete ich genervt aus – um dreißig Minuten später, nachdem meine bereits im Proberaum versammelten Mitmusiker mich auf den neuesten Stand gebracht hatten, zurück zum Auto zu eilen und das Radio wieder einzuschalten. Eine weise Entscheidung, denn auf die zwei Anschlusstreffer in der 61. und 65. Minute, mit denen Schalke sich bis auf zwei Tore an die Dortmunder heranrobbte, folgte zwanzig Minuten später das 3:4. Und als der lange Naldo sich in der fünften Minute der Nachspielzeit im BVB-Strafraum nach einem

Eckball noch länger machte und mit seinem Torpedo-Kopfball zum 4:4-Ausgleich einen Derby-Moment für die Ewigkeit schuf, hatte sich wieder einmal bewahrheitet, dass Prognosen im Fußball nirgendwo so oft und gerne auf den Kopf gestellt werden wie beim Revier-Derby. Ausgenommen höchstens Partien des DFB-Pokals, die sich jeder Vorausberechnung entziehen. Hier ist es oft der große FCB, der in regelmäßigen Abständen von unterklassigen Konkurrenten aus dem Rennen geworfen wird, so zuletzt am 13. Januar 2021 in der zweiten Pokalrunde vom Zweitligisten Holstein Kiel. Der toppte an diesem Tag in dichtem Schneetreiben einen von keinem Experten erwarteten 2:2-Endstand nach Verlängerung mit einem berauschenden 6:5 im Elfmeterschießen. An solchen Tagen freuen sich dann Lüdenscheider und Herner in alter Revierverbundenheit gemeinsam, denn auch im Fußball gilt: Schadenfreude ist die reinste Freude.

BONUSGRUND 2

Weil Charlys Kartoffelsuppe Kindheitserinnerungen weckt

Archivarbeit zwischen Stapeln staubiger Akten und vergilbter, poröser Zeitungen macht durstig und hungrig. Das gilt auch für das Vereinsarchiv des FC Gelsenkirchen-Schalke 04 am Ernst-Kuzorra-Weg 1 in Sichtweite der Veltins-Arena. Als »Ausgangspunkt der historischen Arbeit« über den Klub »umfasst das Archiv u.a. den Pressespiegel seit 1919, Vereinspublikationen, Vorstandsakten, Nachlässe ehemaliger Spieler und Funktionäre, Schriftstücke wie Autogrammkarten, Postkarten, Briefe, Urkunden, 300 000 historische Fotografien sowie mehr als 1000 dreidimensionale Exponate, die aus Platzgründen nicht mehr in die aktuelle Dauerausstellung des Schalke Museums passen«, wie es auf der Informationsplattform fußballmuseen.de heißt. Untergebracht ist das Archiv in einem durch mehrere Stahltüren gesicherten Raum im Kellergeschoss der Geschäftsstelle. Hier stehen in deckenhohen Stahlschränken fein säuberlich nach Jahrgängen geordnet auch die Bände der *Vereinschronik F.C. Gelsenkirchen Schalke 04 im Jubiläumsjahr 1954*, und auf dem Fußboden und dem kleinen Arbeitstisch in der Ecke stapeln sich noch nicht ausgewertete Zeitungen und Zeitschriften, mitsamt zahllosen schriftlichen und bildlichen Zeugnissen aus mehr als einhundert Jahren königsblauer Vereinsgeschichte.

Nach getaner Archivarbeit führt mich mein Weg jedes Mal schnurstracks die Treppe hoch, raus aus der Geschäftsstelle und rechts um die Ecke zu »Charly's Schalker«, einer Kneipe mit rustikalem Schick und Außenterrasse unmittelbar neben dem Trainingsgelände, benannt nach dem originalsten aller Schalker Originale: Charly Neumann – gelernter Bäcker, Gastronom, Mannschaftsbetreuer, Faktotum, Ansprechpartner für die Fans und redseliges Sprachrohr für deren Sorgen und Nöte. Legendär sind bis heute seine in den finsteren 1980er-Jahren nach drei Schalker Bundesligaabstiegen fernsehwirksam vergossenen Tränen. Dass er Sitzungen der Vereinsgremien verwanzte, um zu erfahren, was über ihn geredet wurde, passt ins Bild des omnipräsenten Urschalkers, der 2009 als erster Nichtspieler oder -trainer in die Schalker Ehrenkabine gewählt wurde.

Mit etwas Glück findet man mittags einen freien Tisch im »Charly's«, falls nicht, bleibt immer noch der Platz an der Theke. Die Tageskarte bietet einen wechselnden Mittagstisch, aber ich bestelle jedes Mal das kulinarische Highlight, das für Stunden voller Archivstaub und Papiermief entschädigt: Westfälische Kartoffelsuppe mit Mettwurst. Sobald die dampfende Terrine vor mir steht, werden Erinnerungen wach – an die Samstage meiner Kindheit, an denen es mittags entweder Kartoffelsuppe gab oder Graupeneintopf. Den ich im Gegensatz zu seiner Kartoffelvariante gehasst habe, wimmelte die trübe Brühe doch von Grünzeug jeglicher Art, über das mich auch die dazwischen schwimmenden Hackfleischklößchen nicht hinwegtrösten konnten. So weckt Charlys Kartoffelsuppe regelmäßig Kindheitserinnerungen an kulinarische Köstlichkeiten ebenso wie an Zumutungen, deren Erfahrungen bis heute nachwirken. Würde »Charly's Schalker« mittags Graupensuppe servieren, würde ich mich im Vereinsarchiv verbarrikadieren und träumen – von Kartoffelsuppe mit Mettwurst, wie bei Muttern.

BONUSGRUND 3

Weil die Knappenschmiede ein Erfolgsmodell ist

Die Namen ihrer Absolventen lesen sich wie ein Who's Who des europäischen Spitzenfußballs: Manuel Neuer (2005), Mesut Özil (2006), Benedikt Höwedes (2007), Joel Matip (2009), Julian Draxler (2011), Sead Kolasinac (2012), Max Meyer (2013), Leroy Sané (2015), Thilo Kehrer (2016), Weston McKennie (2017), um nur einige zu nennen. Diese Namen gehören zur Spitze eines Eisbergs aus jungen Talenten, die seit mehr zwei Jahrzehnten die Nachwuchsakademien deutscher Fußballklubs durchlaufen. Ihre Träger sind den Knappenschuhen längst entwachsen und haben sich auf der internationalen Fußballbühne behauptet.

Den Namen »Knappenschmiede« trägt das königsblaue Nachwuchsleistungszentrum allerdings erst seit Dezember 2011. Hervorgegangen aus der seit Anfang der 1990er-Jahre existierenden Jugendakademie des FC Schalke 04, gab eine schlechte Zertifizierung durch die belgische Agentur Double Pass im Auftrag von Deutschem Fußball-Bund (DFB) und Deutscher Fußball-Liga (DFL) in jenem Jahr den Anstoß zu einer grundlegenden Reform der Nachwuchsarbeit unter der Ägide von Sportvorstand Horst Heldt, der die Integration neuer Talente in die Profimannschaft zielstrebig vorantrieb.

Hintergrund für das seit der Jahrtausendwende erwachte Interesse des DFB an einer verbesserten Förderung des Nachwuchses war das Debakel der deutschen Fußball-Nationalmannschaft bei der Europameisterschaft 2000, als die Elf unter Trainer Erich Ribbeck sang- und klanglos in der Vorrunde ausschied. Seitdem galt gezielte Nachwuchsarbeit in modernen, mit allen psychologischen, pädagogischen und medizinischen Finessen ausgestatteten Leistungszentren als Königsweg zu künftigen sportlichen Erfolgen, mit denen der DFB an frühere Glanzzeiten des deutschen Fußballs anknüpfen wollte.

Auf Schalke hat sich die Kooperation des vereinseigenen Nachwuchsleistungszentrums mit der nur wenige hundert Meter vom Vereinsgelände entfernten Gesamtschule Berger Feld zu einer Erfolgsgeschichte entwickelt. Die Schule wurde 2007 vom DFB als »Eliteschule des Fußballs« ausgezeichnet, auswärtige junge »Fußballknappen« sind in zwei Internaten untergebracht, volljährigen Spielern beschafft der Verein auf Wunsch eigene Wohnungen. Bei alledem geht es nicht nur um die Vermittlung fußballerischer Fertigkeiten, sondern auch um Charakterbildung und soziale Kompetenz. Denn bei allem sportlichen Erfolg die Bodenhaftung nicht zu verlieren ist eines der Grundprinzipien, das hoffnungsvollen Talenten auf Schalke vermittelt wird. »Wer privilegiert ist, sollte sich auch bewusst sein, dass er ein Glückskind ist. Nur weil er mehr verdient als alle in seiner Familie vor ihm, ist er kein besserer Mensch«, betont Norbert Elgert, der, unterbrochen von einem Intermezzo als Co-Trainer der Ersten Mannschaft unter Frank Neubarth in der Saison 2002/03, seit 1996 die Schalker U-19 betreut. Solche Worte hört man gerne in einem Verein, der sich viel auf seine im Bergbau und proletarischen Milieu verwurzelte Tradition als Malocherklub zugute hält. Dass der Spagat zwischen sportlichem Erfolg, Persönlichkeitsentwicklung und Bodenständigkeit gelingt, dafür sorgt neben ausgewiesenen Fußballlehrern ein Team aus erfahrenen Sportmedizinern, Psychologen und Pädagogen.

Dass das Ganze nebenbei ein knallhartes Geschäftsmodell ist, um die Profimannschaft kontinuierlich mit günstigem eigenen Nachwuchs zu versorgen, statt den real existierenden Schuldenberg durch hohe Ablösesummen für auswärtige Spieler weiter zu vergrößern, schmälert die Verdienste der Knappenschmiede um die Förderung junger Talente und ihre Bedeutung für das Selbstverständnis des Klubs keineswegs. Denn »jenseits des Business verbindet sich Nachwuchsarbeit stets auch mit der romantischen Sehnsucht, dass es Jungs ganz nach oben schaffen, die rund um den Schalker Markt groß geworden sind. Spieler von hier, von uns. Hier verschmelzen Tradition und Moderne. Das zeichnet die identitätsstiftende Kraft der Knappenschmiede aus«, heißt es in der Schalker Vereinschronik *Königsblau*. In der Realität wird daraus oft ein halsbrecherischer Spagat zwischen sentimentaler Anhänglichkeit an die eigenen Wurzeln aufseiten des Klubs und dem verständlichen Wunsch, sich ein möglichst großes Stück vom kapitalistischen Profifußballkuchen abzuschneiden, aufseiten des jungen Spielers. So verkündete Julian Draxler 2013 auf dem Gelsenkirchener Neumarkt von den Werbeplakaten mehrerer Kleinlaster herab: »Mit Stolz und Leidenschaft bis 2018«, um schon zwei Jahre später zum Ligakonkurrenten VfL Wolfsburg und von dort zu Paris Saint-Germain zu wechseln. Und Manuel Neuer hat seine Sozialisation in Jugendakademie und »Buerschenschaft, der Ultra-Gruppierung seines heimatlichen Buer, nicht davon abgehalten, seit 2011 im Trikot des FC Bayern aufzulaufen. Und als in der Saison 2015/16 ein finster dreinblickender Leroy Sané mit Kohlenstaub im Gesicht in Gelsenkirchen von Plakatwänden herab die Botschaft verkündete »Für die Arena geschmiedet«, schien das zwar die identitätsstiftende Kraft der Knappenschmiede zu bestätigen. Dass im Zweifelsfall Geschäft vor Gefühl geht, zeigte sich aber schon wenige Wochen später, als der Verein im August 2016 etwa 30 Millionen Euro Ablöse für sein Toptalent kassierte. Denn bei aller gefühlsduseligen Heimatverbundenheit des Folkloreklubs Schalke ist die

Knappenschmiede auch »ein wirtschaftlicher Faktor in Zeiten der Konsolidierung« (*Königsblau*). Sie fungiert einerseits »als interner Dienstleister für die Lizenzspielerabteilung«, weil »Hochbegabte wie Julian Draxler, wie Max Meyer, wie Sané früh nach oben vor[rücken]«, andererseits »spülen Verkäufe wie etwa von Mesut Özil, Manuel Neuer oder Draxler, die im Schatten der Arena ausgebildet wurden, viel Geld in die Kassen« (*Königsblau*). So gesehen ist die Knappenschmiede auch der erfolgreiche Versuch, Tradition und Moderne, Gefühl und Geschäft zum allseitigen Vorteil in Einklang zu bringen, und »darauf können wir«, so Horst Heldt, »sehr stolz sein«. Kapitalismus mit sentimentalem Einschlag – aber das gibt es nicht nur auf Schalke.

BONUSGRUND 4

Weil Schalke die Tradition pflegt

Dass auf Schalke die Tradition groß geschrieben wird, ist nichts Neues. Angesichts der seit Jahren anhaltenden sportlichen Achterbahnfahrt der Ligamannschaft zwischen Champions League, grauem Mittelmaß und Beinahe-Abstieg (aus dem nach der Saison 2020/21 der reale Abstieg in die Zweitklassigkeit wurde) scheint die stetige Rückbesinnung auf die glorreiche Vergangenheit der Königsblauen, auf die proletarischen Wurzeln des selbsternannten Malocherklubs im Stadtteil Schalke, dessen äußeres Erscheinungsbild wie ein Spiegel der tristen sportlichen Gegenwart des Vereins wirkt, beinahe unausweichlich.

Jüngster Coup solcher ritualisierter Beschwörungen vergangenen Ruhms – in diesem Fall durch die Bewahrung des architektonischen Erbes vergangener Zeiten – war Anfang 2020 die Rekonstruktion des historischen Eingangsportals der Glückauf-Kampfbahn am nördlichen Ende der Schalker Meile. »Es freut mich ungemein, ein solches Wahrzeichen für Schalke 04 wieder strahlen zu sehen«, begrüßte der damalige Klub-Boss Clemens Tönnies am 26. Februar 2020 vor zahlreichen Anhängern, Anwohnern und den Spielern der Schalker Traditionself die Einweihung dieser weiteren königsblauen Landmarke: »Die Kampfbahn Glückauf war das erste Stadion des Vereins und Ort zahlreicher großer Triumphe. Wir haben es als unsere Verpflichtung angesehen, uns diesem Ort, aber auch dem ganzen Stadtteil intensiv zu widmen, hier anzupacken und diese besondere Stätte wieder auf Vordermann zu bringen.«

Das Wiederaufbauprojekt an der Stätte der größten Schalker Triumphe wurde von der Stiftung Schalker Markt gemeinsam mit der Brost-Stiftung, der Denkmalschutzbehörde der Stadt Gelsenkirchen und dem Landschaftsverband Westfalen-Lippe umgesetzt. »Die ›Stiftung Schalker Markt‹ hat sich auf die Fahnen geschrieben, die Schalker Sehnsuchtsorte, die Plätze der ›Wiege‹ des Vereins, die für viele im Laufe der Jahre in Vergessenheit geraten sind, nicht nur wieder in Erinnerung zu rufen, sondern sie aktiv wieder herauszuputzen. Dabei steht der Stadtteil Schalke naturgemäß im Fokus«, heißt es dazu auf der Website des FC Schalke 04. Gelsenkirchens Oberbürgermeister Frank Baranowski würdigte das neue alte Eingangsportal als »das neue Tor zu Schalke. Es ist eine sehr gelungene Verbeugung vor der alten Glückauf-Kampfbahn.«

Das historisch originalgetreu restaurierte Eingangsportal bildet nun den logischen Abschluss der Schalker Meile, jener »Meile der Traditionen«, die darauf abzielt, die glanzvolle sportliche Vergangenheit des Fußballvereins Schalke in den Dienst einer Aufwertung des im Zuge der Deindustrialisierung sozial und ökonomisch abgehängten Stadtteils Schalke zu stellen.

Die einstige Symbiose aus Sport und Arbeit, Freizeit und Maloche, welche die Spieler der erfolgreichen Schalker Mannschaft der 1920er- und 1930er-Jahre idealtypisch verkörperten, bildet den Hintergrund für die Illumination eines ganzen Straßenzugs im Herzen von Schalke in den Farben seines bedeutendsten Werbe-

und Imageträgers. So führt heute ein königsblaues Lichtband aus 160 LED-Leuchten über die Berliner Brücke und die Kurt-Schumacher-Straße, vorbei am Schalker Markt, dem früher pulsierenden Zentrum Schalkes und Standort des Vereinslokals »Kaiserhalle«, und erinnert symbolisch an die enge Verbindung von Stadtteil und Verein. Am Ende der Schalker Meile empfängt den Schalke-Touristen dann die in leuchtendes Blau getauchte, geflaggte Tribüne der alten Kampfbahn Glückauf – ein sprichwörtlicher Lichtblick in der grauen Tristesse des einstmals blühenden Industriedorfes Schalke, das in der Frühzeit des Fußballs zur Wiege des »geilsten Clubs der Welt« wurde.

BONUSGRUND 5

Weil Schalke beispielhafte gesellschaftliche Verantwortung zeigt

Dass Erfolg, ob in Wirtschaft, Kultur oder Sport, gesellschaftliche Verantwortung mit sich bringt und eine Verpflichtung zu sozialem Engagement im Interesse weniger vom Glück Begünstigter beinhaltet, dürfte auch in Zeiten des globalen Raubtierkapitalismus unbestritten sein. Denn dass man mit Geld nicht nur goldene Uhren und schnelle Autos finanzieren, sondern auch individuelle Not lindern und sozialen Missständen abhelfen kann, dürften, abgesehen von manchen unverbesserlichen spätpubertären Fußballmillionären, deren vergoldete Steaks ein grelles Schlaglicht auf ihre soziale Intelligenz werfen, inzwischen weithin Konsens sein. Erfolgreiche Fußballer, wie etwa Manuel Neuer mit seiner »Kids Foundation«, die darauf abzielt, die Lebenschancen von Kindern aus sozial und gesellschaftlich benachteiligten Familien zu verbessern, geben hier ein gutes Beispiel. Sogar ein selbstverliebter Beau wie der rechtskräftig verurteilte Steuerhinterzieher Cristiano Ronaldo hat mit seinem Engagement zum Schutz der Mangrovenwälder auf Bali, als Botschafter der globalen Kinderrechtsorganisation Save the Children und mit Spenden etwa für die Make-A-Wish-Foundation, deren Ziel die Erfüllung von Herzenswünschen schwerstkranker Kinder ist, gezeigt, dass Fußballmillionen noch zu mehr taugen, als für Bling-Bling verprasst oder an den Finanzbehörden vorbei heimlich in Koffern außer Landes geschafft zu werden.

Apropos: Der letzte Koffer, der beim FC Schalke 04 eine Rolle spielte, war der Legende nach jener Holzkoffer, in dem der große Ernst Kuzorra einst in der unmittelbaren Nachkriegszeit nach den »Kartoffel- und Kalorienspielen« die Naturalprämien nach Hause brachte. Seit der Einführung des Profifußballs in Deutschland, der Etablierung der Fußball-Bundesliga und der seit Anfang der 1990er-Jahre immer üppiger fließenden Werbeeinnahmen und Fernsehgelder reichen Koffer längst nicht mehr, um die Einnahmen der Vereine zu verstauen. Und auch auf Schalke haben Geldströme längst die Naturalien ersetzt. So viel davon im traditionell zu Größenwahn neigenden Schalker Fußballverein von jeher im wahrsten Sinne des Wortes verpulvert worden ist – für Gurken auf dem Platz, großsprecherische Präsidenten und beratungsresistente Sportmanager, davon weiß jeder leidende Schalke-Fan ein Lied zu singen.

Dennoch ist der Klub sich bei aller Geldverschwendung stets seiner gesellschaftlichen Verantwortung bewusst gewesen, aus der sich im Lauf seiner Geschichte ein vielfältiges soziales Engagement speiste, das niemals auf den Bereich des Fußballs beschränkt blieb, wenngleich auch Benefizspiele zugunsten anderer Vereine auf Schalke eine lange Tradition haben: 1974 spülte ein Freundschaftsderby dem kurz vor der Zahlungsunfähigkeit stehenden zweitklassigen BVB 200 000 Mark in die Vereinskasse – eine Finanzspritze, die dem Revierrivalen bei der Rückkehr in die 1. Liga zwei Jahre später half. Und 2013 griff Königsblau den vom Verlust der Zweitligalizenz bedrohten klammen Duisburger Zebras mit einem zinslosen und unbefristeten Darlehen unter die Arme.

Weitreichender ist das königsblaue Engagement auf gesamtgesellschaftlichem Terrain, sei es 1984 in Form eines Benefizspiels für die Hinterbliebenen der fünf Toten des Grubenunglücks auf der Gelsenkirchener Zeche Consolidation oder ebenfalls mit Benefizkicks 2002 für die Opfer der »Jahrhundertflut« in den ostdeutschen Bundesländern, 2005 für die Tsunami-Opfer in Asien oder, geografisch näher, 2010, nach der Katastrophe bei der Duisburger Loveparade, für den Caritas-Verband, der sich um die Familien der Toten und die traumatisierten Überlebenden kümmert.

Und als Bundeskanzlerin Angela Merkel sich auf dem Höhepunkt der Flüchtlingskrise des Jahres 2015 in der Bundespressekonferenz am 31. August nach der Aufzählung von gemeinsam durch Bund, Länder und Kommunen bewältigten historischen Momente der Bundesrepublik Deutschland für die weitere Aufnahme von Menschen auf der Flucht aussprach, dauerte es nicht lange, bis der FC Schalke 04 am 13. September beim Heimspiel gegen Mainz 05 der durch ihre Äußerung in die Kritik geratenen Kanzlerin auf seine Weise beisprang.

> »Ich sage ganz einfach: Deutschland ist ein starkes Land. Das Motiv, mit dem wir an diese Dinge herangehen, muss sein: Wir haben so vieles geschafft – wir schaffen das! Wir schaffen das, und dort, wo uns etwas im Wege steht, muss es überwunden werden, muss daran gearbeitet werden. Der Bund wird alles in seiner Macht Stehende tun – zusammen mit den Ländern, zusammen mit den Kommunen –, um genau das durchzusetzen.«

Mit diesen Worten hatte Merkel in dieser sogenannten Sommerpressekonferenz eine Lanze für die Flüchtlinge gebrochen. Nun hielten zwei Wochen später rund 60 000 in der Veltins-Arena allen Fremdenfeinden und Humanitätsverächtern ihr Motto entgegen: »Steht auf, wenn ihr Schalker seid! Steht auf, wenn ihr Menschen seid!« Ein Video mit Gerald Asamoah und den Schalker Profis erreichte kurz darauf in den sozialen Medien mehr als sechs Millionen Menschen. Der Hashtag #stehtauf entwickelte sich zum bis dahin

»reichweitenstärksten Post der Schalker Eigenmedien« (*Königsblau. Die Geschichte des FC Schalke 04*), der von der Deutschen Fußball Liga und zahlreichen Vereinen aus erster und zweiter Bundesliga auf Facebook geteilt wurde. Erzrivale Borussia Dortmund kommentierte: »In den Farben getrennt, in der Sache vereint!« Auch das *aktuelle sport studio* des ZDF und der Sender sky berichteten über die Schalker Initiative zugunsten von Menschlichkeit und bedingungsloser Hilfsbereitschaft.

Sichtbares Zeichen des aus wahrgenommener gesellschaftlicher Verantwortung erwachsenden königsblauen sozialen Engagements war noch im selben Jahr 2015 die Aktion »Kumpelkiste«. Dahinter stand die 2008 gegründete Stiftung »Schalke hilft!«, »eine feste Anlaufstelle für Menschen und Organisationen, die Unterstützung erbeten. Die Stiftung unterstützt der FC Schalke 04 jedes Jahr mit sechsstelligen Beträgen« (*Königsblau*). Dass zur Begründung solchen Engagements einmal mehr das Selbstverständnis des FC Schalke 04 als »Malocherklub« bemüht wird, versteht sich fast schon von selbst: »Aus unserer Tradition als Bergarbeiterverein heraus bekennen wir uns zu unserer sozialen Verantwortung«, heißt es dazu in Punkt 4 des 2012 verabschiedeten Leitbildes, das seit 2015 Teil der Vereinssatzung ist.

Ziel der »Kumpelkiste« war »schnelle und pragmatische Hilfe«. Anhänger und Unterstützer des Vereins sammelten binnen Kurzem Kleidung, Spielzeug, Elektrogeräte, Schulbedarf und Bücher, und der Verein verteilte das alles an soziale Einrichtungen in Gelsenkirchen. Dazu kamen von Vereinsseite Aufrufe zu Geld- und Dienstleistungsspenden, beispielsweise Deutschkurse und Sportangebote für Kinder und Jugendliche aus Flüchtlingsfamilien. Partner und Sponsoren des Vereins sprangen auf den Hilfezug auf, und die Aktion zog Kreise bis zu Unterstützern wie Bundespräsident Frank-Walter-Steinmeier und den Schalke-Anhängern in der SPD-Bundestagsfraktion. »Das Engagement ist die größte Sachspendeninitiative, die je ein Fußballverein in Deutschland ins Leben gerufen hat«, urteilte die Schalke-Chronik *Königsblau* noch im selben Jahr. »Auf diese Art zeigt der FC Schalke 04 einmal mehr, was ihn so besonders und einzigartig im deutschen Fußball macht. Soziale Verantwortung ist uns zu wichtig, um nur darüber zu reden«, fasste das damalige Vorstandsmitglied Alexander Jobst die Bedeutung der Aktion zusammen. Dass man einen solchen Verein lieben muss, dürfte nicht nur jedem eingefleischten Königsblauen unmittelbar einleuchten. Wenn nur die sportliche Bilanz der Königsblauen mit dem sozialen Anspruch Schritt hielte, dann lebten zumindest die Schalker in einer perfekten Welt.

BONUSGRUND 6

Weil Schalke sich seiner Vergangenheit stellt

Mit der Einweihung einer Gedenktafel für seine während des Nationalsozialismus verfolgten und ermordeten jüdischen Mitglieder und Anhänger setzte der FC Schalke 04 2013 ein Zeichen gegen das Vergessen dieses braunen Kapitels der königsblauen Geschichte. Acht Jahre zuvor hatte die von Stefan Goch und Norbert Silberbach im Auftrag des Vereins verfasste Studie *Zwischen Blau und Weiß liegt Grau* erstmals einen kritischen Blick auf den »FC Schalke 04 in der Zeit des Nationalsozialismus« geworfen, so der Untertitel. Den Anstoß zu dieser bis dato im deutschen Fußball beispiellosen wissenschaftlichen Aufarbeitung der NS-Thematik hatte eine öffentliche Debatte um die Benennung einer Straße auf dem Vereinsgelände nach Fritz Szepan geliefert, in deren Verlauf der Schalker Meisterspieler als »Profiteur« der von den Nazis betriebenen »Arisierung« jüdischen Besitzes entlarvt wurde. Es folgten eine Foto-Sonderausstellung im Schalke Museum (2006) und seit 2008 mehrere Schulprojekte zur Rolle des Schalker Fußballvereins in der NS-Zeit.

Im Jahr 2012 schließlich zog der Verein, unterstützt und angetrieben von der Schalker Fan-Initiative gegen Rassismus und Ausländerfeindlichkeit, eine praktische Konsequenz aus seinem Bekenntnis zum dunkelsten Kapitel der eigenen Geschichte, als er die bereits seit 1994 in Paragraf 4.4 der Vereinssatzung verankerte Anti-Rassismus-Klausel, die bei »Kundgabe rassistischer oder ausländerfeindlicher Gesinnung« den Vereinsausschluss vorsah, in das neue »Leitbild« des Vereins einfließen ließ. Auf der Schalker Jahreshauptversammlung am 28. Juni 2015 erfolgte die Verabschiedung dieses »Leitbilds« als Präambel der Vereinssatzung:

> »Schalker sind wir überall; manche von Herkunft, aber alle von Herzen. Schalke war immer ein Schmelztiegel verschiedener Kulturen und Nationalitäten und soll es immer sein. [...] Von uns Schalkern geht keine Diskriminierung oder Gewalt aus. Wir zeigen Rassismus die Rote Karte und setzen uns aktiv für Toleranz und Fairness ein.«

Diese »offizielle Ächtung von Rassismus durch eine Vereinssatzung« (*Königsblau. Die Geschichte des FC Schalke 04*) war bis dahin einmalig im deutschen Fußball.

Dass es sich um kein reines Lippenbekenntnis handelte, hatte sich bereits ein Jahr zuvor, 2014, gezeigt, als der Verein die Jüdische Kultusgemeinde Gelsenkirchen, nachdem Unbekannte in der Nacht vom 13. auf den 14. Juli einen Gullydeckel in eine Scheibe der Synagoge an der Georgstraße in der Gelsenkirchener Altstadt geworfen hatten, nicht nur durch Übernahme der Reparaturkosten unterstützte, sondern die Gemeinde auch öffentlich seiner Solidarität versicherte: »Wir stehen an der Seite der jüdischen Gemeinde und betonen: Wir wehren uns gegen solche feigen Anschläge. Das machen wir nicht mit, dagegen lehnen wir uns auf!«, betonte das damalige Vorstandsmitglied Peter Peters in einer öffentlichen Stellungnahme zu dem Vorfall (zit. nach: *Königsblau*). Noch im selben Jahr beschloss die Schalker Mitgliederversammlung eine Erweiterung des Paragrafen 2 der Satzung. Dort heißt es seitdem:

»Der Verein ist parteipolitisch und religiös neutral. Er bekennt sich zu den Grundsätzen der Menschenrechte. Er tritt rassistischen, verfassungs- und fremdenfeindlichen Bestrebungen sowie diskriminierenden oder menschenverachtenden Verhaltensweisen gegenüber anderen Menschen, insbesondere auf Grund ihrer Nationalität, ethnischen Zugehörigkeit, Religion, Geschlecht, sexuellen Orientierung oder Behinderung, aktiv entgegen. In diesem Sinne ist er insbesondere bestrebt, die soziale Integration ausländischer Mitbürger zu fördern.«

Möglicher Kritik am vollmundigen Pathos solcher Bekundungen stehen beispielhafte Aktionen wie die Unterstützung der Jüdischen Kultusgemeinde gegenüber. Den Prinzipien, von denen der Verein sich in seinem Engagement leiten lässt, liegen vier einfache Fragen zugrunde, die der damalige Aufsichtsratsvorsitzende Clemens Tönnies anlässlich der Verabschiedung des »Leitbilds« 2012 formulierte und die dem Verein und seinen Mitgliedern als Verhaltensrichtschnur dienen sollen: »Wer sind wir, wo kommen wir her, wo wollen wir hin, was macht uns aus?«

Wer »Schalker« sein will, ist gehalten, immer wieder aktuelle Antworten auf diese Fragen zu finden und sie mit Leben zu füllen, indem er sich kritisch mit seiner Vergangenheit auseinandersetzt und auf dieser Folie sein Handeln in der Gegenwart ausrichtet. Dass ausgerechnet Klub-Boss Tönnies 2019 durch eine vielfach als rassistisch empfundene Aussage beim regionalen Tag des Handwerks in Paderborn auffiel, passte nicht in dieses Bild. Ebenso wenig, dass der Schalker Ehrenrat die Vorwürfe als »unbegründet« zurückwies, Tönnies in der offiziellen Mitteilung aber gleichzeitig vorwarf, »gegen das in der Vereinssatzung und im Leitbild verankerte Diskriminierungsverbot verstoßen zu haben«. Doppelstandards, wenn es um den großen Vorsitzenden ging? Diese Frage mag sich mancher Anhänger gestellt haben. Zu Fall brachten Tönnies erst im Jahr darauf die im Zusammenhang mit einem Corona-Ausbruch in einem seiner fleischverarbeitenden Betriebe publik gewordenen Arbeitsverhältnisse, die nach Ansicht vieler den Prinzipien des Schalker »Leitbildes« und der Satzung Hohn sprachen. Rücktrittsforderungen aus Fankreisen des FC Schalke 04 kam Tönnies schließlich am 30. Juni 2020 mit sofortiger Wirkung nach und legte sein Amt als Aufsichtsratsmitglied beim FC Schalke 04 nieder. Ungeachtet der Stellungnahme des Ehrenrats, frei nach dem Motto: Wasch mir den Pelz, aber mach mich nicht nass, hatten die Prinzipien des »Leitbildes« damit einmal mehr ihre Praxistauglichkeit bewiesen. Auch dies ist ein Grund, Schalke 04 zu lieben.

BONUSGRUND 7

Weil die Champions League ohne Schalke ein Personalproblem hätte

Ihr letztes Gastspiel in der Königsklasse gaben die Königsblauen am 12. März 2019 bei Manchester United. Nach einer knappen 2:3-Niederlage im Hinspiel setzte es im Rückspiel in Old Trafford eine saftige 0:7-Klatsche. International ging für den FC Schalke 04 seitdem gar nichts mehr. Von einem Freundschaftsspiel gegen den FC Sevilla zehn Tage nach der englischen Pleite traten die Schalker mit einem 0:2 im Gepäck die Rückreise an.

Aber nichts ist so schlecht, dass es nicht für irgendetwas gut wäre: Zwei Tage nach der Blamage gegen ManU wurde der glücklose Schalker Sportvorstand Christian Heidel von dem, wie sich bald zeigen sollte, ebenso glücklosen Jochen Schneider abgelöst, der Ende Februar 2021 nach einer Rekordserie von Flops und Fehlentscheidungen seine Koffer packen musste und den von ihm erst im Dezember 2020 eingestellten und gleichfalls glücklosen Trainer Christian Gross (zehn Spiele, sieben Niederlagen, zwei Unentschieden, ein Sieg) sowie die übrige sportliche Führung des Klubs gleich mitnehmen durfte.

Während Schalke seitdem nur noch national kickte, kickten zahlreiche Ex-Schalker weiter international. Bei manchen Champions-League-Partien fragte man sich zwischenzeitlich, was die Teams wohl ohne ihre Schalker Einkäufe machen würden.

Zu den üblichen Verdächtigen, wenn es darum geht, den Schalkern die besten Eigengewächse und aussichtsreichsten Jungtalente abspenstig zu machen, zählt der Klub, dessen Name in diesem Buch nur in äußersten Notfällen genannt wird. Aber nicht immer vermieden werden kann, wie in diesem Fall: Gleich fünf ehemalige Schalker kicken zurzeit (im Frühjahr 2022) im Dress des FC Bayern oder drücken die Ersatzbank: Manuel Neuer (seit 2011), Leon Goretzka (seit 2018) und Leroy Sané (seit 2020, nach einem vierjährigen Intermezzo bei Manchester City), Keeper Alexander Nübel, ebenfalls seit 2020, und Eric Maxim Choupo-Moting (seit 2020). Und wer für den großen FCB kickt, der hat das Champions-League-Abo quasi in der Tasche.

Das Schalker Eigengewächs Mesut Özil brachte es auf ganze vier königsblaue Champions-League-Einsätze, bevor der gebürtige Gelsenkirchener zu Werder Bremen wechselte und dann den internationalen Sprung zu Real Madrid und über den Kanal zum FC Arsenal machte. Mit 69 Einsätzen in der europäischen Königsklasse belegte Özil Ende 2021 im Champions-League-Ranking der Ex-Schalker vor Julian Draxler (62) und hinter Manuel Neuer (125) den zweiten Rang.

Einer, der kurz vor seinem Abgang vom Schalker Markt im Sommer 2013 auf Plakaten noch als »Einmal-Schalker-immer-Schalker« posierte, streifte kurz darauf zunächst das Trikot des Werksklubs VfL Wolfsburg über, bevor es ihn ins Ausland zog, wo Julian Draxler seit 2017 in Diensten von Paris Saint-Germain steht, einem Klub, der von seinem Eigentümer Qatar Sports Investments mit Millionensummen aufgepumpt wurde, um endlich den begehrtesten Henkelpott des europäischen Fußballs zu gewinnen, dem Titel aber seit Jahren erfolglos hinterherrennt. Seit 2018 steht mit Thilo Kehrer ein weiteres Schalker Eigengewächs aus der »Knappenschmiede«

im PSG-Kader und kickt für die Franzosen in der Königsklasse. Und von 2018 bis 2020 machte der Ex-Schalker Choupo-Moting aus dem königsblauen Pariser Duo ein Trio, bevor auch der Deutsch-Kameruner in die Dienste des deutschen Spielerräubers Nummer eins von der Säbener Straße in München trat und damit den Freifahrtschein für die Champions League löste.

Fehlt noch der aus Fort Lewis im US-Bundesstaat Washington gebürtige Weston McKennie, der 2016 vom FC Dallas zu den Schalker Junioren stieß und von 2017 bis 2020 eine Mittelfeldstütze der ersten Schalker Mannschaft war, ehe er zur Saison 2020/21 für 4,5 Millionen Euro für ein Jahr auf Leihbasis zum italienischen Champions-League-Aspiranten Juventus Turin wechselte.

Da kommt schon fast eine komplette Mannschaft zusammen, inklusive Ersatztorwart, und der geneigte Fan reibt sich angesichts der sportlichen Dauermisere der Königsblauen verwundert die Augen: In was oder wen, um Himmelswillen, wurden die Erlöse aus den Verkäufen dieser Topspieler – allein 30 Millionen für Leroy Sané, 28 Millionen für Manuel Neuer – nur investiert? In den Profikader offenbar nicht bzw. doch, so beispielsweise für den defensiven Mittelfeldmann Nabil Bentaleb, den Sportchef Heidel im August 2016 zunächst auf Leihbasis von Tottenham Hotspur holte, bevor der Franzose mit algerischen Wurzeln im Februar 2017 einen Vierjahresvertrag erhielt. Er kostete Schalke mehr als 20 Millionen Euro und enttäuschte die in ihn gesetzten Erwartungen beharrlich. Die Tatsache, dass Bentaleb, der 2020 ein halbes Jahr auf Leihbasis für Newcastle United auflief, seitdem x-mal wegen diverser Disziplinlosigkeiten suspendiert wurde und Schalke nach dem Abstieg in die 2. Liga mit seinem Vertragsende verließ, wirft die Frage auf, ob es der Schalker sportlichen Führung jahrelang nicht vielleicht weniger an Geld als an fußballerischem Sachverstand mangelte. In jedem Fall sollte man sich Spieler, für die man bereit ist, zig Millionen hinzublättern, etwas genauer ansehen, statt mit beiden Händen Geld zum Fenster rauszuwerfen, das einem nicht gehört.

Ein Geschäftsmodell, das eigentlich eine Win-Win-Situation schaffen soll – Toptalente aus dem eigenen Nachwuchs oder auch andere Profis werden mit Gewinn weiterveräußert, dieser Gewinn dann wieder in die eigene Nachwuchsarbeit oder den Kauf neuer auswärtiger Spieler investiert –, hatte sich auf Schalke in den Jahren vor dem erneuten Abrutschen in die Zweitklassigkeit praktisch in sein Gegenteil verkehrt: Junge Talente verließen den Verein ablösefrei (Goretzka, Nübel), und wurden doch einmal Erlöse erzielt (etwa aus dem Verkauf von Sané), wurde der Gewinn für die falschen Spieler (Bentaleb) ausgegeben. Oder teuer einkaufte Spieler wurden nach kurzer Zeit mit Riesenverlust wieder verkauft, was den gigantischen Schalker Schuldenberg weiter anwachsen ließ. Krassestes Beispiel: Breel Embolo, 2016 mit 22,5 Millionen Euro bis dato der Rekordeinkauf der Schalker, wurde schon drei Jahre später von Sportchef Heidel für zehn Millionen Euro weiterverscherbelt.

Die Konkurrenten freut's und viele Zuschauer ebenfalls, wenn mit Manuel Neuer, Leon Goretzka, Leroy Sané, Julian Draxler, Thilo Kehrer und Weston McKennie, zu denen sich vielleicht noch Mesut Özil, Jean-Eric Maxim Choupo-Moting und Alexander Nübel gesellen, regelmäßig geballte königsblaue Power zu den Klängen der Champions-League-Hymne aufläuft, in einem Wettbewerb, der ohne Schalke ein Personalproblem hätte.

BONUSGRUND 8

Weil die Schalker Vereinsfamilie weltumspannend ist

Der größte aller Schalker hat, abgesehen von einigen wenigen Urlauben mit Familie und Freunden im nahen Sauerland sowie Ausflügen und Touren mit der Mannschaft zu Auswärtsspielen, »seinen« Stadtteil nie verlassen. Ernst Kuzorra wurde in Schalke geboren, verbrachte sein ganzes Leben in Schalke, starb in Schalke und liegt auf dem Schalker Friedhof Rosenhügel begraben. Und in den Jahren der größten Schalker Erfolge konnten, so die königsblaue Legende, noch immer die meisten Spieler mit der Straßenbahn zum Training und zu den Heimspielen in der Glückauf-Kampfbahn in der Nähe des Schalker Marktes fahren. Den Mythos dieser Heimatverbundenheit pflegt der Verein bis heute.

Die »Musealisierung« der wichtigsten Orte der Schalker Vereinsgeschichte, zuletzt 2020 greifbar in der Restaurierung des historischen Eingangsportals der Glückauf-Kampfbahn, ist Teil der aktuellen Inszenierung dieses Mythos, die den Verein auch in sportlichen schwierigen Zeiten mit seiner ruhmreichen Vergangenheit verknüpft. Die für einen Teil der momentan gut 160.000 Mitglieder (Stand März 2022) allerdings mindestens ebenso weit entfernt sein dürfte wie die geografischen Orte ihres Lieblingsklubs. Umgekehrt würde Ernst Kuzorra, so er denn noch lebte, sicher nur ungläubig den Kopf schütteln, erführe er, dass sein kleiner Vorortverein heute Mitglieder auf der ganzen Welt hat, in Katar, den Vereinigten Arabischen Emiraten, Uganda und Benin ebenso wie in Costa Rica, Singapur, Neuseeland oder Pakistan, um nur einige der weltweiten königsblaue Exklaven zu nennen. Die Schalker Vereinsfamilie ist heute global, sie ist ein lebendiges Symbol für die Fähigkeit eines Spiels, das noch vor kaum als einhundert Jahren als eine »von Raufbolden gespielte Gentleman-Sportart«, so ein englisches Sprichwort, abgetan wurde, Millionen Menschen auf aller Welt unabhängig von Herkunft, Hautfarbe, Religion und sozialem Status zu begeistern. Dass dennoch kaum jemand aus dieser globalen Vereinsfamilie die Heimatstadt des FC Schalke 04 kennt, dürfte die Gelsenkirchener Marketingstrategen in der Stadtverwaltung gehörig fuchsen. Immerhin hatten schon ihre Vorvorgänger Ende der 1920er-Jahre gehofft, dass mit der Umbenennung des Schalker Fußballklubs in »F.C. Gelsenkirchen-Schalke 04« aus Dankbarkeit für die finanzielle Unterstützung beim Bau der Glückauf-Kampfbahn der Ruhm der königsblauen Kicker auf die mausgraue Industriestadt an der Emscher abfärben würde. Eine Erfahrung, die ich vor einigen Jahren in Spanien machte, dürfte stellvertretend für viele ähnliche Erlebnisse stehen, die königsblaue Anhänger in anderen Weltgegenden machen, wenn die Sprache auf ihren Herkunftsort kommt. »Gelsenkirchen????«, fragte mich einer aus der katalanischen Bikertruppe, die ich auf einem Parkplatz in den Picos de Europa im Norden der Iberischen Halbinsel traf, ungläubig. »*Que es eso?* Was ist das?« – »*Una ciudad*, eine Stadt. Aber Schalke kennt ihr!« – »Schalke 04. *Claro que sí.* Sicher doch. *Zero Quatro. El futbol club.* Und dieses Gelsendingens? *Es un barrio*, ein Vorort, von Schalke?« – »Nein, umgekehrt.« – »*De verdad*, echt jetzt? *No me digas!* Was du nicht sagst.«

Solche Dialoge, egal in welcher Sprache, sind der Stoff, aus dem die Alpträume der Gelsenkirchener Stadtmarketingstrategen sind. Für die Schalker Seele sind sie Labsal. Denn echte Schalker gibt es zwar auf der ganzen Welt, aber im Herzen wohnen alle in dem Stadtteil, der berühmter ist, als es die dazugehörige Stadt jemals sein wird.

BONUSGRUND 9

Weil es nur ein Schalke gibt

Zum Leidwesen aller echten Schalker, die sich ab der Spielzeit 2021/22 mal wieder mit der Zweitklassigkeit abfinden müssen, gab es in der 1. Bundesliga noch 17 andere Vereine, die den Knappen Saison für Saison das Leben schwer machten, sprich: ihnen regelmäßig die ersehnte achte Deutsche Meisterschaft verhagelten, und sie zum Schluss auch noch ins Unterhaus des deutschen Fußballs schossen. Einziger Trost angesichts dieser misslichen Situation: Wo andere Vereine, deren namentliche Nennung sich an dieser Stelle verbietet, die Herzen ihrer Anhänger in schöner Regelmäßigkeit mit errungenen Pokalen, Titeln und Triumphen höher schlagen lassen, bringt Schalke das Blut seiner Gemeinde Jahr für Jahr auf ganz andere und einzigartige Weise in Wallung. Ob Tragödie oder Komödie, Krimi, Schmierenstück, Romanze oder Drama – der FC Schalke 04 hat im Lauf seiner wechselvollen Geschichte in all diesen Sparten verlässlich Aufregendes geliefert, das den königsblauen Anhang bis heute verlässlich für die immer größer werdenden Lücken im vereinseigenen Trophäenschrank mehr als großzügig entschädigt.

Der rasante Aufstieg des unbekannten Polacken- und Proletenklubs aus der Stadt der tausend Feuer versetze in den 1920er-Jahren erst eine Stadt, dann eine ganze Region in einen Taumel der Begeisterung. Auf den nach dem Erstligaaufstieg 1926 vier Jahre später die eiskalte Dusche folgte. Weil die Spieler der ersten Mannschaft sich Training und Spiele hatten vergüten lassen – mit für heutige Begriffe lächerlichen Summen –, erklärte der Westdeutsche Spielverband sie 1930 zu Berufsspielern. Die meisten anderen Vereine machten zwar das Gleiche, aber die Lordsiegelbewahrer des Amateurideals im bürgerlich-honorigen WSV meinten an dem Neuling aus dem Arbeitermilieu ein Exempel statuieren zu müssen und auf diesem Wege den lästigen Emporkömmling vielleicht auch gleich ganz loszuwerden. Alle treuen Schalker litten fast ein Jahr lang Höllenqualen, und dass die beiden königsblauen Bannerträger Ernst Kuzorra und Fritz Szepan tatsächlich erwogen, den Verein zu verlassen und Vorverträge beim Wiener FC Vienna unterschrieben, löste kollektive Schockwellen aus – bis die Aufhebung der Sperre nach monatelangem Gerangel hinter den Kulissen die Schalker aus dem Fegefeuer befreite. Am 1. Juni 1931 erlebten 70 000 begeisterte Zuschauer in der heimischen Glückauf-Kampfbahn die Wiederauferstehung der ersten Mannschaft. Tragische Fußnote: Aus Scham über den Skandal hatte sich Kassierer Willi Nier im Rhein-Herne-Kanal ertränkt. Die königsblaue Liebe hatte ihr erstes Todesopfer gefordert.

Die Triumphe der nächsten anderthalb Jahrzehnte überlagerten dann rasch diese Tragödie, und die wunde Schalker Seele genas auf wundersame Weise in dem Maße, wie Pokale und Trophäen die Vitrine im Vereinslokal füllten. In den goldenen Schalker Jahren schöpfte eine ganze Region aus den königsblauen Dauersiegen neues Selbstbewusstsein. Schalke siegte für Schalke und für jeden, der sich mit dem Verein identifizierte, dessen Spieler aus demselben Milieu stammten wie seine Anhänger.

Der Zweite Weltkrieg machte dieser Schalker Herrlichkeit ein Ende. Die Knappen stürzten in ein sportliches Jammertal, und aus dem teils zermürbenden Auf und Ab der Oberliga West inklusive Beinahe-Abstieg befreite die durch zahlreiche Niederlagen und Rückschläge traumatisierte Anhängerschaft erst die siebte Deutsche Meisterschaft 1958. Noch einmal tanzte ganz Schalke. Aber es war ein Tanz auf dem Vulkan: Anfang der 1960er-Jahre erschütterte ein Drama um schwarze Kassen und hinterzogene Steuern den Klub. Vorstand, Stadt und Funktionäre führten eine sich aus falsch verstandener Vereinsliebe und persönlichen Eitelkeiten speisende Schmierenkomödie auf, die ihresgleichen im deutschen Fußball suchte. Drama, Liebe, Wahnsinn – in Schalke lag das alles immer schon eng beieinander.

Mit Beginn der Bundesliga traten die Schalker den langen Marsch durch ein sportliches Tal der Tränen an. Vizemeisterschaften und ein Pokalsieg 1972 änderten nichts daran, dass die Schalker Herrlichkeit endgültig Vergangenheit war. Ab- und Aufstiege in Serie, Jahreshauptversammlungen, die regelmäßig ins Karnevaleske abdrifteten, strapazierten die Geduld der Anhängerschaft bis in die 1990er-Jahre, als die Eurofighter und mehrere deutsche Pokalsiege sowie das Gastspiel des Königlichen Raúl bei den Königsblauen noch einmal Glanz in die baufällige Schalker Hütte zauberten. Wer Schalke liebte, begab sich auf eine immerwährende Achterbahnfahrt der Gefühle zwischen Begeisterung und Entsetzen, Jubel und Fremdschämen, Trauer, Wut und kollektivem Überschwang. Der

»Meister der Herzen« ist bis heute ein einmaliges Phänomen im deutschen Fußball: Kein Verein setzte seine Anhänger ähnlichen emotionalen Wechselbädern aus, kein Verein enttäuscht Hoffnungen so oft und so regelmäßig, strapaziert die Geduld der Fans so nachhaltig, belohnt sie auf der anderen Seite aber auch immer wieder mit ganz großem Kino, völlig ohne Trophäen und Titel: Die Tore eines Señor, ein legendärer 5:2-Kantersieg gegen Inter Mailand, unvergessliche Derby-Momente gegen Lüdenscheid-Nord, das Pathos eines Günter Siebert, die schnoddrige Arroganz eines Rudi Assauer oder die abgeschmackten Sprüche eines Charly Neumann – all dies macht den FC Schalke 04 zu etwas Einzigartigem, zu einem Verein, den man einfach lieben muss.

BONUSGRUND 10

Weil Schalke Liebe noch mehr braucht als Siege

0:8 – Nullacht, nicht Nullvier, nein, beschämende Nullacht. Am 18. September 2020 in der Münchner Allianz-Arena gegen die Bayern. Ein Saisonauftakt, wie ihn sich die schlimmsten Pessimisten nicht hätten träumen lassen. Alpträumen lassen, sollte man besser sagen. Da wollte die deutsche Nationalmannschaft nicht nachstehen – und verlor ein paar Wochen später 0:6 gegen Spanien, ganz ohne Schalker Beteiligung. Negativrekorde, wohin man blickt.

Die Schlappe der Nationalelf dürfte ein Betriebsunfall gewesen sein – die anhaltende Niederlagenserie der Königsblauen war hausgemacht. In der Nachfolge Rudi Assauers ballten sich in der sportlichen Führung Schalkes in den Folgejahren Inkompetenz, Beratungsresistenz und Selbstüberschätzung mit sämtlichen daraus resultierenden Fehlentwicklungen.

Zur dritten Kraft im deutschen Fußball hatte der 2019 verstorbene Assauer den FC Schalke 04 machen wollen. Stattdessen begann unter seinen Nachfolgern eine sportliche Berg- und Talfahrt mit Ausflügen auf Champions-League- ebenso wie auf Abstiegsplätze, die den Klub in der Spielzeit 2020/21 schließlich zum vierten Mal in der Vereinsgeschichte in die Zweitklassigkeit führte.

Assauers erster Nachfolger Andreas Müller beschränkte sich darauf, sich Spieler auf Videos anzusehen und sie dann blind zu kaufen (irgendwann wurden sie dann unter Wert weiterverscherbelt, wer erinnert sich noch an Namen wie Varela u.a.?). Nach-Nachfolger Horst Heldt schien überhaupt keine Idee zu haben, wie ein schlagkräftiger Kader zusammengestellt werden könnte. Unter seiner Ägide wurde Manuel Neuer an den FC Bayern verlauft. Seine Spielerverpflichtungen sprechen Bände. Wer erinnert sich noch an Namen wie Höger, Fuchs, Pukki, Hildebrand, Baretta, Neustädter, Obasi, Marica – eine Parade der Fehleinkäufe. Auch die Trainer gaben sich unter Sportchef Heldt die Klinke in die Hand: Rangnick, Stevens, Keller, Di Matteo, Breitenreiter.

Heldt-Nachfolger Christian Heidel fungierte dann als die ultimative Abrissbirne aller Schalker Blütenträume: beratungsresistent und unbelehrbar, versäumte er es, mit Spielern rechtzeitig Verlängerungsverträge abzuschließen, ließ sie stattdessen ablösefrei ziehen (Nübel), und verschleuderte die einzige Einnahme aus einem Verkauf (Leroy Sané) für Spieler, die selbst in der 3. Liga noch überfordert gewesen wären (zehn Millionen für einen Matondo, mehr als 20 Millionen für einen Bentaleb, um nur zwei Beispiele zu nennen). Und als die völlig verfehlte Kaderplanung Schalke Anfang 2019 an den Rand der Katastrophe brachte, verließ Christian Heidel im März 2019 das sinkende königsblaue Schiff.

Der Nächste in der Reihe der Schalker Sportvorstände, Jochen Schneider, beeilte sich, in die Fußstapfen seines Vorgängers zu treten und entließ erst einmal statt des von ihm zur Saison 2020/21 engagierten glücklosen Trainers David Wagner den ebenfalls von ihm verpflichteten Technischen Direktor Michael Reschke, dem die auch von ihm zu verantwortende verfehlte Kaderplanung zum Verhängnis wurde. Mit der Verpflichtung von Altstürmer Vedad Ibišević für lächerliche 70 000 Euro Jahressalär landete Schneider dann allerdings tatsächlich einen Überraschungscoup. Aber es gibt Menschen, die mit dem Hintern einreißen, was sie mit den Händen gerade erst aufgebaut haben. Kaum auf Schalke angekommen, wurde Ibišević von Schneider schon wieder rausgeworfen, angeblich, weil er zu vehement Einsatzzeit für sich reklamiert hatte. Ein Angestellter, der gefeuert wird, weil er mehr arbeiten möchte – auch so etwas gibt es nur auf Schalke. Immerhin hatte Schneider auch Übungsleiter Wagner inzwischen zwangsverabschiedet und durch einen gewissen Manuel Baum ersetzt. Der aber keine Gelegenheit hatte, Wurzeln in königsblauer Erde zu schlagen, weil er nach einer Dauerniederlagenserie im Dezember 2020 auch schon wieder gehen musste. Der neue Sportdirektor heuerte und feuerte nach Lust und Laune, und der ratlose Fan rieb sich fassungslos die Augen. Nach einem 1:5-Offenbarungseid einer desolaten, ebenso wahl- wie planlos zusammengewürfelten Schalker Truppe gegen Aufsteiger VfB Stuttgart am 27. Februar 2021 war dann auch für Sportchef Schneider Schicht im Schacht. Und nicht nur für ihn: Auf Schalke lagen die Nerven blank, und am Sonntag nach der Stuttgart-Schlappe durfte die gesamte sportliche Führung des Klubs – Sportvorstand Schneider, Teammanager Sascha Riether, Trainer Christian Gross, sein kurz vor Weihnachten 2020 erst engagierter Assistent Rainer Widmayer, Reha-Coach Werner Leuthard – vorzeitig die Koffer packen: der ultimative Offenbarungseid des seit Jahren kopflosen Traditionsklubs und die logische Konsequenz aus fast zwei Jahrzehnten sportlichen und organisatorischen Blindflugs in der Folge von Rudi Assauers 2006 durch den Vertrauensentzug des Aufsichtsrats erzwungenen Abgang!

Und Schalke sauste weiter ungebremst im freien Fall in Richtung 2. Liga – die königsblauen Totengräber Müller, Heldt, Heidel, Schneider standen Spalier.

Ade Königsblau – wer solche Freunde hat, braucht keine Feinde. Aber jede Menge Liebe, und zwar die seiner Fans, die zu ihrem

Verein stehen werden, egal in welcher Liga er künftig noch spielen und wie viele Siege er dort einfahren wird und wer sich künftig in seinen Chefsesseln räkeln darf.

BONUSGRUND 11

Weil Schalke noch im Abstieg nach Rekorden jagt

Wäre man nicht Schalke-Fan, sondern Fußballzyniker, könnte man sagen, dass die Königsblauen in der Spielzeit 2020/21 ihr erklärtes Saisonziel – den Negativ-Rekordhalter der Bundesliga, Tasmania 1900 Berlin, zu beerben – nur knapp verfehlten. Und sich mit der Einsicht über den Abstieg hinwegtrösten, dass der eigene Klub auf dem Weg in den sportlichen Abgrund der Welt und ihren ewigen Siegern gezeigt hat, wie man stilvoll untergeht. Indem man sich irgendwann nicht mehr an den Besten orientiert, sondern an den Schlechtesten. Und hier an den Allerschlechtesten.

Und das sind bis heute die Freizeitkicker der Tasmania, die in der Saison 1965/66 über Nacht zu Erstliga-Ehren kamen, nachdem Berlins Erstligist Hertha BSC in der Sommerpause wegen Bilanzfälschung die Lizenz entzogen worden war. Weil die geteilte Stadt als Symbol der deutschen Einheit aus politischen Gründen aber unbedingt weiter in der höchsten deutschen Spielklasse vertreten sein sollte, mussten die tasmanischen Freizeitkicker über Nacht in die Bresche springen. Die Negativ-Rekorde, welche die Amateure des Klubs, die allesamt einem herkömmlichen Beruf nachgingen, daraufhin in der ersten Liga aufstellten, sind bis heute in der Bundesliga ohne Beispiel: Die Mannen um Nationalspieler Horst Szymaniak, der kurzfristig nachgeordert worden war, schossen die wenigsten Tore (15), kassierten die meisten Gegentreffer (108), holten die wenigsten Punkte (8 bzw. 10 nach Umrechnung auf die Drei-Punkte-Regel), kassierten die meisten Niederlagen

(28), errangen die wenigsten Auswärtssiege (0) und legten nicht nur die längste Heimniederlagenserie hin (8 Spiele), sondern auch die längste Serie ohne Sieg (31, vom 14.8.1965 bis 21.5.1966). Dazu kam die höchste Heimniederlage (0:9), die Bundesligapartie mit den wenigsten Zuschauern (827 gegen Borussia Mönchengladbach), und mit Wolf-Ingo Usbeck stellt man bis heute den Rekordtorschützen eines Klubs mit der geringsten Torausbeute (4). Wenigstens die Spieler konnten der Hauptstadtblamage in der deutschen Renommierliga am Ende etwas Gutes abgewinnen: »Abstinenzler war'n wa nich«, räumte Keeper Klaus Basikow später freimütig ein, »aber eine ganz homogene Truppe« – die sich die Niederlagenserie tapfer schöntrank. Und deren prominentester Spieler Szymaniak denn auch als »Chef von der Literband« in die Klub-Annalen einging.

Die Schalker hatten sich viel vorgenommen für die Saison 2020/21, sagt der Zyniker. Allein: Sämtliche Tasmania-Rekorde zu brechen schafften auch die Schalker nicht. Aber einige? Nach 30 sieglosen Spielen in Serie stand Königsblau am 15. Spieltag jedenfalls im Begriff, den Negativrekord von 31 sieglosen Spielen der Berliner durch eine Niederlage gegen die TSG Hoffenheim einzustellen. Aber Schalke gewann dank des überragenden Duos Matthew Hoppe (drei Tore) und Amine Harit (ein Tor, drei Vorlagen) am 15. Januar 2021 überraschend 4:0. Rekord verpasst, konstatierte der Zyniker, während der unverhoffte Dreier gegen Hoffenheim – Nomen es Omen – jedem Schalker Hoffnung machte, dass der Abstieg vielleicht nicht so unausweichlich war, wie es der bisherige Saisonverlauf suggerierte.

Am Ende dieser Saison zum Vergessen mit drei Siegen, sieben Unentschieden und 24 Niederlagen waren es dann 16 Punkte und eine Tordifferenz von minus 61, die Schalke in die zweite Liga katapultierten. Wo Schalke in durchwachsenen Auftaktspielen mit ernüchternden Niederlagen und mühsamen Arbeitssiegen lernte, dass die Bäume auch dort nicht in den Himmel wachsen und dass das Durchschreiten dieses königsblauen Tals der Tränen wohl länger dauern dürfte, als von Aufstiegsoptimisten zunächst angenommen.

***

Nach dem 25. Spieltag der ersten Zweitligasaison seit 1990/91 und einer mageren Zwischenbilanz aus zwölf Siegen, fünf Unentschieden und acht Niederlagen war klar, dass die Pessimisten, die dem FC Schalke 04 eine längere Verweildauer in der 2. Liga prophezeiten, nicht ganz falsch lagen. 41 Punkte, 49:32 Tore und ein ernüchternder sechster Tabellenplatz mit sieben Punkten Rückstand auf Tabellenführer Werder Bremen ließen einen schnellen Wiederaufstieg eher unwahrscheinlich erscheinen. Dass das Erreichen dieses Ziels mit Dimitrios Grammozis nach der 3:4-Heimniederlage gegen den Drittletzten der Tabelle Hansa Rostock am 5. März 2022 sogar noch unwahrscheinlicher werden würde, provozierte dann auch just die Reaktion, die im Fußball seit eh und je zwangsläufig auf sportliche Talfahrten folgt: Nach einem Jahr und zwei Tagen im Amt wurde der 43-jährige Chefcoach noch am Wochenende der Hansa-Schlappe mit sofortiger Wirkung freigestellt. »Die Überzeugung, mit Grammozis das Saisonziel Aufstieg zu erreichen, sei erloschen«, zitierte die *Süddeutsche Zeitung* in ihrer Montagsausgabe vom 6. März die Schalker Granden: Sportvorstand Peter Knäbel, Sportchef Rouven Schröder und Sportaufsichtsrat Youri Mulder. Man habe »die Weiterentwicklung des Kaders thematisiert, aber nicht gesehen«, so Knäbel.

Dennoch verfügte die im Frühjahr 2022 wohl nur zweitligataugliche Schalker Elf durchaus über sportliche Aktivposten wie Dominick Drexler, Thomas Ouwejan, Marius Bülter und Simon Terodde, die mit ihrer Begeisterung und ihrem Kampfgeist – Gefühlsäußerungen, die man auf Schalke allzu lange schmerzlich vermisst hatte – über manche Niederlage im schwierigen ersten

Zweitligajahr hinwegtrösteten und Hoffnung machten für die Zukunft.

Wer die Nachfolge von Dimitrios Grammozis antreten würde, war bei Abfassung dieser Zeilen noch offen, aber der Verein wäre gut beraten, sich mit der Rückkehr in die 1. Liga Zeit zu lassen, den sportlichen Neuaufbau geduldig anzugehen und dabei – wo immer es sich anbietet – auf den königsblauen Nachwuchs statt auf teure Einkäufe mit ungewissem sportlichen, aber umso höherem Verschuldungspotenzial zu setzen, damit die nächste Phase der Erstklassigkeit nicht ein flüchtiges Intermezzo bleibt. Aber selbst dann gälte weiterhin: Den FC Schalke 04 nicht zu lieben ist keine Option und wird es nie sein, egal, in welcher Liga die Königsblauen noch landen werden.

QUELLEN

1 Zit. nach Röwekamp, *Der Mythos lebt*, S. 8
2 Ebda., S. 254
3 Ebda., a. a. O.
4 Ebda., S. 255
5 Grüne, *Glaube, Liebe, Schalke*, S. 16
6 Ebda., S. 16
7 Grütter, »Schalker Kreisel«, S. 168
8 Grüne, a. a. O., S. 37
9 Ebda., S. 40
10 Ebda., S. 27
11 Ebda., S. 46
12 Zit. nach Röwekamp, a. a. O., S. 48
13 Zit. nach Hering, *Im Land der tausend Derbys*, S. 155
14 Grütter, a. a. O., S. 169
15 *FC Schalke 04. 90 Jahre. 1904–1994*, S. 143
16 *Deutscher Fußball-Sport*, 1935, zit. nach Grüne, a. a. O., S. 62 f.
17 Zit. nach ebda., S. 63
18 Hering, a. a. O., S. 154
19 Ebda., S. 153
20 Zit. nach *FC Schalke 04. 90 Jahre. 1904–1994*, S. 143
21 Hering, a. a. O., S. 155
22 Ebda.
23 Ebda.
24 Boebers-Süßmann, *Die Ewigkeit ist königsblau*, S. 15
25 Grüne, a. a. O., S. 107 und 23
26 Boebers-Süßmann, a. a. O., S. 24
27 Zit. nach ebda., S. 20
28 *Glaube, Liebe, Schalke*, S. 106
29 Zit. nach Grüne, a. a. O., S. 101
30 www.rag.de/index.php?siteID=63&newsID=1705
31 Zit. nach Christoph Winkel, www.11freunde.de/artikel/mit-klaas-jan-huntelaar-und-raul-unter-tage
32 Zit. nach Boebers-Süßmann: a. a. O., S. 18
33 Wessel, *Weißt du noch?*, S. 57
34 Grütter, a. a. O., S. 173
35 Zit. nach Grüne, a. a. O., S. 71
36 Röwekamp, a. a. O., S. 357
37 Zit. nach www.derwesten.de, 18.11.2011
38 Zit. nach de.nachrichten.yahoo.com/video/schalke-ber-den-tod-hinaus-165427241.html
39 Zit. nach »Fan-Friedhof für Schalke-Fans eröffnet«, www.t-online.de, 07.12.2012
40 *Schalke Unser*, Nr. 87, 4/2013
41 Thorsten Schaar: »Ewiger Widerhaken«, *11 Freunde*, Nr. 129, 8/2012
42 Zit. nach Schaar, a. a. O.
43 Ebda.
44 Zit. nach Grüne, a. a. O., S. 377
45 »20 Jahre kein Platz für Nazis«. Interview mit Roman Kolbe, *Transparent. Magazin für Fußball & Fankultur*, 5/2013, S. 34
46 Zit. nach Grüne, *Glaube, Liebe, Schalke*, S. 377
47 Zit. nach www.schalke04.de/de/fans/arena-baustein/1000-freunde-mauer/page/273--273--.html
48 Zit. nach de.wikipedia.org/wiki/Blau_und_Weiß,_wie_lieb'_ich_dich
49 Zit. nach *FC Schalke 04. 90 Jahre. 1904–1994*, S. 240
50 Grüne, a. a. O., S. 397
51 Boebers-Süßmann, a. a. O., S. 35
52 Zit. nach Röwekamp, a. a. O., S. 80 f.
53 »›Leck mich doch am Arsch, der von Big Brother spielt auch mit.‹ Interview mit Tomasz Hajto und Tomasz Wałdoch«, *Schalke Unser*, Nr. 31, 8/2001

54 Goosen, *Weil Samstag ist*, S. 10
55 Zit. nach Grüne, a. a. O., S. 22
56 Ebda., S. 22
57 Ebda., S. 40
58 Zit. nach Röwekamp, a. a. O., S. 63
59 Röwekamp, a. a. O., S. 257
60 Zit. nach ebda.
61 Schümer, *Gott ist rund*, S. 57
62 Zit. nach Grüne, a. a. O., S. 67
63 Zit. nach Boebers-Süßmann, a. a. O., S. 15
64 Röwekamp, a. a. O., S. 99
65 Zit. nach Grüne, a. a. O., S. 82
66 Zit. nach Boebers-Süßmann, a. a. O., S. 42
67 Zit. nach ebda.
68 Boebers-Süßmann, a. a. O., S. 44
69 Ebda., S. 50
70 Ebda., S. 49
71 Zit. nach Röwekamp, a. a. O., S. 105
72 Goch/Silberbach, *Zwischen Blau und Weiß liegt Grau*, S. 248
73 Zit. nach Boebers-Süßmann, a. a O., S. 56
74 Grüne, a. a. O., S. 92
75 Zit. nach ebda.
76 Zit. nach ebda., S. 90
77 Boebers-Süßmann, a. a. O., S. 153
78 Zit. nach Grüne, a. a. O., S. 154
79 Ebda., S. 153
80 Zit. nach ebda.
81 Grüne, a. a. O., S. 160
82 Boebers-Süßmann, a. a. O., S. 78
83 Ebda., S. 79
84 Grüne, a. a. O.
85 Röwekamp, a. a. O., S. 130
86 Zit. nach Grüne, a. a. O., S. 161
87 *So ein Tag* ..., S. 57
88 Ebda.
89 Zit. nach Grüne, a. a. O., S. 250
90 *So ein Tag* ..., S. 88
91 Zit. nach Grüne, a. a. O.
92 *So ein Tag* ..., S. 142
93 Boebers-Süßmann, a. a. O., S. 153
94 Zit. nach Grüne, a. a. O., S. 357
95 Zit. nach Röwekamp, a. a. O., S. 228
96 Zit. nach Grüne, a. a. O., S. 97
97 Ebda., S. 358
98 Wolff-Christoph Fuss, zit. nach www.youtube.com/watch?v=Qu0KGk-wJMUU
99 SZ, Nr. 81, 07.04.2011
100 SZ, ebda..
101 Grüne, a. a. O., S. 459
102 SZ, a. a. O.
103 Ebda.
104 FOCUS Online, 28.7.2010
105 Nr. 84, 10.4.2012
106 www.youtube.com/watch?v=Of9em-G2EC60
107 SZ, Nr. 92, 20.04.2012
108 Vgl. Boebers-Süßmann, a. a. O., S. 34
109 Zit. nach Grüne, a. a. O., S. 55
110 Zit. nach ebda., S. 54
111 Zit. nach Hermann Schreiber: »Tausend Freunde, die zusammenstehn ...«, DER SPIEGEL 18/1972
112 Zit. nach Grüne, a. a. O., S. 55
113 Schreiber, »Tausend Freunde, die zusammenstehn ...«, a. a. O.
114 Zit. nach ebda.
115 Zit. nach »Blumen für den Giganten. Erst die Strafe qualifizierte den Stadtkämmerer«, DIE ZEIT, Nr. 18, 03.05.1968
116 Boebers-Süßmann, a. a. O., S. 62
117 Zit. nach Grüne, a. a. O. S. 109
118 Zit. nach Boebers-Süßmann, a. a. O., S. 66
119 Zit. nach www.schalke04.de/de/aktuell/news/130130_gedenken/page/994--10-213--213.html
120 Zit. nach www.schalke04.de/de/aktuell/news/130130_gedenken/page/994--10-213--213.html

121 Vgl. Goch/Silberbach, a. a. O., S. 234 ff.
122 Zit. nach *RevierSport Online*, 30.01.2013
123 Zit. nach ebda.
124 Zit. nach Boebers-Süßmann, a. a. O., S. 109
125 Zit. nach Grüne, a. a. O., S. 206
126 Zit. nach Boebers-Süßmann, a. a. O., S. 113
127 Zit. nach www.arcor.de, 06.12.2012
128 Zit. nach WAZ, Nr. 101, 01.05.2012
129 WAZ, Nr. 93, 20.04.2012
130 SZ, Nr. 106, 08.05.2012
131 Zit. nach WAZ, a. a. O.
132 Zit. nach SZ, Nr. 92, 20.04.2012
133 SZ, Nr. 106, 08.05.2012
134 Zit. nach SZ, Nr. 109, 13.05.2013
135 www.derwesten.de, 17.05.2013
136 Röwekamp, a. a. O., S. 370
137 Schnittker, *Revier-Derby*, S. 10
138 Ebda.
139 Ebda., S. 11
140 11 Freunde, *Eier, wir brauchen Eier*, S. 166
141 *Bild.de*, 30.12.2010
142 Zit. nach ebda.
143 Schnittker, a. a. O., S. 8
144 Ebda.
145 Ebda., S. 9
146 Ebda., S. 200 und 204
147 Zit. nach ebda., S. 24
148 Zit. nach ebda., S. 22
149 Zit. nach ebda., S. 33
150 Zit. nach Grüne, ebda., S. 124
151 Zit. nach Schnittker, a. a. O., S. 35
152 Zit. nach ebda., S. 37
153 *So ein Tag ...*, S. 23
154 Zit. nach *Süddeutsche.de*, 18.04.2013
155 Zit. nach Schnittker, a. a. O., S. 87
156 Zit. nach www.sportal.de
157 Zit. nach www.welt.de, 09.03.2013
158 Zit. nach Schnittker, a. a. O., S. 103
159 siehe https://www.youtube.com/watch?v=82fxGvHfTUQ
160 Zit. nach 50jahre.bundesliga.de/de/kurioses/0000243341.php
161 Zit. nach Schnittker, a. a. O., S. 106
162 Zit. nach ebda., S. 106
163 Zit. nach ebda., S. 110f.
164 Grüne, a. a. O., S. 221
165 Ebda., S. 222
166 *So ein Tag ...*, S. 56
167 Zit. nach Schnittker, a. a. O., S. 118
168 Zit. nach ebda., S. 116
169 Zit. nach ebda.
170 Zit. nach ebda., S. 139
171 Ebda, S. 182
172 Zit. nach ebda., S. 183
173 *So ein Tag ...*, S. 202
174 Zit. nach Schnittker, a. a. O., S. 192
175 Zit. nach ebda., S. 203
176 Zit. nach Grüne, a. a. O., S. 361
177 »Lehmann schreibt Geschichte«, *RP Online*, 23.02.2003
178 SPIEGEL ONLINE, a. a. O.
179 Ebda.
180 Ebda.
181 Grütter, a. a. O., S. 172
182 Goch/Silberbach, a. a. O., S. 170 ff.
183 Zit. nach ebda., S. 177
184 Ebda., S. 178
185 Zit. nach Röwekamp, a. a. O., S. 401
186 Goch/Silberbach, a. a. O., S. 171
187 Röwekamp, a. a. O., S. 404
188 Zit. nach ebda.
189 Zit. nach FAZ, Nr. 9, 11.01.2002
190 Bitzer/Wilting, *Stürmen für Deutschland*, S. 7
191 Ebda., S. 9
192 »Straße an der Schalker Arena wird nicht nach Szepan benannt«, *RP Online*, 28.01.2002
193 Grüne, a. a. O., S. 121
194 Zit. nach ebda.
195 Zit. nach Röwekamp, a. a. O., S. 134

196 Ebda., S. 134
197 Grüne, a. a. O., S. 172
198 Zit. nach ebda.
199 Zit. nach ebda.
200 Zit. nach Röwekamp, a. a. O., S. 134 f.
201 Zit. nach ebda.
202 DIE ZEIT, zit. nach ebda.
203 Grüne, a. a. O., S. 185
204 *So ein Tag ...*, S. 59
205 Vgl. Grüne, a. a. O., S. 217 ff.
206 Zit. nach *So ein Tag ...*, S. 61
207 Zit. nach ebda., S. 62
208 Zit. nach ebda.
209 Zit. nach ebda., S. 61 f.
210 »Schalke fehlt die Meister-Philosophie. Drei-Tage-Präsident Michael Zylka im Gespräch«, *RevierSport Online*, 24.11.2008
211 DER SPIEGEL 2/1989
212 Zit. nach ebda.
213 Zit. nach Grüne, a. a. O., S. 312
214 Röwekamp, a. a. O., S. 198
215 Grüne, a. a. O., S. 336
216 Zit. nach ebda., S. 313
217 Zit. nach ebda.
218 Ebda., S. 424
219 Zit. nach Boebers-Süßmann, a. a. O., S. 21
220 Zit. nach ebda., S. 13
221 www.quotez.net/german/ernst_kuzorra.htm
222 de.wikipedia.org/wiki/Ernst_Kuzorra
223 »Die Brechstange. Zwei Jahrzehnte Knast: Schalke-Star Willi Kraus«, *11 Freunde*, 18.03.2011
224 Ebda.
225 Zit. nach ebda.
226 Ebda.
227 Ebda.
228 Ebda.
229 Zit. nach Grüne, a. a. O., S. 184
230 Zit. nach ebda., S. 195
231 Zit. nach ebda.
232 Zit. nach: www.gelsenkirchener-geschichten.de/wiki/Fritz_Langner
233 nordbayern.de, 29.12.2011
234 Zit. nach Grüne, a. a. O., S. 275
235 »Die beste Grätsche«, *SZ*, Nr. 86, 13./14.04.2013
236 »Popstar der Siebziger. Ein Gespräch mit Norbert Nigbur«, *RevierSport Online*, 13.04.2007
237 Ebda.
238 »Popstar der Siebziger«, a. a. O.
239 Zit. nach www.welt.de, 08.05.2013
240 Vgl. Wessel, a. a. O., S. 35
241 einestages.spiegel.de/static/topicalbumbackground/3802/putsch_mit_paul.html
242 Zit. nach *Schalke Unser*, Nr. 31, 2001/08
243 Zit. nach ebda.
244 Zit. nach ebda.
245 »›Nur ganz leicht retuschiert.‹ Olaf Thons beste Sprüche«, *11 Freunde*, 06.06.2009
246 Boebers-Süßmann, a. a. O., S. 160
247 Zit. nach ebda., S. 162
248 Zit. nach ebda., S. 164
249 de.wikipedia.org/wiki/Gerald_Asamoah
250 Zit. nach *FC Schalke 04. 90 Jahre 1904 – 1994*, S. 73
251 Grüne, a. a. O., S. 441
252 Zit. nach ebda.
253 »Gestorben: Charly Neumann«, DER SPIEGEL, Nr. 47, 17.11.2008
254 Zit. nach Grüne, a. a. O., S. 445
255 Zit. nach ebda.
256 SPIEGEL ONLINE, 06.01.2010
257 Ebda.
258 Ebda.
259 »Das ist der ›Mount Magath‹ auf Schalke«, *RuhrNachrichten.de*, 27.06.2009

260 Kommentar von suckeer04 auf www.youtube.com/watch?v=Mp3MBoK3U3w, unkorrigierte Rechtschreibung
261 Grüne, a. a. O., S. 444
262 Ebda.
263 Zit. nach de.wikipedia.org/wiki/Felix_Magath#FC_Schalke_04
264 *kicker Online*, 04.02.2011
265 Zit. nach Grüne, *Glaube, Liebe, Schalke*, S. 233
266 www.youtube.com/watch?v=As-vKh2SLs4
267 www.bundesligalegenden.de/helmut-und-erwin-kremers.html
268 bild.de, 13.11.2008
269 »Reperatur unter Tönen«, FAZ.NET, 04.12.2002
270 11 Freunde, *Eier, wir brauchen Eier*, S. 164
271 Zit. nach »Reparatur unter Tränen«, FAZ.NET, 04.12.2002
272 www.youtube.com/watch?v=5EL5jKlCHO8
273 Zit. nach na – presseportal, 20.02.2007
274 Zit. nach ebda.
275 Buß, »David und Goliath«, S. 124
276 Noss, »Geboren, um für Schalke zu sterben«, S. 126
277 www.mit-gott-auf-schalke.de/uploads/media/Vereinssatzung_Aenderung.pdf
278 FOCUS, 28.07.2008
279 Zit. nach www.derwesten.de, 25.07.2008
280 FAZ, 27.07.2008
281 Zit. nach Schnittker, a. a. O., S. 38
282 Zit. nach SPIEGEL ONLINE, 19.05.2001
283 Zit. nach www.sportwissenschaften.info/dbfilm/film8.html
284 Zit. nach Röwekamp, a. a. O., S. 408
285 Ebda.
286 Zit. nach Mag – Das Fußball Magazin, 11.09.2005
287 Zit. nach Röwekamp, a. a. O.
288 www.kirchegelsenkirchen.de/infos/arenakapelle.html
289 Vgl. *Konradsblatt*, Nr. 21, 21.05.2006
290 Dohm, »Ich glaube, das tut der Kirche und den Menschen gut«, S. 148
291 Zit. nach *Berliner Zeitung*, 07.03.2001
292 Dohm, a. a. O., S. 150
293 Vgl. *tagblatt.de*, 26.12.2010
294 Dohm, a. a. O., S. 152
295 Zit. nach www.königsblauermythos.de/index.php?title=Thomas_Student
296 Grüne, a. a. O., S. 55
297 Ebda.
298 Grüne, a. a. O., S. 299
299 FAS, Nr. 41, 12.10.2003, S. 19
300 *Carmen Thomas, zit. nach* www.youtube.com/watch?v=Ii-QWLy1cJM
301 www.derwesten.de, 01.02.2013
302 Zit. nach www.general-anzeiger-bonn.de, 22.05.2013
303 www.derwesten.de, a. a. O.
304 *Schalke Unser*, Nr. 45, 2/2005
305 Zit. nach www.sportal.de, 19.12.2011
306 Zit. nach www.aufmplatz.net/auf-m-platz-kompakt/was-macht-eigentlich/hannes-bongartz/
307 Zit. nach *So ein Tag ...*, S. 175
308 Zit. nach Röwekamp, a. a. O., S. 205
309 »Nigburs längste Halbzeitpause: Als Schalke ohne Torwart spielte«, *11Freunde*, Nr. 101 vom April 2010
310 Zit. nach Grüne, a. a. O., S. 278
311 Zit. nach ebda.
312 11 Freunde, *Eier, wir brauchen Eier!*, S. 165
313 Zit. nach Grüne, a. a. O.
314 *Schalke Unser*, Nr. 31, 8/2001

315 11 Freunde, *Eier, wir brauchen Eier!*, S. 166
316 Nr. 56, 12/2007
317 Zit. nach ebda.
318 Zit. nach Grüne, a. a. O., S. 245
319 Zit. nach 11 Freunde, *Eier, wir brauchen Eier*, S. 82
320 *rückspiegel* 1/1995
321 11 Freunde, *Eier, wir brauchen Eier!*, S. 162
322 Zit. nach Röwekamp, a. a. O., S. 352
323 Zit. nach *Der Tagesspiegel*, Online-Ausgabe vom 10.05.2013
324 Hering, a. a. O., S. 155
325 Worte bei der Einweihung, zit. nach Grüne, a. a. O., S. 48
326 Zit. nach ebda.
327 Boebers-Süßmann, a. a. O., S. 18
328 Ebda., S. 17
329 Grütter, a. a. O., S. 172
330 Fritz Szepan, zit. nach Boebers-Süßmann, *a. a. O.*, S. 24
331 Grüne, a. a. O., S. 42
332 Boebers-Süßmann, a. a. O., S. 27
333 *Ruhr-Nachrichten*, zit. nach Grüne, a. a. O., S. 128
334 Boebers-Süßmann, a. a. O., S. 29
335 Hans Schmidt, zit. nach Jürgen Bitter: *Die Meistermacher*, Pfaffenweiler 2004, S. 75
336 de.wikipedia.org/wiki/Hans_Schmidt_(Fußballspieler,_1893
337 Grüne, a. a. O., S. 64
338 Christoph Bausenwein, »Hans ›Bumbes‹ Schmidt«, zit. nach de.wikipedia.org/wiki/Hans_Schmidt_(Fußballspieler,_1893
339 Zit. nach Grüne, a. a. O.
340 Zit. nach de.wikipedia.org/wiki/Hans_Schmidt_(Fußballspieler,_1893
341 Boebers-Süßmann, a. a. O., S. 52
342 Ebda., S. 58
343 Ebda., S. 81
344 Zit. nach ebda., S. 75
345 Grüne, a. a. O., S. 153
346 Zit. nach ebda., S. 153
347 Zit. nach www.stan-libuda.de
348 Zit. nach Grüne, a. a. O., S. 206
349 Boebers-Süßmann, a. a. O., S. 108
350 Zit. nach ebda., S. 114.
351 www.youtube.com/watch?v=VS4EHu4JxbE
352 Zit. nach Wessel, a. a. O., S. 30
353 fussball-raritaeten.de/channels/der-fallruckzieher-hat-einen-namen-fischer-klaus-fischer/
354 Interview mit SPIEGEL ONLINE, 23.11.2012
355 Grüne, a. a. O., S. 254
356 Zit. nach ebda.
357 Ebda., S. 290
358 Boebers-Süßmann, a. a. O., S. 155
359 Zit nach ebda., S. 53 f.
360 Grüne, a. a. O., S. 371
361 Ebda., S. 371
362 Zit. nach ebda., S. 421
363 Zit. nach Röwekamp, a. a. O., S. 297

LITERATUR

Zeitungen und Zeitschriften (Print- und Online-Ausgaben)

- *11 Freunde. Magazin für Fußballkultur*
- *Dortmunder Generalanzeiger*
- FOCUS
- *Frankfurter Allgemeine Zeitung* (FAZ)
- *kicker*
- *RevierSport*
- *Schalke Unser*
- DER SPIEGEL
- *stern*
- *Süddeutsche Zeitung* (SZ)
- DIE WELT
- *Westdeutsche Allgemeine Zeitung* (WAZ)

Bücher

- Assauer, Rudi, mit Patrick Strasser: *Wie ausgewechselt. Verblassende Erinnerungen an mein Leben*, München 2012
- Bitzer, Dirk/Wilting, Bernd (Hrsg.): *Stürmen für Deutschland. Die Geschichte des deutschen Fußballs von 1933 bis 1954*, Frankfurt am Main 2003
- Boebers-Süßmann, Jürgen: *Die Ewigkeit ist königsblau. Kuzorra, Libuda & Co. Die besten Schalker Spieler aller Zeiten*, Göttingen 2009
- Buß, Maike: »David und Goliath«, in: Peter Noss (Hrsg.): *fußball ver-rückt: Gefühl, Vernunft und Religion im Fußball. Annäherungen an eine besondere Welt*, Münster 2004, S. 113–124
- Dohm, Jochen: »›Ich glaube, das tut der Kirche und den Menschen gut!‹ Die Kapelle in der Arena auf Schalke«, in: Peter Noss (Hrsg.): *fußball ver-rückt: Gefühl, Vernunft und Religion im Fußball. Annäherungen an eine besondere Welt*, Münster 2004, S. 147–152
- 11 Freunde (Hrsg.): *»Eier, wir brauchen Eier!« 500 Dinge über Fußball*, München [3]2010

- *FC Schalke 04. 90 Jahre. 1904 – 1994*, hrsg. vom FC Gelsenkirchen-Schalke 04 e. V., Gelsenkirchen 1994
- Goch, Stefan/Silberbach, Norbert: *Zwischen Blau und Weiß liegt Grau. Der FC Schalke 04 in der Zeit des Nationalsozialismus*, Essen 2005
- Goosen, Frank: *Weil Samstag ist. Fußballgeschichten*, München [3]2010
- Grüne, Hardy: *Glaube, Liebe, Schalke. Die komplette Geschichte des FC Schalke 04*, Göttingen [3]2012
- Grütter, Heinrich Theodor: »Schalker Kreisel«, in: *Der Ball ist rund. Katalog zur Fußballausstellung im Gasometer Oberhausen im CentrO. anlässlich des 100-jährigen Bestehens des Deutschen Fußball-Bundes 12. Mai bis 15. Oktober 2000*, hrsg. von Franz-Josef Brüggemeier, Ulrich Borsdorf und Jürg Steiner, Essen 2000, S. 168-173
- Hering, Hartmut (Hrsg.): *Im Land der tausend Derbys. Die Fußball-Geschichte des Ruhrgebiets*, Göttingen 2002
- Noss, Peter (Hrsg.): *fußball ver-rückt: Gefühl, Vernunft und Religion im Fußball. Annäherungen an eine besondere Welt*, Münster 2004
- Ders.: »›Geboren, um für Schalke zu sterben‹. Fußballfans und ihr Bekenntnis«, in: Ders. (Hrsg.): *fußball ver-rückt: Gefühl, Vernunft und Religion im Fußball. Annäherungen an eine besondere Welt*, Münster 2004, S. 125-132
- Röwekamp, Georg: *Der Mythos lebt. Die Geschichte des FC Schalke 04*, Göttingen 2012
- Schnittker, Gregor: *Revier-Derby. Schalke 04 – Borussia Dortmund. Die Geschichte einer Rivalität*, Göttingen [2]2012
- Schümer, Dirk: *Gott ist rund. Die Kultur des Fußballs*, Berlin 1996
- *So ein Tag … Der FC Schalke 04. Die Original-Spielberichte der WAZ von 1963 bis heute*, hrsg. von Frank Steffan, Köln 2001
- Wessel, Friedhelm: *Weißt du noch? Von Schlagersängern, »Oskars« Spritztour … und Lehmanns »Bauerntrick« – das waren Zeiten. Schalke 04. Geschichten und Anekdoten*, Kassel [2]2012

DER AUTOR

THOMAS BERTRAM, Lektor, Übersetzer, Autor und Herausgeber, wurde 1954 in Gelsenkirchen geboren, wo er nach einer mehrjährigen schwäbischen Diaspora heute wieder lebt. Vom Schalke-Virus befallen ist er seit seinem zwölften Lebensjahr, als sein Vater ihn zum ersten Mal mit »auf Schalke« nahm. Krönung der blau-weißen Leidenschaft war 2012 ein Freizeitkick gegen die Auswahl eines Münchner Schalke-Fanclubs auf dem heiligen (Kunst-)Rasen der altehrwürdigen Glückauf-Kampfbahn. Die Schalke-Spiele verfolgt er meist nicht im Stadion, sondern im Kreise Gleichgesinnter in seinem Stammlokal.

Thomas Bertram
111 GRÜNDE, SCHALKE 04 ZU LIEBEN
Eine Liebeserklärung an den großartigsten Fußballverein der Welt
Aktualisierte und erweiterte Neuausgabe mit elf Bonusgründen

ISBN 978-3-86265-815-2
ZWÖLFTER MANN – Das Programm für Fußballfans von Schwarzkopf & Schwarzkopf | Aktualisierte und erweiterte Neuausgabe |

KATALOG
Wir senden Ihnen gern kostenlos unseren Katalog.
Schwarzkopf & Schwarzkopf Verlag GmbH
Kastanienallee 32, 10435 Berlin
Telefon: 030 – 44 33 63 00
Fax: 030 – 44 33 63 044

INTERNET | E-MAIL
www.zwoelftermann.de
info@schwarzkopf-schwarzkopf.de